高职高专经济管理类规划教材

U0883441

现代消费心理学

Modern Consumer Psychology

（第四版）

主　编　朱惠文

副主编　毛丽蓉　郑健壮

王伟红　丁茂芬

ZHEJIANG UNIVERSITY PRESS
浙江大学出版社

图书在版编目（CIP）数据

现代消费心理学／朱惠文主编．—4版．—杭州：浙江大学出版社，2019.12

ISBN 978-7-308-19870-7

Ⅰ.①现… Ⅱ.①朱… Ⅲ.①消费心理学 Ⅳ.①F713.55

中国版本图书馆CIP数据核字（2019）第285965号

现代消费心理学（第四版）

主　编　朱惠文

副主编　毛丽蓉　郑健壮　王伟红　丁茂芬

策　　划　朱　玲
责任编辑　董凌芳
责任校对　杨利军　陈　欣
封面设计　周　灵
出版发行　浙江大学出版社
　　　　　（杭州市天目山路148号　邮政编码310007）
　　　　　（网址：http://www.zjupress.com）
排　　版　杭州朝曦图文设计有限公司
印　　刷　浙江海虹彩色印务有限公司
开　　本　787mm×1092mm　1/16
印　　张　15.25
字　　数　371千
版 印 次　2019年12月第4版　2019年12月第1次印刷
书　　号　ISBN 978-7-308-19870-7
定　　价　49.00元

浙江大学出版社市场运营中心联系方式：0571-88925591；http://zjdxcbs.tmall.com

高职高专经济管理类·市场营销专业
规划教材编委会

第四版前言

近年来，国民经济蓬勃发展，进入了中国特色社会主义新时代，市场繁荣，消费心理与购买行为越来越成熟，消费心理学的研究与实践也更深入，有必要对教材进行修订。本次修订主要对第十五章网络营销与消费者心理的内容作了补充并增加了第十六章消费者体验心理与行为。本书主要阐述了作为继农业经济、工业经济、服务经济之后的第四个人类经济生活发展阶段的体验经济的基本内容，以引起重视，便于进一步探讨研究。

修订中参阅了相关书刊，吸取其中某些内容，在此对所有作者表示感谢并对浙江大学出版社的支持和编辑朱玲、董凌芳的辛勤付出致以谢意。由于水平有限，书中难免有欠缺与不足之处，恳请读者指正。

编　者

2019 年 8 月于杭州

第三版前言

本书自出版以来，承蒙选用者厚爱，发行量逐年增加，消费心理学的理论和实践又在不断发展，因此有必要根据编者自己的教学体验及研究成果，在第二版基础上作一些修订，对有些内容进行调整。在保留第二版主要章节的同时，新增了第十四章“购物环境心理”和第十五章“网络营销与消费者心理”，我们力求使本书在科学性、实用性、可读性上再进一步提高，同时运用典型案例让理论与实际相融合。如果本书能为读者切实掌握与运用其中的内容并且在企业的实际营销活动中提供一定的启示，则对我们编著此书的人员来说是莫大的激励，也使我们的工作富有意义。

在修订过程中，编者查阅了不少相关书籍与文献并部分引入了本书，在此对所有的作者一并致谢，并对浙江大学出版社的大力支持和编辑朱玲的辛勤劳动表示衷心的感谢。

由于时间和水平所限，书中难免有不当甚至错漏之处，敬请读者与同行赐教指正，以便今后修改完善。

编　者

2013 年 11 月于杭州

第二版前言

本书于2004年出版后，受到读者欢迎。三年来我国经济持续稳定高速增长，教育事业蒸蒸日上，社会主义市场经济理论与实践有了前所未有的发展，综合国力显著提高，居民收入稳步增长。如深圳人均可支配收入已达3万元以上，北京、上海人均可支配收入接近3万元，消费水平大大提高，消费者的消费心理日趋成熟。

为了适应当前社会经济发展和教学的要求，我们吸收了近年来的经济理论，特别是消费心理理论的研究成果，结合教学科研实践，修订了《现代消费心理学》一书，在修订中对原书内容作了一些调整与补充。其中对第一章内容进行了重新编写，改名为绪论；第八章增加了消费价值观的内容；新增了第十三章的内容；除此之外，我们还对有些章节内容作了必要的修改与删减。总之，此次修订我们力求使本书在理论和实践的结合上反映消费心理学的最新发展动向，以适应我国市场经济发展和教学的需要。

本书在编写与修订中，着重突出以下三个方面：

(1)在基本概念和体系上，力求做到科学规范；

(2)在基本内容安排和材料选用上，力求精心取舍；

(3)在语言风格和表达方式上，尽量做到简明易懂。

此次修订工作由朱惠文主持，各章编写、修订分工如下：第一章由朱惠文编写，第二章由毛丽蓉编写，第三章由彭移风编写，第四章和第十章由郑健壮编写，第五章和第八章由王伟红编写，第六章由成加兵编写，第九章由沈侃编写，第十一章由丁茂芬编写，第十二章由姚岗编写，新增的第十三章由朱惠文和邹蕾编写。本书修订时，参阅了某些著作和教材，在此谨向他们表示真诚的感谢！

本书在出版及修订过程中得到了浙江大学出版社的关心与支持，在此表示衷心感谢！

由于我们对社会主义市场经济理论及消费心理学的理论和实践认识不够深入，本书修订中难免有不当和疏漏之处，恳请读者批评指正，以便将来重印和再版时加以补充，使本书不断完善和提高。

编　者

2007年3月于杭州

第一版前言

在我国，心理学引入消费领域虽然较晚，但随着社会经济发展和居民收入水平的不断提高以及居民受教育程度与文化知识水平的长足进步，我国广大消费者在消费观念、消费内容和消费方式上，发生了极其深刻的变化，呈现出许多新的心理与行为特点，使心理学家、营销学家及其他有关专家越来越认识到研究消费心理学的重要性并付诸研究和实践，使得该学科发展十分迅速。这对工商企业提高经营管理水平、增强企业竞争能力很有现实意义；对高等学校市场营销专业和经济管理专业的学生来说，认真学习和研究消费心理学也十分必要。为此，我们几位致力于消费心理学研究和教学工作的老师，承担了这一高职高专规划教材——《现代消费心理学》的编写任务。

本书阐述了消费心理学的基本原理，并根据我国消费者消费心理的新变化和当代消费心理学理论研究的最新成果，融入了若干新的内容，在理论和实践的结合上，阐释各种消费行为的心理特征与规律。

本书共十二章，前两章着重研究消费心理学的一般规律。

第三章至第七章是以消费者为主体的相关分析。

第八章至第十章是以营销环境为主体的相关分析。

第十一、十二章是对新兴消费领域与营销方式上的消费心理的相关分析。

撰写过程中我们遵循教材的科学性、理论性、实用性，力求将心理学原理与消费实践相结合，在理论上正确、知识体系上完整、结构上合理、文字上畅达，并应用实际案例，以增强本书的实践性、应用性。每章还列出思考练习题，便于学生课后复习。本书既可作为高职高专市场营销专业和经济管理类专业的教材和参考书，也适合工商部门相关人员阅读。

本书主编朱惠文，副主编毛丽蓉、郑健壮、王伟红，其他编者沈侃、成加兵、姚岗、彭移风。在本书编写过程中，先由朱惠文提出全书框架和编写大纲初稿，召开编委会认真讨论，确定编写原则与编写大纲，然后分工编写，最后由朱惠文、毛丽蓉总纂全书。

为使本书尽可能反映国内外在消费心理学方面的研究成果，我们参阅了这方面的著作和教材(主要参考书目附书后),在此向这些书的作者表示衷心感谢。

浙江省151人才、学科带头人靳明教授审阅了全书,提出不少宝贵意见,对此,我们致以诚挚的谢意。

在本书编写、出版过程中,我们得到浙江大学出版社的鼎力相助,在此表示由衷感谢。

由于编者水平有限,书中不足和不当之处在所难免,恳请专家和广大读者批评指正。

编　者

2004年3月于杭州

目　录

第一章　绪　论

【导入语】

消费者心理与行为是客观存在的社会现象，是商品经济条件下影响市场运行的基本因素。现阶段，加强消费者心理与行为研究对于我国发展社会主义市场经济和企业开展营销活动具有极为重要的理论和现实意义。为了深入研究消费者在消费活动中心理与行为的特点、方式及其规律，有必要首先明确消费、消费者、消费者心理、消费者行为等基本概念，认识和研究消费心理与行为的意义以及消费者心理学的研究对象与研究内容，明确研究消费者心理与行为的途径和研究方法，在总体上把握消费心理学，从而为以后各章的学习奠定基础。

【学习目标】

- 明确消费、消费者、消费者心理与消费者行为。
- 明确消费者角色、消费群体与消费个体。
- 明确消费心理学的研究对象与内容。
- 了解研究消费心理的意义。
- 掌握研究消费心理学的原则与方法。

【关键词】

消费 consumption
消费者 consumer
消费者心理 psychology of consumer
消费者行为 behavior of consumer
消费者角色 the role of consumer
消费者群体 consumer group
消费个体 consumption individual

一、消费心理学的研究对象

商业经济活动的核心是市场交易，即在市场上将商品或劳务的所有权从生产者或经营者手中转移到消费者手中的活动。所以，消费心理学的研究对象自然就是商品经济中消费者各种心理现象所特有的矛盾性及其规律性。

为了理解研究对象的特定含义,我们必须首先清楚下面几个有关的概念和问题。

(一)消费与消费者

1.消费

消费是为了生产和生活需要而消耗物质财富。因而消费既包括生产消费,也包括生活消费。消费心理学主要研究生活消费。生活消费是人类为了自身的生存与发展,消耗一定的生活资料和服务,以满足自身生理和心理需要的过程,如吃、穿、住、行、旅游、娱乐等的消费都是生活消费。

人的消费行为既具有自然属性,更具有社会属性,与动物的吃、喝行为相比有着本质的不同。人的消费行为具有以下三个特点。

(1)消费行为的社会性

马克思认为,人的本质并不是单个人所固有的抽象物,在其现实性上,它是一切社会关系的总和。人的消费行为是在一定的社会关系,特别是社会经济关系的制约下进行的,所以必须反映和体现出一定的社会经济关系的本质特征,并受社会经济关系制约。

(2)消费行为的能动性

人具有主观能动性,因而其消费行为具有主动性,不仅依赖自然产品,更主要的是对自己生产的劳动产品的消耗。同时,人能依据所处条件,自觉地调整、控制自己的消费行为。

(3)消费行为的发展性

人的消费随个体成长、社会经济的发展变化而变化,消费内容不断丰富,消费水平不断提高。

总之,消费是人们在一定的社会关系中,并借助这种社会关系对物质的、精神的、服务的财富进行消耗,进而满足自身各种需要的行为和过程,这种消费是自然和社会两种属性的统一,而社会属性是它主要的本质的属性,体现着不同的社会经济关系的本质。

2.消费者

(1)谁是消费者

人是消费活动的主体,研究消费就不能脱离对消费活动中的人,即消费者的研究。消费者通常有狭义和广义之分。狭义的消费者是指消耗商品或劳务使用价值的人,广义的消费者是指商品或劳务的需求者、购买者和使用者。因为,在现实生活中常常有这种情况,到商店购买商品的人不一定是使用商品的人,如孩子吃着父母购买的食品,丈夫穿着妻子购买的衣服,某人抽着朋友送的香烟……究竟谁是消费者?如果我们把消费作为一个动态的过程来考察,可以看出,消费中有三个相互关联的活动过程:

①产生个体或群体需要的活动过程;

②寻找和购买商品的活动过程;

③使用商品并从中受益的活动。

在这当中,需求者、购买者和使用者可以是同一个人,也可以是不同的人;可以是个人,也可以是一个团体。因此,广义的消费者就是实际参与了消费活动的任何一个或全部过程的人。

(2)影响者

影响者不是消费者。影响者是直接或间接地对消费者提供信息、劝告或以某种方式对消费者产生影响的人，有些人可能参与了消费者的购买决策过程，但却不是消费者，如一个女大学生想到商店购买一套新衣服，便邀请同寝室同学同去做参谋，购买过程中，经过反复比较，在售货员的劝导下，经同学的赞许，完成了购买。这里，女大学生显然是消费者，但在她的消费过程中，室友、售货员起了一定的作用。按照我们有关消费者的定义，室友、售货员既不属于需求者，也不是购买者，更不是使用者，所以就不能称为"消费者"，根据他们充当的"顾问"角色和发挥的作用，可以称之为"影响者"。区别消费者与影响者，主要看一个人是否参与了消费活动，而不是取决于婚姻状况、血缘关系、地位、作用及影响等因素。

(3)消费者的分类

为了更进一步地研究消费者，可以根据不同的分类标准将消费者进行分类。

①根据对某种商品的消费状况，可将消费者分为现实的消费者、潜在的消费者和非消费者。"现实的消费者"是指目前对某种商品有所需要并实际通过市场交换活动获得商品或亲自使用并从中受益的人。企业经营主要是为这类消费者服务的。"潜在的消费者"是当前尚未使用或购买某种商品，但在将来某一时候有可能转化为现实的消费者的人。这类消费者有的受环境限制，有的是购买能力不足，等等。这类消费者是企业挖掘新的目标市场、在竞争中保持和提高市场占有率的潜在力量，应该特别予以重视。"非消费者"是指在任何时间都不可能需要、购买、使用某种商品的人。如因纽特人永远不可能需要、购买、使用制冷设备，几内亚人永远不可能需要、购买、使用羽绒服装或滑雪工具。企业在生产、经营中，要通过调查研究，分析社会文化、风俗习惯、宗教信仰等方面对消费者心理与购买行为的影响，把非消费者排除在企业的目标市场之外。

②根据消费的目的，可将消费者分为个人或家庭消费者、集团消费者和企业消费者。"个人或家庭消费者"是指满足个人或家庭需要而购买和消耗商品使用价值的人。"集团消费者"是指满足团体的各种不同需要而购买和使用商品的组织，如政府机关、文教卫生等事业单位。"企业消费者"是指为了转卖或取得产品加工所用的材料、原料而购买、消耗商品的组织，包括产品制造企业、批发商、零售商、代理商等。这三类消费者之间虽有共性，但更有差别，主要表现在以下三个方面。

一是购买者不同。个人或家庭消费者的购买行为是为了取得某种商品的使用价值，为了满足个人或家庭成员的某种需要；而集团消费者往往从团体工作、集体利益和需要出发进行消费(如配置办公用品等)；企业消费者的购买行为则着眼于经济效益，以降低生产、流通成本，增加企业盈利为主要目的。

二是对购买对象的认知程度不同。个人或家庭消费者以及集团消费者对所购买商品的性能、质量、成本等方面的认知不如企业消费者深刻、清楚。

三是购买的决策过程不同。个人或家庭消费者往往依据个人的感知、价值观、购物环境等购买商品，有时受情绪的影响甚至产生冲动性购买行为。集团消费者和企业消费者的购买行为主要受理性支配，决策过程制度化、程序化，尤其是企业消费者，许多采购任务都需要制定详细的指标并履行严格的招标手续。

(二)消费心理与消费行为

"心理"一般是指"所思所想"，是人的一种内心活动。消费心理则特指人作为消费者的所思所想。人类的一切行为都是由心理活动支配的，消费心理是消费行为的基础。消费心理学作为系统的研究消费行为的科学，不能不将消费行为作为其研究对象。

“行为”一般指所作所为,是人受思想支配而表现在外的活动。消费行为则特指从市场流通角度观察的、人作为消费者对商品或服务的消费需要,以及使商品或服务从市场转移到消费者手里的活动。

在消费过程中,通过人的消费行为才能把商品或服务从市场转移到消费者手中,所以消费行为比消费心理更具有现实性。消费者的心理活动只有作用于消费行为,才能实现商品或服务的交换及流通,才能使经营者的活动获得经济效益。任何一种消费活动,都既包含了消费者的心理活动又包含了消费者的消费行为。消费心理学研究消费行为,不仅要注重研究消费者的具体活动,更要注重研究消费者的内心活动。准确把握消费者的心理活动,是准确理解消费行为的前提。经营者只有针对消费心理采取营销对策,使消费者产生消费欲望,才能取得好的营销效果。

(三)心理学与消费心理学

消费心理学是心理学在其发展过程中,由普通心理学与社会学、人文科学、经济学、市场营销学等其他学科相互融合而形成的一门独立的学科。其中心理学是其发展的基础。

1. 心理学是研究人的心理现象及行为规律的学科

心理学(psychology)一词源于希腊语,是由灵魂和学问所构成的,即关于灵魂的学问。

心理学的研究对象是人的心理现象及行为规律,而人的心理现象是极其复杂多样的。为了研究方便,通常将心理学分为两大类,即心理过程和个性心理,如图 1-1 所示。

心理学——→心理现象
- 心理过程
  - 认识过程
    - 感觉、知觉
    - 记忆、思维
    - 想象
  - 情感过程
    - 喜、怒、哀
    - 乐、爱、憎
    - 惧、恶
  - 意志过程——目的、决心、意向等
- 个性心理
  - 个性倾向性
    - 需要、动机
    - 兴趣、理想
    - 信念、世界观
  - 个性心理特征
    - 能力
    - 气质
    - 性格

图 1-1　人的心理现象

(1)心理过程。心理过程指心理活动的动态过程,即人脑对客观现实的反映过程,包括认识过程、情感过程和意志过程三个方面。

①认识过程。人对客观事物的认识,首先是通过自己的眼、耳、鼻、舌和皮肤等感觉器官进行的。如我们可以看电视、听音乐、闻饭香、尝味道、知冷暖;我们能记住或回忆曾经经历过的事情或体验过的情感;我们能对有关现象的原因进行思考、总结;我们能借助原形展开想象的翅膀……这些“看”“听”“闻”“尝”“思考”“想象”等心理活动都是人的认识过程。

②情感过程。人在认识事物的过程中,不是冷漠无情、无动于衷的,而是总伴随着喜、怒、哀、乐、爱、憎、惧、恶等各种各样的情绪或情感体验,并根据自己或社会的需要采取一定的态度,这就是情感过程。

③意志过程。人不仅能认识客观事物并对它产生一定的感受,而且还能根据对客观事物及发展规律的认识自觉地改造世界。人能根据自己的认识确定行动目的,拟订计划方案

和行动步骤，克服各种困难，最后把计划付诸行动。这种自觉地确定目的并力求加以实现的过程，称为意志过程。

认识、情感、意志是人统一心理过程的三个不同方面，认识是基础，情感和意志是行为的动力，它们互相联系、互相影响、互相制约，从而构成了人类极其复杂的心理活动。

(2)个性心理

心理活动总是由进行实际活动的每个个体表现出来的，它既有一般的共同的规律性，又总是带有个人的特点。“人心不同，各如其面”，由于每个人所获得的遗传基因不同，所受环境、教育等因素的影响不同，因此，人与人之间在心理风格和面貌上存在着差别，形成了个性心理的差异。个性心理包括个性倾向性和个性心理特征两个方面。个性倾向性与个性心理特征互相依存、互相制约，构成了人的个性心理。

①个性倾向性：主要包括需要、动机、理想、信念和世界观等。它表现为个人的意识倾向，即个人对现实的稳定的态度。如有的人在物质方面需求强烈，有的人更注重精神需要的满足；有的人信念明确、坚定，有的人信念却模糊不清；有的人理想远大，有的人思想空虚。所有这些都从不同的方面显示了个性倾向性的差异。

②个性心理特征：主要包括能力、气质、性格等。它是在个人身上所表现出来的比较稳定的心理特征。能力是保证人顺利完成某种活动的必要心理条件。气质是指一个人行为活动的动力方面的特点。如有的人活泼好动，反应灵活；有的人安静沉默，动作迟缓。性格是态度体系与行为方式相结合而表现出来的个性心理特征。如心胸宽广还是心胸狭窄，谦虚还是骄傲，勤劳还是懒惰，热情友善还是冷漠无情，等等。所有这些方面的差异都是个性心理特征的差异。

心理过程和个性心理是紧密联系的。个性心理是通过心理过程在实践的基础上逐步形成和发展起来的，心理过程的某些特点往往是人的个性心理的结构要素。也只有在心理过程中才能表现出个性心理的差异，而个性心理又影响心理过程的发展。心理过程和个性心理有机地组成人的完整的心理面貌，实现着心理生活。因此，只有把对人的心理活动过程和个性心理分析结合起来，才能真正掌握人的心理，揭示心理活动的规律，为市场营销活动服务。

2. 消费心理学是研究市场活动中人的心理活动现象及其规律的社会应用学科

在市场消费活动中，消费者是如何认识产品而后产生情感并采取购买行为的？这一心理活动过程有什么共性及规律，又有什么不同的个性心理特征？商业企业的经营活动如何适应消费者的心理并促进消费文明的发展？诸如此类的问题都是消费心理学的研究内容。

任何一门学科都有自己的研究对象。消费心理学作为心理学的一个分支学科，其研究对象是市场活动中消费者心理现象的产生、发展及变化规律。具体地说，消费心理学的研究内容主要有以下几个方面。

(1)市场营销活动中消费者各种特有的消费心理现象

消费者购买行为的心理现象，会受到市场经济活动本身特点的制约。如通过经营活动，商业部门发挥其购、销、存等工作职能，从而完成商品从生产领域到消费领域的转移。商业作为社会经济结构中的一个部门，人类社会各方面的规律，包括心理活动规律在内，都要对它发挥作用，并且以商业经济活动的特点为背景，以独特的形式表现出来。商业经济活动的基本特点是商品交换过程中对同一个商品又买又卖的对立统一过程，在形式上采取货币交换。

商品流通的原本形式是 W—G—W(W 代表商品,G 代表货币),表现出购买者是为了买而卖,货币起了中介作用,整个过程是商品与商品的交换。商业独立以后,商品的形式发生了变化,商品流通变成了货币流通,即 G—W—G,表现为同一个商品的两次转手,商品起了中介作用。市场经济活动的特殊性,使得表现在市场经济活动中的心理规律也有它的特殊性。例如,消费者的心理过程是围绕着货币到商品的转化而产生的认识过程、情绪过程和意志过程的融合交汇,是三者的统一。同时,在商品买卖过程中,还会产生并直接表现出一些新的、附加的规律,这些规律在社会其他活动领域内,或者不存在,或者以迂回隐蔽的形式存在。例如,节约求廉倾向下,商品价格是购买者行为的基本心理尺度,持这种倾向的消费者总是期望以有限的收入买到更多或更有效用的物品。又例如,大多数年轻人的求知欲、创造欲反映在购买心理上,就是喜爱新奇的倾向,期望商店能提供新颖、时尚的商品。

(2)消费者在购买行为中发生的心理现象

消费者的购买行为以及心理现象,主要发生在商品零售企业和劳务经营企业,所以必然受到买卖行为主体相互关系的影响。买卖活动中的行为主体是消费者、营业员和服务员。他们的相互关系和其他的社会活动领域里的行为主体之间的关系相比较,具有特殊性。当消费者在工作岗位,则是作为生产者身份出现,与其他生产者结成一定的生产关系,但是没有发生直接的商品货币关系。而在商店或劳务经营企业里,消费者则是以购买者的身份出现的,与卖主打交道的方式是用货币购买商品或劳务。在消费者的意识中,营业员及服务员是代表企业的,是商品所有者的化身,买卖双方发生了货币与商品的交换关系,同时也表现出了商业活动中所特有的人与人之间某些独特的心理特征。例如,通常情况下,消费者要求购买到所需要的商品并获得优良的服务,营业员则根据企业的经营方针和原则办事,要求一手交钱一手交货。如果双方在形式上、内容上、要求上存在距离,消费者就会出现不同程度的心理紧张,甚至导致双方发生冲突。

根据营销实践的需要,消费心理学把消费者购买行为中的心理现象作为研究的内容之一,目的是想更清楚地了解处于购买阶段的消费者的心理活动特征,为经营者采取措施化解心理冲突提供理论依据。

(3)消费者在购买行为中以特殊形式表现出来的一般心理规律

消费者在购买行为中表现出的心理现象是消费者群体中的个体作为一个人的心理现象,必然会被消费者个性心理特征所左右。消费者在购买行为中产生的感觉、知觉、记忆、注意、想象、情绪、思维等,表现出人的心理活动的一般规律。而消费者作为个人,不论其每次具体购买行为是怎样的,消费者总是他自己,并保持那些稳定的、本质的心理品质,即消费者个性。这种个性在市场营销活动中,表现出各类消费者群体在能力、性格、气质等诸方面的差异,并由此构成消费者购买动机与购买行为的基础。所以,对消费者的心理过程的分析、研究,可以发现消费者有一致的心理现象。对消费者个性心理的分析、研究则可以发现消费者有差异的心理现象。而将消费者两方面的心理现象结合起来研究,则可以发现消费者购买行为中表现出来的一般心理规律。

(四)消费心理学的研究任务

在市场消费活动中,客观事物如何引起消费者的心理活动,如感觉、知觉、记忆、想象以及思维,然后产生情感反应?这个活动的过程如何?一般有什么不同的个性心理特征?这些心理现象的产生与经营者的市场经营活动诸环节、手段、方法及策略有多大的关联?诸如此类的问题就是消费心理学的研究任务。具体地说，消费心理学的研究任务有如下几个方面。

1.研究消费者购买活动中的心理过程

和一般心理活动一样，消费者在购买活动中的心理过程有着从发生、发展到完成的不同阶段。消费者购买活动的认识过程、情感过程和意志过程通过人脑的作用，产生对客观事物（即商品）的评价并由此激发对这一客观事物取舍的行动。例如，消费者对一种无商标、无厂名、无合格证的“三无商品”产生联想、思考，即与原有同类商品或理想中欲求的商品进行对比并评价，进而形成了情感与意志等一系列的心理活动，激发出某种决策、决心和决断，购买或者拒绝购买。面对“三无商品”，人们总有“怕吃亏”“不安全”的心理，因而拒绝购买。研究消费者购买活动的心理过程，可以帮助我们了解这些心理活动产生和发展的一般规律以及消费者的一般心理状态和反应，指导企业的生产和销售。

2.研究消费者个性心理特征的形成和发展

对于周围客观事物的认识过程、情感过程和意志过程，是人们共有的心理活动过程，但作用在每个人的身上，反应和结果是不一样的。因为每个人的能力、气质等内在因素或者说内部环境是不一样的，有的消费者归纳分析能力强，感受体验敏感，有的认识肤浅片面；有的比较开朗、果断，有的犹豫不决、优柔寡断；有的轻信，有的怀疑一切；有的爱买便宜货，有的向往名牌。这些都反映了不同的个性心理特征。

但是消费者的个性心理特征是在现实生活中反复感知商品的基础上逐步形成和发展的，而一旦形成自己的个性心理特征，就直接影响到消费者对商品感知的效率和深度。因而，消费者的个性心理特征对购买行为的影响极大，是形成各种购买行为的原因和基础。我们研究掌握了这些不同的个性心理特征，就可以预见消费者的购买行为，把握商品推出市场的时机，进而指导企业的生产和经营决策。

3.研究消费者心理活动与企业营销的关系

不同的消费品市场以不同的消费群体为对象，不同的消费群体对消费品市场也有不同的心理要求。由于消费者的个性心理特征不同，所以他们的购买欲望不同。而且，消费品市场又有自己的独特性与复杂性。那么，在企业经营中，采取怎样的手段和方法，才能促进本企业产品的销售呢？这是一个极为重要的问题。采用不同的策略，对消费者的心理影响是不同的。反过来，市场营销策略的选择，也受到消费者不同的心理特征的制约，如低价会刺激家庭主妇，尤其是讲求实惠的中老年家庭主妇的消费需求，她们由于感觉到这类商品物美价廉，所以乐于购买。但是对于年轻的具有炫耀心理的顾客则没有吸引力，他们认为：“一分钱一分货，好货不便宜，便宜没好货。”所以价格低的商品经营策略会抑制其消费的欲望。同样，不同年龄、气质、性别的消费者，对消费品市场的商品和劳务也有不同的需求、不同的购买动机、购买习惯和购买行为，经营者就要根据不同类型的消费者群采用不同的营销组合策略。

所以，研究消费者心理活动与企业营销的关系，可以帮助企业掌握各种消费者的不同需要，指导企业在销售活动中采取行之有效的策略和方法，以最终满足不同消费者的需求。

二、研究消费心理学的意义

消费心理学在西方发达国家是一门较为成熟的应用学科并被广泛地应用于消费生活的各个领域。随着我国经济尤其是市场经济的发展,20 世纪 80 年代中期,消费心理学传入我国并引起人们的重视,在实际应用中也取得了很大的成效。

我们要深刻领会研究消费心理学的意义,就必须了解消费心理学的发展脉络。

(一)消费心理学的起源与发展

1. 消费心理学的发展阶段

从 20 世纪初到 20 世纪 60 年代,消费者心理和行为研究迅速发展,并逐渐被广泛应用于市场营销活动中,最终发展成为独立的消费心理学。其发展历程大致可以划分为以下三个阶段。

(1)消费心理学的初创阶段

在这一阶段,西方国家有关消费者行为研究的理论基础主要来自工业经济学和农业经济学,这一阶段的消费心理学着眼于整个宏观市场并且带有浓厚的实证主义色彩。在学术领域,也涌现出一批先驱人物。1901 年 12 月 20 日,美国心理学家斯科特应邀在西北大学讲学,提出了应将广告作为一门科学进行研究,心理学在广告研究中可以并应该发挥重要作用,这被人们认为是第一次提出了有关消费心理学的问题。他于 1903 年将多年的研究成果汇编为《广告理论》一书出版。书中较为系统地谈到了影响消费者心理的各种因素,标志着消费心理学的雏形——广告心理学的产生。

《广告理论》出版以后,差不多半个世纪内,美国的许多心理学家大多围绕广告和心理的问题进行调查研究并指导实业界应用,其研究成果和应用效果大大推动了消费心理学的发展。

这一阶段,尤其是第一次世界大战后,西方发达国家市场竞争加剧,许多企业从过去关心产品的生产问题转向关注产品的销售问题。因此,企业雇用了大量的心理学家,研究现实的市场消费者和潜在消费者的心理现象。20 世纪 30 年代的经济大萧条,使许多发达国家出现了生产过剩、产品积压的问题,因而刺激消费成了渡过危机的重要措施。美国政府出台了货币政策、财政政策来克服危机带来的困难,而企业界克服危机的措施之一就是了解消费者的需求,提高消费者对商品的认识,促使消费者对商品产生兴趣,诱发消费者的购买动机。这时,无论是政府的货币政策及财政政策还是企业的反危机措施,都是从消费者心理入手,刺激消费,引导市场行为的,这自然极大地促进了消费心理学的研究和发展。

(2)消费心理学的显著发展阶段

进入 20 世纪 60 年代以后,消费心理学的研究得到了迅猛发展。1960 年,美国心理学会正式设立了消费者心理学分会,当时约有会员 400 人。有学者认为,这一事件是消费心理学作为一门独立学科诞生的标志。在此阶段中相继问世的《广告研究》及《市场研究》两种杂志,使消费心理学的研究成果得到更加广泛的传播。美国的一些大学和研究生院、心理学系、社会学系、工商管理系都开设了消费行为课程。

这期间，研究消费心理的人明显增多，研究质量大为提高。比较有代表性的学者有：密歇根大学的卡陶纳，研究了影响消费者行为的期望和态度；哥伦比亚大学的拉札斯费尔德，研究了“人格的影响”；哈佛大学的鲍尔，研究了消费者在不确定条件下的反应；等等。

(3)消费者心理学的地位确立阶段

自1986年以后，消费心理学在美国、日本等国家得到了充分的发展，在学科林立的时代巩固了自身的地位，在理论上也逐渐形成了广告研究、市场研究、顾客研究等体系。在此阶段，研究人员愈加重视“费”与“利”的关系，下功夫提高消费者行为研究的质量，消费者行为研究的理论基础也不断坚实，资料比以往任何时候都丰富，结论也更加清晰明确。1967年至1977年，美国共发表了近一万篇有关消费者心理的文章，其中，仅1968年至1972年五年间发表的研究成果，就大大超过了1968年以前所出版的全部研究成果的总和。日本自20世纪70年代开始大量引进美国关于消费者行为方面的研究成果，美日两国这方面的学术交流日益增多，出版的专著有马场房子的《消费者心理学》、小岛外弘的《消费者研究》等。苏联等东欧国家也进行了各有特色的研究。

1970年以来，消费心理学的研究出现了以下几种趋势：

①理论得到进一步发展。许多学者把研究的重点放在理论研究上，如对消费者决策程序的研究。

②重视宏观方面的研究。研究者们能够从整个社会经济体系的高度去研究消费行为，如对消费者行为—经济心理学的研究。

③转向对因果关系的研究。由过去单纯地确认、描述变量关系，转向解释性研究和对因果关系的探讨，如对消费者需求变化影响因素的研究等。

④与相关学科结合、交织。由对本学科的研究转向进行跨学科的融合、渗透研究，如对消费流行的研究、消费习俗的研究，与社会学密切结合。

⑤引入现代研究方法。对心理学的基本范畴（如动机、人格）等用现代研究方法进行研究，例如，用信息论的观点对消费者认识过程中的记忆进行研究等。

2. 消费心理学产生和发展的因由

究竟是什么原因促使这门学科在这么短的时间内得以迅速发展？我们不妨从以下几个方面作一些分析，以探究其原因。

(1)市场经济条件下企业生存与发展的需要

在市场经济条件下，市场是生产与消费的媒介。消费心理学的研究同企业面临的市场形势有着直接的关系。20世纪以来，世界上经济比较发达的国家，大多经历了市场观念演变的过程。这一演变过程是市场经济发展的必然结果，而能够反映这一过程各阶段特征的一个重要标志，就是消费者地位的变化。

①“以生产为中心”的市场观念阶段（19世纪末至20世纪初）。当时资本主义经济和技术发展比较落后，社会产品供不应求，企业生产大多产品单一，销售也不必费力。企业仅需考虑增加产量、提高质量、降低成本，只要价廉物美，不愁产品卖不出去，所以不需要重视研究消费者的需要。美国著名的福特汽车公司就是一个典型，该公司创办人福特曾宣称，不管顾客需要什么颜色，我的汽车就是黑色这一种。言外之意，他生产什么，消费者就得买什么。因此，在这一阶段，消费者完全处于被动无权、听任摆布的地位。这一时期被称为“以生产为中心”的市场观念阶段。

②"以销售为中心"的市场观念阶段(20世纪初至第二次世界大战)。由于生产技术的革新与改进,交通和传播工具的发展,劳动生产率大幅度提高,市场商品日益丰富,许多商品开始供过于求。生产相对过剩导致经济危机爆发,市场商品的销售状况成了事关企业生死存亡的头等大事。这种市场形势的变化,迫使企业把注意力由生产转向销售。由于可供选择的商品大量增多,此时的消费者在购买商品的时间、地点、方式、款式、品质、数量等方面的自主权越来越大了,企业再不能摆出一副唯我独尊的面孔,而要笑脸相迎、想方设法让消费者购买自己的商品。为了大量推销自己的商品,有人开始对推销员的素质进行研究,对消费者的愿望和需要进行调查,消费心理学便应市场之运、应企业之需萌生了。这一时期被称为"以销售为中心"的市场观念阶段。

③"以消费者为中心"的市场观念阶段(第二次世界大战后至今)。第二次世界大战后,科学技术日新月异,劳动生产率迅速提高,市场上生产与消费的矛盾越来越尖锐,经济危机连续不断,企业尽管使出尽浑身解数,向消费者推销产品,但仍不能根本扭转困境。因为当代消费者的消费水平不断提高,他们的消费活动已经不仅仅是为了维持温饱、满足最基本的需要,消极地以支出换取商品,而是要追求满足更多的、更高层次的心理需要。消费过程逐渐变成了消费者积极地塑造自己、再创自己、实现自我的过程。一种商品在市场上有没有销路,能不能实现其价值和使用价值,并不完全依从生产者和销售者的主观意志,而在很大程度上取决于消费者的接受程度。企业着实感到消费者的心理与行为好似一只"看不见的手"无形地操纵着市场,掌握着企业的生死大权。所以,企业为了获得生产和发展,就必须重视研究消费者,从生产领域入手,着眼流通领域,立足消费领域,通过满足消费者的需要,实现企业的目标。在这种情况下,消费者的地位一改旧观,被戴上"上帝"的桂冠,受到企业前所未有的高度重视。随着研究的深入,消费心理学所涵盖的内容也更加广泛,方法更加多样,逐渐成为企业经营中不可缺少的应用学科。这一时期被称为"以消费者为中心"的市场观念阶段。

20世纪70年代以来,在以消费者为中心的市场观念的基础上,企业又特别强调将消费者需要、企业优势和社会效益三者有机地结合与协调,如投资生产某一产品既要对企业有利,又要满足消费者需要,更要与社会协调发展,与环境保护相联系。从此,消费心理学的研究进入了更广阔的社会环境系统。因此,社会越发展,经济越发达,市场竞争越激烈,对消费者心理与行为的研究就越深入。

(2)多门学科发展交互作用的结果

消费心理学是在其他学科发展的基础上,结合消费领域实践,博采众长而形成和发展起来的。消费心理学形成的学科基础如图1-2所示。

①普通心理学的基础概念和理论是消费心理学研究个体行为的基础。普通心理学研究个体心理和行为,包括需要、动机、学习、知觉和个性等,这些知识对理解消费者的消费需要、购买动机等奠定了理论基础。

②社会心理学的基础概念和理论为消费心理学研究特定社会环境对消费者心理与行为的影响提供了理论依据。一个人的消费行为总要受社会阶层、社会群体以及家庭等社会因素的影响和制约。

③经济学理论是消费心理学研究中重要的经济理论依据。经济学是一门古老、成熟的学科,对消费者的研究是经济学的一个组成部分。经济学把消费者看成高度理性、可以预测

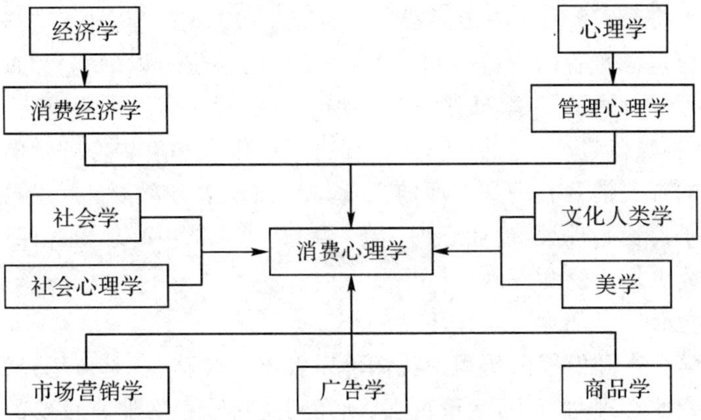

图 1-2 消费心理学形成的学科基础

的“经济人”,追求个人从购买商品和服务中获得最大效益。

④社会学对消费心理学的贡献。社会学是研究社会现象和社会问题,并揭示其发展变化规律的学科。消费者是生活在社会之中的,其心理的产生和发展与社会因素的刺激有很大关联。

⑤文化人类学为消费心理学的研究提供了重要的分析依据。文化人类学专门研究人与文化的关系。在不同的文化背景下,人的消费心理与行为必然会表现出较大的差异。

⑥广告学对消费心理学研究的贡献。广告宣传是开展商业营销活动的一个重要手段。广告学关于广告设计、制作、组织、预算、管理及效果测定的研究成果是消费心理学的重要组成部分。

⑦市场营销学对消费心理学研究的贡献。市场营销学是研究市场交易的各种任务和功能的合理配合、协调和控制,以满足消费者的需要,使经营者获得最大利润的学科。市场营销学的发展是消费心理学产生的背景之一。

此外,与消费心理学研究有密切联系的学科还有消费经济学、管理心理学、商品学以及美学等。

3.我国消费心理学的研究概况

在消费心理学的初创阶段,我国也曾有学者从事过这方面的介绍和研究工作。如在20世纪20年代,孙科曾经以“广告心理学概论”为题撰写文章介绍该学科;吴应国翻译了斯科特的《广告理论》;潘菽在他所著的《心理学概论》一书中专章介绍了“心理学与工商业”,20世纪30年代他还结合我国情况在大学课堂介绍“工商心理学”。

新中国成立后到改革开放前,主要是受高度集中的计划经济体制的束缚,企业无须直接面对市场和消费者,从而丧失了关注研究消费者的心理特点、千方百计满足消费者需要的基本动力。我国在该领域的研究也基本处于空白状态。

改革开放以来,随着市场经济的逐步确立和消费品市场的迅速发展,我国的社会消费出现了很大的转变:消费市场由封闭型向开放型转化,消费模式由温饱型向小康型转变,消费需求由供给制约型向需求拉动型转变,消费方式由单一化向多样化转变,消费决策由被动型向主动型转化。这些都极大地促进了我国消费心理学研究工作的开展。20世纪80年代中期,我国一些学者开始从国外引进有关消费者心理与行为的研究成果。1986年,部分省、市先后成立了消费者协会，1987年中国消费者协会成立，1993年10月，《中华人民共和国消费者权益保护法》颁布，消费者的权益得到保护，消费者的地位得以确立。与此同时，企业更加重视对消费者心理与行为的了解，重视消费心理对企业营销活动的影响，企业为了扩大产品销路，广泛利用各种媒体进行广告宣传，从而促进了广告学和广告心理学的发展。学术界发表和出版了大量的有关消费心理学方面的文章、专著、译著和教材。大专院校的工商管理、经济学科也开设了消费心理学、商业心理学、广告心理学、销售心理学等课程，人们对消费者心理与行为的研究更加广泛和深入。

(二)研究消费心理学的意义与作用

从消费心理学产生和发展的历程中我们可以看出，这门学科是市场经济发展的产物，深入开展研究消费者的心理与行为，无论过去、现在还是将来都有非常重要的实践意义。就我国目前国情而言，我们认为研究消费心理学的意义与作用有以下几个方面。

1.有助于提高宏观经济决策水平，改善宏观调控效果，促进国民经济协调发展

在社会主义市场经济条件下，市场作为经济运行的中枢系统，是国民经济发展的晴雨表。处于买方地位的消费者，对市场的稳定运行，进而对国民经济的协调发展具有重要的作用。消费者心理与行为的变化会直接引起市场供求状况的改变，从而对整个国民经济产生连锁式的影响。它不仅影响市场商品流通和货物流通的规模、速度及储备状况，而且对生产规模、生产周期、产品结构以及劳动就业、交通运输、对外贸易、财经、金融、旅游乃至社会治安等各方面都会造成影响。

近年来的改革实践还表明，消费者心理是影响改革进程和国家宏观调控效果的重要因素。重视和顺应消费者心理趋向，改革方案就能为广大消费者所接受和支持，各种调控措施也能达到预期效果。相反，忽视或违背消费者心理趋向，就有可能引起决策失误，导致宏观调控无力甚至失灵。如我国自1996年以来，为启动市场、刺激消费、扩大内需，连续7次下调银行存款利息，而我国多数消费者仍坚持储蓄行为，以致居民储蓄总额连年持续高速增长，市场需求回升缓慢。

2.有助于企业根据消费者需求变化组织生产经营活动，提高市场营销活动效果，增强市场竞争能力

在市场经济中，企业拥有生产经营的决策权，但只有按市场需要生产适销对路、符合消费潮流、适应消费者消费水平的产品，才能加快产品的销售，在市场竞争中占据优势地位，取得良好的经济效益和社会效益。因此，只有研究和应用消费心理学，以消费者的需求为依据设计、开发、生产产品，才能取得市场经营的主动权。同时，商业企业的经营活动，表现在商品购进、储存、销售等环节。如果能够在消费心理学的指导下，购进适合消费者需要的各类商品，按顾客心理改进销售现场布局、商品陈列、接待顾客方式等，并按消费心理规律和特点开展促销、广告、宣传活动，就能加快销售、降低成本，实现更好的经济效益，增强企业的市场竞争能力。

3.有助于消费者提高自身素质，科学地进行个人消费决策，改善消费行为，实现文明消费

消费就其基本形式来说，是消费者以个人为主体进行的经济活动。消费活动的效果既要受社会经济发展水平、市场供求状况及企业营销活动的影响，更要受消费者个人的决策水平和行为方式的制约。而消费决策水平和行为方式又与消费者自身的素质有直接的联系。现实生活中，消费者对商品知识了解不足、认知水平偏低、消费观念陈旧、信息筛选能力较弱

等原因,造成决策失误、行为盲目甚至利益受损。因此,从消费者角度而言,加强对消费者心理与行为的研究是十分必要的。通过传播和普及有关消费心理与行为的理论知识,可以帮助消费者正确认识自身的心理特点和行为规律,全面了解现代消费者应具备的知识、能力等素质条件,掌握科学消费决策的方法和选择商品的基本技能,由此增强广大消费者的心理素质,提高他们的消费决策水平,使消费决策更加合理。

此外,在消费变革的时代大潮中,面对丰富多彩的商品世界、变化多端的流行时尚以及外来生活方式的冲击,某些畸形的消费心理和行为也开始在部分消费者中滋生、蔓延,如盲目模仿、攀比消费、挥霍消费、人情消费等。从这方面来讲,也有必要增强消费者心理和行为的研究,结合实际剖析我国现阶段各种畸形消费心理和行为的作用机制及其成因,树立文明消费的基本标准和模式,实现个人消费的合理化,引导社会消费向文明方向发展。

4.有助于推动我国进一步融入国际经济体系,不断开拓国际市场,增强企业和产品的国际竞争力

随着我国经济的发展和综合国力的提高以及经济的全球化,尤其是我国加入世界贸易组织(WTO),越来越多的企业直接进入国际市场,加入国与国竞争的行列。为提高我国产品在国际市场上的竞争能力,产品在质量、性能、颜色、商标、价格、造型、图案等方面必须适应进口国家和地区的风俗习惯、道德观念和文化传统,唯有如此,我们的企业和产品才能在激烈的国际市场竞争中立于不败之地。同时,在国际贸易的商务谈判中,买卖双方都有一系列复杂的心理活动过程,研究如何掌握主动权,从而提高谈判的成功率。

三、研究消费心理学的原则与方法

由于消费心理学与许多学科有着密切的关系,它既有社会科学的性质,又有自然科学的性质,因此其研究方法也是多种多样的。

(一)研究消费心理学的原则

依据辩证唯物主义的思想,研究消费心理学必须遵循以下基本原则。

1.客观性原则

恩格斯说,唯物主义自然观不过是对自然界本来面目的普遍了解,不附加外来的成分。这就是说,一切科学的研究都必须实事求是,尊重客观事实,按照事物的本来面目去反映,来不得半点的主观想象,这就是认识事物的客观性原则,我们进行消费心理学研究,首先必须遵循这一原则。

人的心理是对客观事物的反映,一切心理活动都是由外部刺激引起的,并通过一系列的生理变化来实现,同时在人的各种实践活动中表现出来,正如列宁所指出的那样:我们应按哪些标志来判断真实的个人的真实"思想和情感"呢?显然,这样的标志只有一个,就是个人的活动。同样,我们研究消费者或相关工作人员的心理活动,也必须以他们在商业经济活动中可以被觉察并被检验的表现作为研究的材料,客观、全面地分析在市场经济条件制约下的心理现象的特点,揭示心理活动发生、发展变化规律。例如,我们要掌握消费者购买过程中的心理活动的情况,就要通过购物现场的现象观察,在接待消费者的过程中通过视、听、想,

而不是凭空想象。如果再以同样的环境和接待方法对许多顾客做同样的实验，得到的心理反应基本相似，这就说明我们的研究结论基本符合实际。当然，贯彻客观性原则，并不妨碍我们在已掌握的事实的基础上，提出大胆的假设，但假设也必须依靠客观事实材料去证实。例如，我们已经掌握了消费者购买家用电器的意愿，但是担心购买后维修是否困难的心理。在此基础上，我们是否可以设想，假如增加售后维修项目，消费者就会解除顾虑，营业情况将大大好转。如果这一设想付诸实施后，确实受到了消费者欢迎，营业额扶摇直上，那就说明我们的假设摸准了消费者的心理，采取的措施是符合实际需要的。

2. 联系性原则

人生活在极其复杂的自然环境和社会环境中，人的每一种心理现象的产生都要受到自然和社会诸多因素的影响，而且这种影响在不同时间、地点的反映又有所不同。由此看出，我们研究人的心理现象，既要联系多方面的影响因素，又要根据不同时间、地点等条件加以联系分析，既要考虑引起心理现象的原因、条件，同时还要考虑与之相联系的其他因素的影响。绝不能孤立地研究，而必须全面、联系地分析。这就是我们研究消费心理所要遵循的又一条原则，即联系性原则。

例如，消费者在购买现场的心理活动要受多种因素的影响。如购物现场的环境，商品的造型、色彩、包装、价格、质量、商业广告宣传、服务方式和服务质量以及消费者本身的心境等，这些都是影响消费者心理活动的因素，而且这些因素在不同时间里对同一消费者的影响也会有所差别。我们只有用联系的观点，同时遵守客观性的原则对各种影响因素加以分析，才能比较准确地把握消费者的心理状态，如果撇开其中的某些因素去分析，那么所把握的心理状态准确程度就要相对降低。

3. 发展性原则

辩证唯物主义认为，世界上万事万物都处在永恒运动、不断变化之中。作为反映客观事物的心理，当然也是随着客观事物的变化而变化的。

用发展的观点预测消费者心理的变化，对搞好企业经营有着特别重要的意义。几十年前，北京西单商场在全国各地掀起“西装热”不久，就预计到人们还有与此相联系的新的需求。它基于各地洗染店少这一事实，不久后就推出一种能由消费者自行洗涤的“干洗净”，从而获得了经营上的成功。如果北京西单商场没有以发展的观点去揣摩消费者心理，恐怕不会如此先声夺人、捷足先登，而取得较好的经营效果。

由此可见，我们对商业活动中的人心理的研究，应当遵循发展性原则。根据事物演变的可能性，去设想、预测心理变化的趋势；也要运用已被过去实践证实过的心理变化规律，去推测消费者心理变化的可能性，用以指导我们将来的商业工作。

对从事商业经营管理活动的工作人员心理的研究，也同样需要遵循发展性原则。我们不仅要看到其现实的个性心理特征与心理状态，还要预测其发展趋向；不仅要熟悉已形成的心理品质与行为习惯，还要看到其发展前景，以发展的眼光看待其心理现象，掌握心理现象的变化规律，做好心理品质的培养工作。

4. 个性研究中的分析—综合原则

在复杂的商业活动中，消费者在对待不同商品、劳务和采取不同接待方式的营业员的态度上，往往表现出他们不同的心理特点和个性特征。尤其是进入 21 世纪以后，消费者的消费需求出现多层次化和个性化特征。尤其是个性化在消费心理的研究中占有越来越突出的地位。在无数次的购买活动中,无论实际的购买对象怎样,每个消费者总是保持他个人独有的心理特质。如青年消费者购买行为带有浓厚的情绪色彩,冲动性购买行为较多;中年消费者在购买行为中独特意识、判断意识较强;老年消费者购物更稳重、动作慢、询问多等。对消费者群体的这些一般分析,还不足以说明消费者的个性。个性是指具有一定倾向性的比较稳定的心理特征的总和。每个消费者都有其不同的个性,并且会在购买行为中表现出来。我们通过分析可以认识个别消费者在不同的生活、活动条件下的心理成分,通过综合的研究则有助于我们弄清大量个别心理表现之间的相互联系,从而找出表明消费者特征的那些稳定的东西,为有的放矢地进行市场营销服务。

研究消费心理,在遵循上述研究原则的同时,更要依据研究任务的需要,选择恰当的研究方法。

(二)研究消费心理学的方法

研究消费心理学的方法可以借鉴研究消费行为的科学方法,但主要还是以心理学的研究方法为基础,是心理学研究方法在消费心理现象研究中的具体运用。观察法、调查法、实验法等是研究消费心理学的常用方法。

1. 观察法

(1)观察法的含义

观察法就是在自然条件下,有目的、有计划地观察消费者的言语、行为和表情等,分析其内在的原因,以研究消费心理现象规律。运用这种方法不需要去问消费者想什么、喜欢什么、打算做什么,而是在消费行为发生的现场,例如商店里、广告牌前,听消费者说什么,看他们做什么,由此获得研究的资料,分析消费者的心理。

观察法是科学研究中最一般、最简便的研究方法。观察法一般分为自然观察法和控制观察法两种形式。自然观察法是在完全自然的、被观察者不知情的条件下的观察。控制观察法是在人为控制的条件下进行的,被观察者可能知情,也可能不知情。

(2)观察法的适用范围

观察法在研究广告、商标、包装、橱窗和柜台设计效果,商品价格对购买的影响,商店的营销状况和某种新产品是否受消费者的欢迎等方面,都能加以运用。例如,为了了解商店橱窗设计的效果,可以在重新布置橱窗的前后观察注意橱窗或停下来观看橱窗的人数,以及观看橱窗的人数在路过行人中所占的比例。通过重新布置前后观看橱窗的人数及其比例的变化来说明该橱窗设计效果的好坏。又如,一种新产品投放市场后,它是否能被消费者接受,这是生产厂家非常关心的问题。如果仅从销售量上去判断,常常并不可靠。因为一件新产品是否受欢迎并不完全取决于它的性能是否优越。有时它会因为广告没做好,信息不为消费者所知,有时它的包装并没引起人们的注意,档次偏高或偏低,有时是价格不适合消费者的需要,有时则是它在人们的印象里和已有的消费观念相抵触,所以一时还打不开销路。在一件新产品投放市场后,生产厂家和商业部门不妨在用问卷、测试等方法研究消费者对该新产品的态度的同时,也在销售现场或广告牌前听听、看看消费者的反映,即做些广场研究。消费者发现这件新产品很新鲜,说怎么过去没听说过这种产品,说明广告没做好,消费者没得到它的信息;消费者站在柜台前只浏览其他同类产品,很少在这件产品上停留,说明它的包装不能引人注目。消费者对其价格的反应,对其外观的评价,说不定都是对改进新产品有重要意义的因素。至于这件新产品是否符合消费者的消费观念,这牵涉到更深入的心理活动，观察法只是提供一些外在的线索，有时还需要配合其他方法进一步加以研究。

1966 年美国的威尔斯和洛斯鲁托在超市内所进行的消费心理研究，是运用观察法的一个好例子。他们曾在超市的谷物食品、糖果和洗衣粉柜台前进行过 600 小时的观察。从顾客进入这些柜台的过道开始，到离开过道为止，他们观察了顾客人数、性别、年龄以及顾客的活动，并作了 1500 条记录。通过对观察记录的分析，他们研究了顾客的构成、顾客的性别及成人和儿童所占的比例；当几个人在一起时谁影响了购买；顾客是否在寻找特殊商品，是否在考虑和比较价格，购买前对商标和包装是否注意；等等。这种观察研究不仅为了解消费心理的一般规律提供了素材，也为商店改进营销策略提供了依据。商店可根据自己顾客的构成特点配置更切合他们需要的商品，也可改进商品的陈列，以促进营销。

(3)观察法的应用分析

观察法是在日常环境下对顾客的外部活动进行观察，顾客自己并不知道。因此顾客的心理表现比较自然，观察所获得的资料也比较真实、可靠。运用这种方法比较简便易行，花费也相对低廉。

要运用好观察法，需要有明确的观察目的和较详细的计划。如果借用观察人员，需对其认真加以培训，使其熟悉所要观察的内容和要求，以便能够保证观察的客观性，并且不致忽视转瞬即逝的事件。在确定观察的时间和地点时，要注意防止可能发生的取样误差。例如，在了解商店顾客的构成时，要区别休息日和非休息日，也要区别上班时间和下班时间。有时商店顾客的构成也受周围居民成分的影响，如要观察少数民族消费热点，就应该选择供应少数民族所需物品的商店或少数民族集中居住区的商店看，如果到其他商店，就难以获得所需的资料。在分析观察结果时，要注意区分偶然事件和有规律性的事件，使结论更具科学性。

观察法的缺点也是明显的。在进行观察时，观察者要被动地等待所要观察的事件的出现。而且，当事件出现时，也只能观察到观察者是怎么样从事活动的，并不能得到消费者为什么这样活动、他的内心是怎么想的等资料。因此，观察法有很大的局限性，只有当研究的问题依据消费者外部的行动即能说明时，才适宜应用观察法。有时通过观察也能发现一些问题的线索，在确定研究的问题时可借用观察法。要解决这些问题还需采用其他的方法。有时为了熟悉被调查的对象，事先了解给他提什么样的问题或怎样提才比较适宜，也会应用观察法。观察法要取得大量的资料，选取的样本应比较多，面比较广，所需的人力和时间也比较多。观察法不如问卷法，问卷法在较短的时间里即可获得大量的资料，而观察法所得资料也难以进行数量化处理。

2. 调查法

调查法是指在市场营销活动中，采取科学的方式与手段，通过问卷、访谈等方式获取相关资料，在进行数据整理和分析的基础上，间接地了解消费者心理活动的方法。调查法能够获取较多的第一手资料，便于归纳分析，是国内外企业在研究消费者行为中应用最普遍、也较为有效的方法。

在市场营销活动中，常运用的调查法有问卷调查法、互联网调查法和访谈调查法。

(1)问卷调查法

问卷调查法是在消费者心理研究中应用最广的调查方法。所谓问卷调查法，是指由调查者事先设计列有若干问题的调查表，要求被调查者予以回答的方法。调查表形式有两种：封闭式和开放式。封闭式的调查表是让被调查者从所列出的答案中进行选择；开放式的调查表是让被调查者根据所列出的问题任意填写答案，不作限制。调查表既可当场直接发放、让消费者填写后回收，也可将问卷通过邮寄、广告征询等方式送达被调查者，待被调查者填写后寄回。

我们在使用问卷调查法时，要使问卷尽量客观地反映被调查者的情况，问卷设计中应注意以下问题：

①目的明确。有明确的调查目的，才能确定调查表的内容和项目。调查表的内容和项目必须包括所需调查的全部内容。

②题目清楚、明确，不能含糊不清或作多种解释。设计调查表时要考虑被调查者的个性心理特征，回避其所在文化背景下的禁忌和个人隐私，避免运用伤害被调查者感情的词语。

③调查表设计好之后应该进行预备性的调查实验，以检查问卷的信度、效度，并在预测的基础上进行修改。

④注明填答调查表的要求、注意事项、奖励办法等。

(2)互联网调查法

互联网调查法是研究人员将专用的问卷设置在网页上，人们在浏览网页时，可以很方便地点击问卷上的选项，并将问卷结果快速地传回网站，由网站控制中心自动进行统计与分析的调查方法。

互联网调查法是最近十年来发展较快的新型调查方法，在未来的消费心理行为研究中将发挥更大的作用。

互联网调查法的优点有三个：一是调查数据的处理极快，是所有调查方法中数据处理最快的一种（少数情况下电话采访系统可能会达到这种速度），在网页浏览者点击"发送结果"后，数据立刻传到控制中心自行进行处理；二是研究机构不必与调查对象见面，在同等的调查样本条件下调查成本较低；三是被调查者的隐私受到较好的保护，某些消费者在陌生人面前不能回答的问题在互联网上可以全部回答。

互联网调查法也存在三个严重的甚至致命的缺陷：一是不负责任的浏览者可能会提供大量的虚假信息，或者是因为对提问方式不满意，或者是为了最大限度地表达个人的某些观点；二是大量的虚假信息没有办法甄别，这是互联网调查法存在的致命缺陷；三是浏览者的样本代表性较差，接触互联网的人群与实际市场构成差别很大，使得样本的代表性大打折扣。正是因为这些严重的缺陷，互联网调查法的发展空间一直受到限制。现在的互联网调查法主要集中用于网民民意调查、明星代表效果调查、热点问题调查等方面，而且调查样本主要代表上网的人群。

(3)访谈调查法

访谈调查法是访谈者通过与受访者之间的交流，了解受访者的消费动机、态度等内容的一种研究方法。访谈有不同的方式，按交流过程结构模式的差异划分，访谈可以分为结构式访谈、无结构式访谈、个人访谈和小组座谈。

①结构式访谈。结构式访谈是调查者根据预定目标事先拟定谈话提纲，访谈时按已拟定的提纲向受访者提出问题，受访者逐一回答问题的一种方法。运用这种方法的好处是访谈条理清楚，调查者能控制访谈过程，因此所获资料比较系统，较节省时间；而不足之处在于易使受访者感到处于被动地位而显得拘束，缺乏主动感，且双方缺乏感情沟通和交流，故影响所获资料的深刻程度。

②无结构式访谈。无结构式访谈是调查者和受访者双方以自由交谈的形式进行的调查活动。调查者虽有目的,但无固定的谈话程序,不局限范围、时间。由于气氛轻松,受访者能在不知不觉中吐露心声。但是,采用这种方法要求调查者有较高的谈话技巧和丰富的谈话经验。

③个人访谈。个人访谈是调查者对单个受访者进行的访谈。这种访谈可以采取结构式访谈,也可以采取无结构式访谈。个人访谈的优点是:

第一,调查者可以在面对面访问的同时对受访者进行观察。

第二,访谈中可以依据受访者的态度和访谈效果调整访谈内容或访谈进程。

第三,调查者可以通过与受访者的情感交流鼓励其充分发表意见,从而增加信息获取量。

第四,调查者可以针对访谈中出现的双方难以沟通的问题进行必要的调整,提高访谈效果,同时,受访者的回答还可能启发调查者提出新的问题。

个人访谈也有一些缺点,如费用高、访问数量有限、调查者个人素质对访谈效果有较大的影响等。

④小组座谈。小组座谈是由调查人员以召开座谈会的方式向一组受访者进行的访谈。一组人员构成可以是随机的,也可以是依据预定标准选择的。座谈中,调查者应该主动控制座谈会的气氛和进程,使受访者在不偏离主题的情况下畅所欲言。小组座谈的好处是:节约时间,减少耗费,气氛活跃,相互启发。小组座谈的不足之处在于:参加座谈的受访者相互影响,妨碍持不同观点的人发表意见,且整理资料的难度较大。

调查者无论运用哪一种方式对消费者进行访谈,都应该注意运用访谈艺术:

第一,明确访谈的目的。访谈中,调查者要依据已有的调查目的和受访者特点,按事先确定的范围进行,才能取得效果。

第二,讲究访谈方式。不同的受访者具有不同的社会背景和心理特点,调查者要尽量采取不同的方式,或漫谈,或提问,或商讨,以便受访者在轻松的气氛中随意表达真实意见。

第三,争取受访者的信任。信任是获取受访者真实信息的重要前提条件,因此,调查者态度要诚恳,要为受访者保密,不涉及个人隐私,等等。

3. 实验法

实验法是有目的地严格控制或设计一定条件来引起某种心理现象产生而进行研究的方法。实验法又分为实验室实验法和自然实验法两种形式。

(1)实验室实验法

实验室实验法是指在实验室里借助各种仪器进行研究的方法,这种方式具有控制条件严密、操作程序固定、可以反复进行实验的特点。但这种方法也受较多的人为控制因素的影响,与实际消费活动有一定的差距。

(2)自然实验法

自然实验法是指在市场营销环境中,有目的地创造某些条件或变更某些条件,给消费者的心理活动施加一定的刺激或诱导,从中了解消费者心理活动的方法。这种方法是人们有目的地创设或变更条件,具有主动性的特点,也有较强的现实意义,如在商品销售现场,有目的地举办商品品尝、试用活动,然后比较其效果。但是,由于活动现场的各种条件比较复杂,很多控制变量很难予以排除或者在一定时间内保持恒定 ,因此,往往需要有一个周密的实验计划并坚持长时间的观察研究才能获得成功。

以上介绍的几种方法是我国消费心理学领域中常用的研究方法，它们具有一定的应用价值，同时也存在着一定的局域性，因此，在研究中可以考虑兼用几种方法，取长补短，相互补充。同时，在研究中应注意以下事项，使研究结果更加真实可靠，更具有指导性。

首先，明确目的，方案正确。使用某一方法之前，需要事先拟定方案，明确目的，即做好研究的准备工作，例如，研究什么商品、研究哪一类消费者、需要了解什么问题等，以便有针对性地观察和设计调查表。

其次，实事求是，客观公正。使用某一方法的过程中，要正确地获得资料，实事求是，客观地反映事物。如采用观察法，可依据条件进行笔录、计数、计量、摄像、录音等；采用调查法进行抽样设计，掌握调查研究进行的时间、地点；采用实验法，按要求控制条件。

最后，及时加工，深化理论。使用某一方法之后，要及时整理加工，为理论研究和实际工作提供准确、适用的信息。整理工作是研究工作的深化阶段，有着特别重要的意义。一般要用统计学的数量统计方法，如通过整理实验或调查得到的大量数据，找出这些数据的分布特征，计算出一些有代表性的数据进行分析研究。

【典型案例】

卖酒不如卖水？

康泉啤酒厂成立于20世纪80年代初期。建厂伊始，厂领导通过对消费者购买力的调查，决定开发中低档啤酒。在以质量创名牌的观念指导下，他们着重抓了设备、人才、管理等三个方面：设法筹措资金，购进先进的生产设备，为提高产品质量提供强有力的物质保证；集中本厂科技人才，到外地知名科研院所寻访和聘请有专长的科研人员，组织专门的科研班子攻克质量难关，使啤酒的有关理化检验指标符合国际标准，并达到国内先进水平；严格管理生产，制定了一系列科学的操作规程和规章制度并严格执行，提出了"质量就是企业的生命""谁砸康泉名牌，就砸谁的饭碗"，使追求质量的意识在全厂蔚然成风。在保证产品质量的前提下，厂领导打破当时还较为普遍存在的"好酒不怕巷子深"的传统观念，投入大量资金，开展大规模的广告宣传等活动以提高产品知名度。为适应中低档产品的特点和消费者购买习惯，以靠近居民住宅区的食品店和方便商店为主要销售渠道。一系列有效的措施使该厂生产的啤酒迅速地在本省和周边省份成为名牌产品，销售量直线上升。数年间，该厂就从一个只有几十人的小厂发展为拥有数千名员工的集团公司。

20世纪90年代以来，啤酒市场发生了显著变化。许多竞争者盲目投资啤酒业，使全国范围内啤酒的供应量在短短数年间翻了数倍，出现严重的供大于求的局面，卖方市场完全变成买方市场。在现代科学技术和生产力高度发达的情况下，先进设备的引进、新技术的普及、管理经验的传播和人才的流动都极其迅速，不同企业的啤酒在质量方面的差距逐渐缩小乃至消除，单纯依靠质量已不能吸引顾客购买。为了增加销售量，各企业纷纷降价，价格战愈演愈烈，甚至出现了卖酒不如卖水、一瓶啤酒抵不上一瓶矿泉水的现象。进口品牌也大举入侵，它们除垄断高档酒市场外还向中档酒市场渗透。在国内品牌和国外品牌的双重夹击之下，康泉啤酒厂啤酒的价格一降再降，销售日渐萎缩。无奈之中，该厂加大了新产品的开发力度，紧随国内外潮流，开发了干啤、冰啤、红啤、黑啤和高档箱装啤酒、易拉罐啤酒等，档次不同，品种繁多。出乎意料的是，该厂的苦心并未得到市场的回报，新产品上马一大批，落马一大片。根据以往广告塑造名牌的经验，该厂在资金紧缺的情况下，借用大量贷款为多种新产品做广告，依然不见起色，产品卖的钱还抵不上广告支出，只得再次采取降价销售的办法，重新陷入价格大战之中。该厂领导感到十分困惑：出路何在？

问题：

1. 20世纪90年代以来，随着经济发展和市场供求形势的变化，消费者购买心理、行为发生了哪些变化？

2. 分析影响消费者购买心理、行为的因素，指出该厂的营销策略应做哪些改进。

【本章小结】

本章从总体上论述了消费心理学的研究任务、研究意义与方法，是学习以后各章的基础和指导。

消费心理学以消费者在购买活动中的心理、行为、现象作为研究内容。

消费心理学的研究任务在具体内容上可以分为：研究消费者购买活动中的心理过程，研究消费者的个性心理特征，研究消费者心理活动与企业营销的关系。

消费可以有广义和狭义两种理解。广义的消费是指人们消耗物资资料和精神产品以满足生活和生产需要的过程，可以分为生活消费和生产消费。狭义的消费是指生活消费，即人们消耗吸收物质资料和精神产品以满足物质和文化生活需要的过程，包括与物质生产过程无关的一切消费活动。消费心理学所研究的主要是狭义的消费——生活消费。

消费者可以有广义和狭义的两种理解。广义的消费者是指商品或劳务的需求者、购买者和使用者，这与“消费”的广义理解是一致的。消费者的狭义理解是指直接消费生活资料的人。

消费心理学研究的不仅是生活资料的直接使用者，而且包括所有参与消费者购买过程和使用过程的人。

研究消费心理学的意义主要包括：促进经济发展，提高企业市场竞争力，促进文明消费，开拓国内国际市场。研究消费心理学的原则是客观性原则、联系性原则、发展性原则和个性研究中的分析—综合原则。

消费心理学的研究方法大致可以分为：观察法、调查法和实验法。

【思考练习】

1. 消费心理学的研究任务是什么？

2. 消费心理学的研究方法有哪些？

3. 消费心理学的研究原则是什么？

4. 若采用访谈的方法不能测知消费者心理或有可能得到虚假结果，那么还可以采用其他什么方法能较为准确地测知消费者的心理？

5. 结合实际谈谈学习消费心理学的意义。

第二章　心理现象实质与消费者心理活动过程

【导入语】

某日用化学品有限公司研制出一种新型的美容护肤用品，该产品对修复皮肤、去除皱纹有特殊效果。为提高产品的社会知名度，扩大产品的影响力，公司决定向某科研单位免费提供该产品试用服务。一位该公司特派业务员到该科研单位举行免费产品试用发放前的产品介绍会，科研单位的众多科研工作者都兴致勃勃地来到了会议厅。只听该业务员声音洪亮地说："在座的各位科学家，辛苦了！你们为了发展我国的科学事业，夜以继日地工作，头发花白了，脸上布满了皱纹，真是未老先衰。为了表示我们公司对大家的慰问，我们将新研制的新产品赠给大家，希望大家使用后，能恢复青春容貌，返老还童……"在座的各位面面相觑，脸上的笑容消失了，未待该业务员讲完，就有人一边站起来一边说："算了算了，反正我们已经秃顶了，满脸皱纹，未老先衰了，用什么也没有用了。"

说话间，会场里已走了一大半人，业务员满脸疑惑地站着，他不知道为什么公司研制的产品那么好且免费赠送使用，在座的那些人却没有兴趣，自动走了呢？

免费产品也不要，你知道问题出在哪里吗？很显然，举行商品销售活动如果像这位业务员一样是不够的，还应该懂得消费者的一般心理特点，掌握消费者心理活动的过程，有针对性地进行销售。

【学习目标】

- 理解心理现象的实质。
- 明确心理活动具有主观能动性和个体差异性。
- 理解消费者心理活动的过程。
- 明确消费者心理活动过程是动态过程。
- 掌握消费者心理活动过程的三阶段：认识过程、情感过程、意志过程。

【关键词】

心理的实质 the nature of psychology
主观能动性 self-motivation
个体差异性 difference in individual
心理过程 the process of psychology
感觉和知觉 sense and perception

记忆和联想 memory and assumption
思维和想象 thinking and imagination
注意 attention
情绪 mood
情感 feeling
意志 will

一、心理现象实质

心理的实质是什么？几千年来，围绕着人的心理实质的问题，存在着唯物论与唯心论、辩证法与形而上学之间的斗争。早在公元前30世纪，埃及人就猜想到智慧和人脑的关系。公元前5世纪的希腊哲学家也谈到，大脑是“灵魂和意识的底座”。

心理学在2000多年的发展过程中，名与实并不相符。由于西方古代哲学家认为“心为思之官”。所以一直把研究心灵、灵魂、思维的学问称为心理学。我国古代有人认为人的心理活动发生在心脏上，精神现象也发生在心脏上，所以就把精神活动称作“心理”而沿用至今。如孟子就说过“心之官则思”，我国汉字的构成也能证明这一点：很多反映和表现心理现象、思维活动的汉字都是心字旁，如思、想、情、意、怨、恨等。还有人认为精神活动发生在肝、胆或脾脏上，至今语言中的“胆小”“发脾气”“肝胆相照”等也可以证明这一点。明代著名医学家李时珍(1518—1593)在其不朽著作《本草纲目》卷五十二“人部”中首先提出了“脑为元神之府”的论断，认为脑是高级神经中枢所在，它聚集着人的精神。清代著名医生王清任(1768—1831)根据他对尸体解剖和大量病理的临床研究，在其著作《医林改错》里也明确提出“灵机、记性不在心在脑”的科学见解。到17世纪，西方的一些学者、医生通过解剖，也明确提出心理现象是脑和神经组织活动的产物。

因此，心理的实质，首先可以说是人脑的机能。随着研究的深入和辩证唯物主义的出现，人们还认识到，只有大脑还不能产生心理现象，因为大脑只是心理的生理基础而已。没有客观现实，人们也不会产生心理现象。也就是说，客观现实是心理的源泉和内容。至此，我们认识到，心理的实质可以从两个方面来理解：①人的心理是人脑的机能；②心理是客观现实在人脑中的反映。

(一)心理是“脑”的机能

心理是由大脑产生的，心理学应该是“脑理学”。由于现代科学的进步，人们认识到大脑是由高度完善的物质组成的。心理是人脑的机能。之所以这样说，是因为心理的产生除了靠脑的结构及机能以外，还需除脑以外的几乎是整个人的生理结构和机能的协助。

心理主要是人脑的机能，那么脑的机能与心理的关系如何呢？可从以下两方面描述。

1. 大脑的结构、功能与心理的关系

医学和解剖生理学的专门研究表明，人的大脑是非常复杂的一部机器，人脑由大脑、间脑、延髓、中脑、脑桥和小脑组成，约有神经细胞1000亿个，而实现人的心理活动的最重要部分是大脑。大脑又分为左、右两半球。大脑左半球同人的心理中的抽象概念思维及其有关的词句意义的理解、音乐旋律的把握、数理逻辑的推理等方面有密切联系；大脑右半球与具体形象思维、物体的空间形象、语言的辨别、音乐节奏的把握、情绪的表达与辨别等方面有密切联系。而左、右两半球通过协同活动，才可能使人的心理活动完整、正常地进行。大脑表层部分，称为大脑皮层，其上约有神经细胞140亿个。这些细胞与人体其他组织或器官中的细胞不同，它有特殊的构造，而且具有极度敏感性，它是人的心理得以实现的关键部分。

人脑的不同部位管理着人的各种感觉和机能，如视觉、嗅觉、触觉、运动、语言、内分泌等。如果哪一部分受伤了，其所管理的那部分感觉和机能就会受损。例如，有的人双眼构造很正常，但由于专管视觉的脑神经损伤，就失明了；在酒桌上，我们常可以看到，有的人喝醉了，胡言乱语，这是因为酒精中毒，大脑管语言的部位受到麻醉，不能正常工作。

［相关链接］

人们观察到在睡眠或麻醉（如酒醉）时，心脏的活动没有变化，而精神状态大不相同；脑受了损伤的人（如外伤或震荡），心理活动会受到严重破坏，有的记忆消失，有的语无伦次，有的不能正常思考，有的精神失常或神志不清，等等。

2.大脑的活动方式与心理的关系

人脑怎样活动才能产生的心理？苏联生理学家、心理学家巴甫洛夫创立的条件反射学说认为，人的心理之所以能够产生，与大脑皮层参与进行的条件反射活动有主要关系。

反射分为两种：无条件反射和条件反射。

无条件反射是动物和人生下来就具有的，在系统发育过程中所形成而遗传下来的，对外部生活条件特有的、稳定的反应方式，其神经联系是固定的。在心理发展的早期阶段，这种遗传下来的简单行为定型占优势，也就是本能。本能是同满足生物需要相联系的行为。例如，初生的婴儿会自动地吮吸奶头；人会因鼻子有细小东西侵入而打喷嚏；人的手在无意中接触了火，手就立即产生离开火的反应。这都是无条件反射，也就是本能。

条件反射与无条件反射有关，但不相同。条件反射不是先天就有的，必须在后天学习和取得经验之后才能形成。条件反射是人在生活环境中，在无条件反射的基础上和一定的条件刺激、影响下，通过大脑皮层神经的暂时联系所造成的反应活动。例如，说到“美丽就是更白、更细、更光洁”，人们自然会条件反射地想到这是自己十分熟悉的“青春宝”美容胶囊电视广告中的广告语。

条件反射可以分为两种。凡是由具体的刺激物（如音、色、味、形等）在人脑中形成的信号，称为第一信号，由此建立起来的条件反射系统称为第一信号系统。比如，对于很多吃过梅子的人来说，其以后只要见到梅子的形象和颜色，就会不自觉地在口中分泌出唾液。再如，人们长期接触阳光或火光，它们有橙红色的光焰，给人以温暖。那么，人看到橙红色，会很自然地产生温暖的感觉。由抽象的语言、文字、符号构成的信号称为第二信号，由此建立起来的条件反射系统称为第二信号系统。具有第二信号系统是人类高级神经活动的本质特点。因此，语言刺激对人的心理和行为具有重要的调节作用。比如，对于吃过梅子的很多人来说，其以后听到或看到梅子的相关语言或文字，也会不自觉地在口中分泌出唾液。

由此可见，人的心理之所以能够实现，主要是依靠人脑的大脑皮层参与进行的条件反射活动。

（二）心理是客观现实的反映

人脑是人的心理实现的器官，但并不等于有了头脑就可以产生心理了。马克思主义认为，先有了客观现实，然后才可能产生心理。即先有被反映的东西，然后才可能产生反映。因此说，人的心理是客观现实的反映。

客观现实中存在的事物很多，有自然的，有社会的。自然的如山川河流、田野森林，社会的如群众团体、经济组织。人在如此众多的客观事物和人群交往中生活、学习与工作，这些千差万别的客观事物和人群交往的形象所构成的信息，通过各种能量形成刺激于人的各种感觉，由神经运动传入了脑中，然后又通过脑中的两种信号系统的活动，使人形成了对于外界事物的反映，也就形成了不同的心理现象。而且这些心理现象又引起了脑神经的变化，将信息储存在脑中，即产生记忆。甚至可以对储存的信息进行加工，如产生想象。于是，人的心理就变得更为复杂了，出现了人的思想意识、观点、感情、意志等。由此可见，如果没有客观现实的存在，也就没有人脑对外界事物的反映，也就没有人的心理的产生。

事实上，人脑本身就是在社会客观现实生活中不断发达起来的。人脑比人的祖先——类人猿的脑更大、更为完善。从人的生长发育来看，心理的发生、发展也是与脑的发育、完善紧密相连的。儿童脑的发展是由客观现实（包括自然条件、社会环境、教育、父母及其他人的影响等）不断刺激促使他思维的结果。如果一个人不接触客观社会现实，闭目塞听，孤陋寡闻，心理也就会成为无本之木、无源之水了。没有客观事物作用于人，人的心理活动便不可能产生。所以，客观现实是人的心理活动的源泉和内容，心理则是人对客观现实的反映。

［实例］

1920年，印度人辛格在狼窝里发现两个小女孩。小的约两岁，很快就死了。大的约八岁，取名为卡玛拉。由于她从小就脱离了人的社会生活，没有语言交际，没有家庭、工具，跟狼一起生活，虽然八岁了，心理却只是六个月婴儿的水平。她用四肢爬行，用双手和膝盖着地休息，用舌头舔食流质的食物，只吃扔在地上的肉，从不吃人手里的东西。她害怕强光，夜间视觉敏锐，每天深夜嚎叫。她怕火，也怕水，从不让人给她洗澡。即使天气寒冷，她也不穿衣服，掀掉毯子。经过辛格的悉心照料和教育，她用了两年学会了站立，用了四年学会了6个单词，用了六年学会了行走，用了七年学会了45个单词，同时学会了用手吃饭，用杯子喝水，但到十七岁临死时她的心理只相当于四岁儿童的水平。

问题：卡玛拉现象说明了什么？

（三）心理具有主观能动性和个体差异性

如前所说，心理是客观现实在人的头脑中的反映，不过这种反映不像照镜子那样简单和刻板，而是积极的、主动的反映，有着较大的主观能动性。每一个人的年龄、文化程度、经历、个性、生活环境不一样，心理活动也就不一样。由于一个人生活在某一相对稳定的生活环境中，所以就形成了比较固定的兴趣爱好、思想观点等主观方面的东西。这些东西储存在脑中，对以后进入人脑的信息所产生的反映，发生了"折射"的结果。于是有所谓"仁者见仁，智者见智"的情形，即对同一事物，会作出不同的反映。比如，一个做医生的女性穿着清淡素雅，一个做营销员的女性穿着端庄得体，一个做演员的女性穿着时髦新潮；在餐馆里用餐，一盘辣椒炒牛肉，同桌的上海人觉得太辣了，四川人觉得一点不辣；对《红楼梦》，千百年来人们的反映千差万别；每年评电影金鸡奖，专家与一般观众的见解也往往大相径庭。试想，一个画家与一个未学过画画的小学生同样欣赏一幅油画,他们的反映怎么能一样呢?人的心理是客观和主观的统一。

即使同一个人对同一事物,在不同时间、环境和不同的心境下,反映也会大不相同的。例如,有的人年轻时爱吃糖,对甜食十分喜好,年长之后,则往往对甜食的喜好有所减弱甚至反感;有的人心情好的时候,对服务员十分宽容,心情不好时就十分挑剔,甚至"有意找茬"。所以,人在不同境遇时,对月亮的圆缺、天气的阴晴、植物的荣枯都会有不同的心理活动。

二、消费者心理活动过程

心理过程是指心理活动的动态过程,包括认识过程、情感过程、意志过程。

(一)认识过程

认识是消费者心理活动的初始阶段。它是指通过消费者自己的感觉、知觉、记忆、联想、思维、想象等活动对商品的品质属性以及各方面联系的综合反映。这个反映的过程,统称为认识过程。

1. 感觉和知觉

感觉和知觉是通过消费者的感觉器官对客观事物作出的反映,是认识过程的最初级形式。感觉反映事物的个别属性,如顾客在商业街,闻到饭店飘出的菜的香味,看到橱窗商品的色彩、造型,听到悦耳的背景音乐,吃到美味的食品,等等。感觉可分为外部感觉(视觉、听觉、嗅觉、味觉、触觉等)和内部感觉(运动觉、平衡觉、内脏觉等)。人体的每一个感觉器官只能在一定限度内起作用,心理学上把能引起感觉的持续一定时间的刺激量称为"感觉阈限"。感觉阈限的大小反映了人对刺激的感觉能力,即"感受性",感受性与感觉阈限成反比。人能感觉到的两个刺激物之间的差别叫差别阈限,又叫"最小感觉差"。德国生物学家创立的韦伯定律指出:差别阈限与原刺激物的强度之比是一个常数,刺激强度越高,差别阈限也越高,最小感觉差别也越大。

[相关链接]

人的感觉是多种多样的,主要有视觉、听觉、嗅觉、味觉、触觉等。心理学家研究的结果是人们凭感觉接收到的外界信息中,83%的外界印象来自眼睛,11%来自听觉,3.5%来自嗅觉,1.5%来自触觉,1%来自口感和味觉,这些不同的感觉,使人们在认识事物时,能够从各个方面了解事物的属性、特点。

知觉反映的是事物的整体属性,比感觉进了一大步。比如一个苹果,人们通过视觉看到它的形状、色彩,通过嗅觉闻到它的气味,通过触觉感到它的光滑而不太坚硬的表面,然后综合感知到这是苹果,这便是知觉。

知觉比感觉复杂得多,而且跟人的知识、经验、态度等主观因素有较大关系。如人们总是以自己过去的经验补充知觉,使一种具体的知觉具有整体性。制约知觉整体性的因素主要有大小、远近、相似、连续、方位等。知觉有选择性,人们在大千世界中总是把跟自己有关系或对自己有意义的事作为知觉对象,而且对他们的知觉特别清晰。比如,骑自行车的人可以一眼从车库里认出自己的自行车来；妈妈可以一下子从幼儿园众多的孩子中看到自己的子女；饥饿的人在闹市区对不是餐厅的商店几乎没有任何兴趣；等等。知觉又有理解性，人总是凭借以往的知识经验来理解事物，确定它的名称、特性。比如，人们根据已有的知识能迅速区别宾馆的前厅、飞机场的办票厅、机关的会客室和银行的营业厅。此外，知觉的理解性还能使知觉的速度提高，使知觉更为精确、深刻。例如，人们进餐时听了服务小姐对“东坡肉”的典故介绍，增加了食欲；人们游览三峡时听导游介绍神女峰的来历后印象更加美好、鲜明、深刻。知觉还有恒常性，当知觉的条件发生改变时，由于以往知识和经验的影响，知觉的印象仍然保持相对稳定。例如，多年不见的老朋友仍能凭借以前的印象互相认出。由于知觉有恒常性，人们才能在不同的情况下始终按照事物的真实面貌加以反映，这对有效适应不断变化的环境是十分重要的。

感觉和知觉在消费者购物和市场营销中具有很大的作用。感觉使消费者获得对商品的第一印象。第一印象的良好与较差、深刻与浅薄，往往决定着消费者是否购买某种商品。但每个消费者的感觉阈限不同，向消费者发出的刺激信号强度，就应当适应他们的感觉阈限。如营业厅的音乐烘托、灯光采用，营销人员的仪容仪表，商品价格的升降；等等。作为营销员其职业对感觉的要求是，最佳感觉界限在高度的上限阈限和中等的下限阈限。如果营销员感受性过高，则容易伤感或激动，对推销工作无益。

知觉的选择性帮助消费者确定购买目标。有购买预定目标的消费者走进商场后，能很快找到出售欲购商品的柜台，同时能积极主动地在琳琅满目的商品中选择出所要购买的商品，这是由于购买目标成为符合他们知觉目的的对象物，其感知十分清楚。在营销广告中从知觉的整体性和理解性出发，注重与商品有关的整体比单纯把注意力集中在商品上效果更为突出。企业营销活动中，比如样品间摆布、店堂装修、橱窗设计、广告图案、包装装潢、商品陈列、器具使用等方面，巧妙地运用消费者的知觉，往往能达到一定的心理效果。如水果店货架背部安上镜子，能使顾客对陈列的水果产生非常丰满的视觉效果；超市出售肉类的冷藏柜，用橘红色灯光照射，能使顾客产生肉很新鲜的感觉；百货商场楼梯墙壁装上镜子，能起到扩大顾客视野的作用。

［实例］

一幅宣传微型录放机的路牌图画广告，画面是一位秀发披肩的年轻姑娘，身着运动衫和牛仔裤，骑着新潮彩车，头戴耳机，腰间挂着微型录放机，在春风和煦、绿树摇曳的背景中，微笑着徐徐前行。录放机在整个画面中所占比例很小，但录放机与人们生活的关系十分鲜明地展现出来，它可以减轻疲劳，提高情趣，陶冶情操，让人觉得高雅而不俗。

问题：这幅图画广告运用了知觉的什么原理，起到了怎样的效果？

2. 记忆和联想

人不仅能够感知事物，而且能在必要时回忆起被感知过的事物。记忆是指人们对过去经历过的事物在头脑中的保存，并在一定的条件影响下再现出来。记忆包括识记、保持、再认识和回忆四个环节。识记是识别和记住事物的过程，尤其是识别和记住事物的特征，它是记忆的前提，在购买活动中常常表现为消费者反复察看商品，多方了解商品的信息，以加强对商品的印象。保持是巩固已获得的知觉的过程，在识记的基础上，把感知到的事物进一步巩固，如通过识记把商品的式样、颜色、规格、质地及其相互间的联系储存在大脑中。再认识是指过去感知的事物重现面前时的确认过程，如消费者在逛商店选购商品时，能准确辨认出同一商品在不同商店的陈列、销售情景。回忆是指经历过的事物即已被感知过的事物不在眼前，在一定条件诱发下能把它重新反映出来的过程。如消费者选购商品时，常常利用回忆把过去购买使用类似商品的体会、经验回想起来，通过比较，验证自己对商品的认识正确与否。

记忆对消费者的认识发展具有十分重要的作用。当消费者初步感知商品后，往往运用记忆把过去曾使用过的商品、体验过的情感回想起来，进一步加深对商品的认识。像商品的命名、商标、包装、广告都是消费者记忆的主要方面，也是消费者识别、购买商品的最主要标志。记忆对从事营销工作的人员来说，是十分重要的心理活动和心理素质。营销人员要面对不同层次、类型的顾客，识别老顾客、熟人，掌握他们的特点是非常重要的。

联想是指由一个事物想到另一个事物。联想常常是由眼前事物"触景生情"，也可能由头脑里曾经感知过的事物引起。如谈到已有的某类家庭用品，就会联想到自己购买该用品的商店及购买经历等。联想由于反映的两个或两个以上的事物的关系不同，可分为接近联想、相似联想、对比联想、关系联想等。联想在营销活动中有很重要的作用，研究和利用这种由此及彼的联想过程，对了解顾客的心理活动，根据不同顾客的情况适当采取营销手段和策略，从而尽量满足顾客的需求，是大有裨益的。

3. 思维和想象

思维是人脑对客观事物概括的、间接的反映，是人在实践中产生和发展起来的一种高级心理活动。它是凭借人对大量已感知事物的特征进行判断、推理、分析、综合、抽象和概括的一系列心理活动过程。思维不但可以借助已感知的事物进行，还可以通过语言、文字等和已感知的一些事物的特征去推知和理解那些没有感觉到的或根本无法感知的事物。思维的基本形式——分析、综合、比较、判断、推理对推动消费者的认识发展具有十分重要的作用。在购买活动中，消费者的思维过程也就是决策过程。由于消费者思维方法和能力的差异，购买决策的方式和速度也各不相同。思维能力强的消费者，其思维的独立性、灵活性、逻辑性以及广度都比较好，因此，决策果断、迅速、正确；反之，思维能力弱的消费者决策缓慢，反复不定，失误较多。销售服务中语言艺术对于消费者作出购买决定具有十分重要的作用。例如，运用对消费者思维具有引导性的语言"据顾客反映，这种商品……"比带有营销人员主观意识的"我认为……""我建议……"效果要好得多；将顾客思维局限在一定范围进行目标选择的提问"你是要一个，还是要两个？"比让顾客思维没有明确目标选择的提问"你买哪一个？"更有助于顾客购买决策。思维是在实践中产生和发展的，思维正确与否也只能通过实践去检验。营销员要思维灵活，对市场情况进行科学、全面的分析和概括，并迅速、灵活地得出结论，才能使企业的营销活动获得成功，使企业经营立于不败之地。

想象跟思维的关系十分密切。想象实际上是思维的一种特殊形态，是指消费者改造记忆的表象而创造新形象的心理过程，即利用头脑中已有的知识、经验去设想、创造新的事物（包括新的法则、原理等）。想象有无意想象和有意想象两种，前者如庄子的"逍遥游"（任凭自己海阔天空地想），后者如科学家根据已知条件对未来现象的思考和推论。想象具有发展和深化消费者认识的重要作用。想象是创造思维的源泉。消费者在购买过程中，常常伴有想象。例如，年轻姑娘在商场看到漂亮的时装，会想象出自己穿着这套时装的情景；家庭主妇看到一款新式样的彩陶花瓶，会想象着这只彩陶花瓶放在自家的客厅、书房及卧室的情景。事实表明，许多消费者购买某种商品并不都是急于使用，而是在想象作用下采取的购买行动。

4. 注意

注意是指消费者的心理活动对外界购物环境中某一具体的事物的指向与集中。注意是一切心理活动的开端，不注意就不可能产生对事物的感性和理性的活动。也就是说，不注意就不会有感知，不会有记忆、联想，也不会有思维和想象。注意分无意注意和有意注意两种。无意注意是自发的，不需要作任何主观努力。无意注意往往是因符合自己兴趣爱好或受到某些强烈刺激而产生的，如“追星族”突然看到歌星、球星，“舞迷”突然听到舞曲的声音，“美食家”突然闻到食品的香味，“旅行家”突然发现一个新景点的广告，等等。有意注意是有意识、有选择性地对一定对象的指向和集中，并进行科学研究。企业经营决策时首先就是有意注意的结果。因为决策要避开和抑制那些与自己的决策无关的甚至干扰性的种种感觉、知觉、经验等等，把注意力集中到能反映事物本质特征的重要因素上来，通过思维和想象，得出正确的结论。

正确地运用和发挥注意的心理功能，可以使消费者实现由无意注意到有意注意的转换，从而引发消费需求。摆地摊的敲锣打鼓、各种形式的商品广告都是为了引来消费者对其的注意。现代化的零售商场装饰豪华，环境舒适典雅，自动电梯、双向自动扶梯能减轻顾客上下楼的体力支出，功能上集购物、娱乐、休闲；吃的、用的、穿的、行的商品齐备，并设有餐馆、卡拉 OK、歌舞厅、冷热饮厅、录像厅、电影院、美容院、足浴店、儿童托放处等。用多角化经营调节消费者在商店中的注意转换，使消费者时而有意注意，时而无意注意，时而忙于采购，时而消遣娱乐。这种经营方式有利于延长消费者在商场内的滞留时间，创造更多的销售机会，同时也使消费者自然而然地进行心理调节，感到逛商场是一件乐事。

［实例］

1915 年巴拿马世界博览会中国贵州茅台获得了金奖。博览会初始，各国评酒专家对其貌不扬、装饰简陋的中国茅台酒不屑一顾。眼看博览会一天天临近结束。一天博览会展厅客商较多，中国酒商急中生智，故意将一瓶茅台酒摔碎在地上，顿时香气四溢，举座皆惊，从此茅台酒名声大振，走向了世界。

问题：茅台酒在巴拿马世界博览会上的成名说明了什么？

(二)情感过程

“人非草木，孰能无情？”“人有七情六欲。”这些都是古人对人的情感活动的描述。情感(包括情感和情绪)是人对客观事物所持态度的体现。消费者心理活动的情感过程是指消费者在购买活动中对商品或服务是否符合个人需要而形成的态度、体验，如喜、怒、哀、乐、好、恶、爱、恨等。人的任何活动都带有感情色彩，从而对人的行动产生积极或消极的影响。

情绪一般指生理的需要与较低级的内心体验，如吃饱了感到满足等。情感则是指人的社会性需要与人的意识紧密联系的内心体验。如买到了一件称心的时装感到的美好和满足(不仅仅是御寒的需要得到了满足)，找到称心如意的工作岗位时的喜悦，给受灾地区捐赠衣物后感到的轻松与满足，等等。

情绪一般是外显的，可以从人的外部表现观察到，如笑、哭、忧伤、怨恨等。有的顾客在买到心仪的时装和看到称心如意的商品时会赞不绝口、手舞足蹈，有的顾客遇到商店服务员在忙碌而未马上接待或买了商品又感到不十分满意时会发怒，甚至会大喊大叫，等等。情感则是深层次的，它是在人的社会实践过程中产生和发展起来的，因此带有社会性和历史性，具有较大的稳定性和深刻性。

情绪和情感的产生以需要为基础。这种需要既有生物性的，如衣、食、住、行、求偶、安全等的需要；又有社会性的，如学习知识、劳动创造、追求美、实现理想等。消费者在评估客观事物时，凡是符合自己需要的，便会产生肯定、积极的情感体验，如喜欢、满意、欣赏等；凡是不符合自己需要的，则会产生否定、消极的情感体验，如厌恶、愤怒、憎恨等。

消费者在需要和动机的驱使下进行购物活动。在购物活动的不同阶段会产生不同的情感体验。这种情感体验过程一般可分为喜欢阶段、激情阶段、评价阶段、购买阶段和买后感受阶段，如图 2-1 所示。

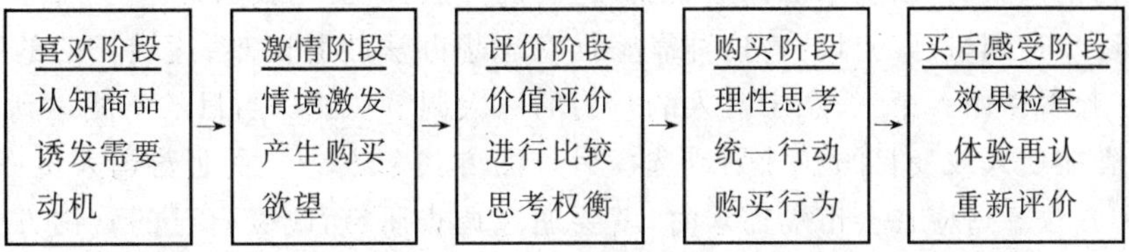

图 2-1　消费者的购物活动与情感体验

在喜欢阶段，消费者对商品在设计、命名、包装、质量、价格、效用等方面的初步印象及是否符合主体需要流露出一定的情感；在激情阶段，消费者在情境感染和动机驱使下，对商品由喜欢发展为想象和强烈的购买欲望与激情；在评价阶段，消费者由激情转为平静，对商品的初步印象和激情进行综合评估、比较和权衡利弊，并使评价趋于统一；在购买阶段，消费者对商品进行综合评价，确认符合主体需要和动机的购买行为；在买后感受阶段，消费者对所购商品和使用情况进行重新评估，对需求的满足程度和动机的效果进行再次体验。

由于消费者活动的复杂性，因此影响其情感变化的因素是多方面的。主要的直接影响因素有如下几个：一是商品的影响。商品关系到消费者的切身利益，是影响消费者情感变化的主要因素。一般来讲，商品的质量、性能、款式、造型、包装、装潢、色彩、价格、品牌信誉、销售服务、质量保证等是否符合消费者的需要，能否激发消费者的兴趣和想象，都会对消费者的购物情感和行为产生重要的影响。历年来，不同部门的多项调查显示，商品的品牌知名度大小会直接决定消费者对商品的认知程度和喜好。一些名牌商品，如电器产品中的“海尔”“海信”“长虹”“康佳”，电脑中的“联想”“清华同方”，服装类的“杉杉”“鄂尔多斯”“培罗蒙”“恒源祥”，食品中的“五粮液”“娃哈哈”“青岛啤酒”等，不仅知晓的人数众多，而且有非常好的口碑，在全国拥有众多的忠实购买者。二是购物环境的影响。消费者的情感不是自发的，而是由环境中多种刺激引起的。宽敞的店堂、充足的商品、清新的空气、鲜艳的色彩、宜人的温度、轻松的音乐、完美的服务、便民的项目、有序的管理等，都会使消费者处于舒畅和愉悦的情感状态之中，容易激发其购物欲望。三是营销服务的影响。消费者购物活动的过程，也是营销人员与消费者交往、沟通的过程。营销服务质量的高低，直接影响到消费者的购物情绪。营销人员应从社会角度出发，自发调节心理状态和控制情绪，以饱满的热情接待顾客、尊重顾客、文明经商、礼貌待客，妥善处理好顾客纠纷和投诉，使消费者产生信赖、安全、满足的情感，即“高兴来购物，满意购物去”。

(三)意志过程

意志是与人的思维活动紧密联系的、反映人的主动的行为过程的心理活动。所谓主动的,即排除那些不由自主的所谓“下意识”活动的心理(如皮肤痒了去抓,打呵欠及一些习惯动作等)。意志过程有两个显著的特点:第一,它是有目的、有意识的心理活动。消费者为了达到某种目的或要改变某种事物,要确立目标、制订计划、选择完成计划的方式方法,要坚持不懈地努力克服困难去加以实现。第二,坚持性。这是指消费者在实现目的的过程中,通过自觉地排除内部不利因素的干扰,克服外部各种困难,坚持不懈地努力。影响购买行为的因素是多方面的,既有消费者主观上的,如消费习惯、情绪变化,也有客观上的,如经济收入、居住状况等。这些因素随时都会成为消费者购买的阻力和障碍。消费者在购买时还要克服这样那样的困难,这就需要意志作保证。人与动物不同,人在遇到恶劣环境或在工作中遇到阻力、生活中遇到困难时,不应采取回避、消极适应的办法,而要克服困难,努力斗争,从而改变客观环境,逐步达到自己的目的。这种靠坚强意志想办法战胜困难、达到目的的心理过程,即坚持性在起着作用。第三,意志对人的行为的巨大调节功能。当目的不能达到、计划不能实现时,意志能使人改变目的和计划或选择另外的方式和方法。企业营销人员发现自己的营销方式和方法不适应社会市场需求时,就要通过调查研究,改变自己的营销方式和方法,既迎合市场顾客的需要,又体现自己产品的风格和特色,既不赶时髦,又不一成不变,这样才能营销成功。

消费者的意志过程可分为两个阶段,即作出购买决策阶段和执行购买决策阶段。作出购买决策阶段是消费者意志过程的开始阶段,是对未来行动进行酝酿和抉择的过程,它包括购买动机的取舍、购买目的的确定、购买方式的选择、购买计划的拟订。这些选择有时取决于消费者对具体情况的认识和自身的经验,有时取决于不同购买动机之间的矛盾冲突和取舍。例如,盛夏季节,许多消费者在购买空调时,既想求价廉、省电、美观和低噪音,又想选名牌;既觉得壁挂式的不错,又觉得柜式的新潮。经过动机取舍,最后由主导购买动机决定消费者的行动方向。

执行购买决策阶段是意志过程的第二阶段。它是把主体意识变为现实的购买行动的过程。消费者执行购买决策决定往往有两种情况:一种是作出决定后立即执行,完成具体的购买行动,这一般是对购买日常生活用品而言的;另一种是在实现购买行动之前还须经过一个准备过程,这一般是对购买高档、耐用消费品而言的。

执行购买决策是消费者意志过程的中心环节。在执行过程中,还会遇到主观和客观上的各种困难,如家庭成员出现意见分歧、商品的某些方面与原先愿望有差距、消费热点开始转移、新型号产品已经面世等。消费者有可能因为上述原因而放弃原有的购买目的和行动方案,去重新确定或修正购买目的和行动方案,最后才能完成购买活动。

【典型案例】

位于云南与四川两省交界处的泸沽湖,是一个天然内陆淡水湖,面积约为50平方千米,海拔约为2685米,平均水深约为40.3米,湖中有8岛14湾和1个海堤连岛,湖岸植被葱郁,青山环绕,风光旖旎。泸沽湖四周生活着5万余摩梭人,至今仍保留母系社会“阿注”婚姻的特点,家庭关系完全以女性为主,财产按母系来继承,具有浓郁的崇母观念。居住于泸沽湖畔的摩梭人至今保留着男不娶、女不嫁,男女双方终身各居其母家的“阿夏”走婚习俗。

即在规定的夜晚经过允许的男人可在女孩门口挂上腰刀，再进入房中。在那里，原来没有任何意义上的现代文明可言，一直使用比较原始的生产工具，过着狩猎、捕鱼或刀耕火种的生活。人们从未接触过电视机、电灯、电话，平时生活所用的火柴、食盐等都靠“走婚”的人带进去。自从改革开放以后，中国历史上最后一个“女儿国”——云南泸沽湖女系原始部落发生了迅速的变化，旅游业发展起来了，人们开始大胆地经商做生意了，她们现在知道了许多外面世界的事，这对一向排斥与男人和外人交往的摩梭妇女来说的确是一件不容易的事。

问题：运用所学心理学原理分析是什么使摩梭妇女发生了如此巨大的变化。

【本章小结】

本章概述了消费者心理实质和心理活动过程，并对其关键概念作了扼要阐述，要点如下：

心理的实质是人脑的活动及其外显的行为。心理活动是对客观现实的反映，没有客观现实的刺激（如狼孩），就不会有心理活动。客观现实改变了，人的心理也会有所改变。

心理活动具有主观能动性和个体差异性。对社会现实的反映因人而异，即使同一个人，在不同时期、不同心境时对同一事物也会有不同的反映。

人的心理过程是指心理活动的动态过程，包括认识过程、情感过程和意志过程。认识过程主要包括感觉和知觉、记忆和联想、思维和想象、注意等；情感过程主要是指比较外显的情绪和内在的情感；意志过程是指人在遇到恶劣环境或工作阻力时，主动想办法克服困难、努力斗争，从而改变客观环境，逐步达到自己目的的心理过程。

【思考练习】

1. 心理的实质是什么？
2. 什么是想象和思维？工商企业如何发挥它们在营销活动中的作用？
3. 举例说明心理活动的主观能动性和个体差异性。
4. 什么是情绪和情感？影响消费者情绪和情感的主要因素有哪些？
5. 消费者消费活动的心理过程分为哪几个阶段？每个阶段的主要特点有哪些？

第三章　消费者的个性心理特征

【导入语】

在消费实践中，消费者无一例外地经历着感知、注意、记忆、思维、学习、联想、情感、意志等心理机能的活动过程。这一过程体现着消费心理活动的一般规律。正是在这一基本规律的作用下，消费者的行为表现出某些共性。另外，消费者之间的行为又存在着明显差异。面对同一消费刺激，即使处于同一社会环境、年龄，属于同一民族、职业和社会阶层，不同的消费者也经常会表现出相异的反应方式和行为表现。这说明消费者个体对外部因素的作用具有选择性，这种选择性来自个体心理的差异性因素，即个性心理因素。研究个性心理的构成与特点，区分消费者的不同类型，对于深入研究消费者的需求差异，根据心理变数细分市场，按照目标市场、消费者的个性心理特点制定营销措施，引导消费行为，具有重要意义。

【学习目标】

- 了解个性的构成及其特点。
- 掌握消费者性格和消费特点。
- 了解消费者能力。

【关键词】

个性 personality
个性倾向 the tendency of personality
性格 character
能力 ability

一、个性的概念及其特征

在西方，个性一词源于拉丁语 persona，它有两个含义：一方面，原指演员在舞台上所戴的假面具，后引申为一个人在生命舞台上所扮演的角色；另一方面，指能独立思考、具有独特行为特征的人。个性，在西方又称人格。由于个性结构较为复杂，因此，许多心理学者从自己研究的角度提出个性的定义，西方人格心理学家奥尔波特(G. W. Allport)曾表述过几十个不同的定义。如美国心理学家伍德沃斯(R. S. Woodworth)认为，人格是个体行为的全部品质。美国人格心理学家卡特尔(R. B. Cattell)认为,人格是一种倾向,可借以预测一个人在给定的环境中的所作所为,它是与个体的外显和内隐行为联系在一起的。

现代心理学一般把个性定义为一个人的整体精神面貌,即一个人在一定社会条件下形成的、具有一定倾向的、比较稳定的心理特征的总和。

个性作为反映个体基本精神面貌的本质的心理特征,具有相对稳定性、可变性、整体性、独特性及差异性等基本特性。个性的相对稳定性是指经常表现出来的表明消费者个人精神面貌的心理倾向和心理特点。偶尔的、一时的心理现象,不能说明消费者的全部特征和面貌。但相对稳定性并不意味着一成不变。随着环境的变化、年龄的增长和消费实践活动的改变,个性也是可以改变的。正是个性的可变性特点,才使消费者的个性具有发展的动力。个性的整体性是指消费者的各种个性倾向、个性心理特征以及心理过程不是彼此分割、孤立的,而是有机地联系在一起、紧密结合、相互依赖、形成个性的整体结构。个性的独特性则是指在某一个具体的、特定的消费者身上,由独特的个性倾向以及个性心理特征组成的独有的、不同于他人的精神风貌。正是这些独具的精神风貌,使不同消费者的个性带有明显的差异性。

个性心理作为整体结构,可划分为既相互联系又有区别的两个系统,即个性倾向性(动力结构)和个性心理特征(特征结构)。

(一)个性倾向性

个性倾向性是个性中的动力结构,是个性结构中最活跃的因素,是决定社会个体发展方向的潜在力量,是人们进行活动的基本动力,也是个性结构中的核心因素。它主要包括需要、动机、兴趣、理想、信念、世界观、自我意识等心理成分。在个性心理倾向中,需要是个性积极的源泉;信念、世界观居最高层次,决定着一个人总的思想倾向;自我意识对人的个性发展具有重要的调节作用。

(二)个性心理特征

个性心理特征是个性中的特征结构,是个体心理差异性的集中表征,它表明一个人的典型心理活动和行为,包括性格、气质和能力。个性倾向性和个性心理特征相互联系、相互制约,从而构成一个有机的整体。个性对心理活动有积极的引导作用,使心理活动有目的、有选择地对客观现实进行反映。个性差异通常是指人们在个性倾向性和个性心理特征方面的差异。

消费者个性是指消费者在消费过程中表现出来的具有一定倾向性、稳定的心理特征的总和。消费者的个性倾向性将在其他章节进行论述,本章主要论述消费者个性心理特征——消费者性格、消费者性质和消费者能力。

二、消费者的性格与行为

(一)性格的概念

消费者的消费行为特点跟个人性格有很大关系。

在日常生活中,有的人勤奋,学习、工作很认真努力;有的人懒惰,学习、工作拖延马虎、不负责;有的人谦虚谨慎,有的人狂妄自大;有的人对人热情,乐于助人,有的人对人冷淡,自私自利;等等。这些不同的心理特征是人的性格差异。

什么是性格？在英语中性格(character)一词源于希腊语，意思是特点、特色、记号、标记。在现实生活中，其既被用于标志事物的特性，也被用于标志人物的特性。

我国心理学界一般把性格定义为表现在人对现实的态度以及与之相适应的、习惯化的行为方式方面的个性心理特征。对性格定义的理解应注意以下三点。

1. 性格是人对现实的态度和行为方式概括化与定型化的结果

人对现实的态度就是对社会、对集体、对他人和对自己的看法与评价，是一个人的世界观、人生观的集中体现。人们生活在社会中，不可能不对各种有关事物产生一定的看法，作出一定的选择，采取一定的行为方式，这个过程就是性格的表现。例如，“孔融让梨”反映了谦让、利他的性格特点；“守株待兔”反映了一个人懒惰、愚顽的性格特点。性格的态度体系并不是孤立存在的，人对现实的态度总是自觉地渗透到人的生活和行为方式中，那些对社会、对工作、对他人抱积极态度的人，在生活中总是为人热情、坦诚，工作认真、勤恳；而对现实持消极态度的人却时常表现出吝啬、斤斤计较、不负责任和独断专行等。人们对现实的态度和与之相适应的行为方式共同构成了人的性格。

必须指出的是，行为方式与性格特征的相应关系不是线性的，而是非线性的。它们之间有如下的复杂关系：①在不同的人身上，同一性格特征可以产生不同的行为方式，例如，两个人都具有热爱集体的性格特征，一个因默默无闻地为集体做好事而赢得大家的称赞，另一个却以自己的能歌善舞为集体争得了荣誉而受到大家的称赞；②在不同人身上，不同的性格特征可以产生相同的行为方式；③在同一个人身上，同一性格特征在不同的时间、地点和条件下，可以以不完全相同的行为方式表现出来。为此，我们必须看到行为方式与性格特征之间的这种错综复杂的关系，否则，容易被一个人的表面现象所蒙蔽。

2. 性格指一个人独特的、稳定的个性心理

性格有很大的个别差异，每个人对事物的看法都自成体系，行为表现也有其独到之处，这是由每个人的具体生活条件和教育条件不同所致。性格又是比较稳定的，因为它是人对事物的态度、行为方式的概括化和定型化的结果。在某种情况下，那种属于一时的、情境性的、偶然的表现，不能构成人的性格特征。例如，一个人在偶然的场合表现出胆怯行为，不能就此认为这个人具有怯懦的性格特征。也就是说，性格必须是经常出现的、习惯化的、从本质上最能代表一个人个性特征的那些态度和行为特征。因此，如果我们了解一个人的性格，就能预料他在某种情况下会表现出什么样的态度和行为。在“空城计”中，诸葛亮由于掌握了司马懿多疑寡断的性格，才敢于空城设疑等援兵，最后取得胜利。

性格的稳定性又不是绝对的，性格还有可塑的一面。除了重大事件的影响外，性格的改变一般都要经过较长时间的环境影响和主体实践。

3. 性格是个性特征中最具核心意义的心理特征

性格在个性特征中的核心地位表现在两个方面：一方面，在所有的个性心理特征中，唯有人的性格与个体需求、动机、信念和世界观联系最为密切。人对现实的态度直接构成了个体的人生观体系，人的各种行为方式也是在这种态度体系的影响和指导下逐渐形成的。因此，性格是一个人道德观和人生观的集中体现，具有直接的社会意义。人的性格受社会行为准则和价值标准的评判，所以有好坏之分，这一点是与气质有明显区别的。另一方面，性格对其他个性心理特征具有重要的影响。性格的发展规定了能力和气质的发展，影响着能力和气质的表现。成语中的“勤能补拙”，就是说明性格对能力有巨大作用。某一种气质的消

极方面,也可以通过性格的优点加以改造或掩盖。总之,具有良好性格品质的人能最大限度地发挥自己的聪明才智,适应现实生活。

性格的类型是指一类人身上所共有的性格特征的独特结合。按一定原则和标准把性格加以分类,有助于了解一个人性格的主要特点和揭示性格的实质。由于性格结构的复杂性,在心理学的研究中至今还没有大家公认的性格类型划分的原则与标准。

[相关链接]

汽车颜色透露车主性格

从一定程度上来说,汽车颜色透露车主性格,举例如下。

红色:选择红色跑车的人,一看便是潮流的爱好者,他们注重自我,比较在意自己的社会形象。如果红色跑车的主人是女性,那她最在意的就是你说她看上去比实际年龄大。

行车警示:小心车速过快。

黄色:选择黄色车的人,什么事情都喜欢自己做主,恋爱方面非常积极,就算身边亲友反对也会坚持下去。不过,勇往直前很多时候会碰钉子,最好还是好好计划一下再行事。

行车警示:常因不守交通规则而惹麻烦。

白色:白色能够陪衬多种不同颜色,因此喜欢白色车的人同样表现出非凡的适应能力,可与性格不同的人相处。但选择白色车的人往往不愿表达自己的真性情,常有所保留。

行车警示:不要太苛求安全。

蓝色:喜欢蓝色车的人,凡事为人设想,头脑灵活,反应敏锐,但易给人冷漠的感觉。

行车警示:不要太追求驾驶技巧。

银色:喜欢银色车的人,不喜欢过于刺激的活动,由于个性好静,不管是谁都会对其有好感。有心计,肯努力,若是车主为女性,则是不可多得的理想主妇。

行车警示:小心驾驶是优点,但要让自己轻松起来。

黑色:选择黑色车的人,性格大多比较深沉,不能按其行为来猜度内心世界。

行车警示:驾驶时切忌分神。

绿色:喜欢绿色车的人,通常比较敏感。

行车警示:行驶时要与前车保持一定距离,防止追尾。

(二)性格与消费者的购买行为

消费者的性格是在购买行为中起核心作用的个性心理特征。消费者之间不同的性格特点,同样会体现在各自的消费活动中,从而形成千差万别的消费行为。性格在消费行为中的具体表现可从不同角度作多种划分。

1.从消费态度角度划分

从消费态度角度,可以将消费者分为节俭型、保守型、随意型。

(1)节俭型消费者,在消费观念和态度上崇尚节俭,讲究实用。选购商品过程中较为注重商品的质量、性能、实用性,以物美价廉作为选择标准,而不在意商品的外观、造型、色彩、包装、装潢、品牌及消费时尚,不喜欢过分奢华、高档、昂贵、无实用价值的商品。

(2)保守型消费者,在消费态度上较为严谨,生活方式刻板,性格内向,怀旧心理较重,习惯于传统的消费方式,对新产品、新观念持怀疑、抵制态度。选购商品时,喜欢选购传统的和有过多次使用经验的商品,而不愿冒险尝试新产品。

(3)随意型消费者,在消费态度上比较随意,没有长久稳定的看法,生活方式自由而无固定的模式。在选购商品方面表现出较大的随意性,且选择商品的标准也往往多样化,经常根据实际需要和商品种类不同,采取不同的选择标准和要求,同时受外界环境及广告宣传的影响较大。

2. 从购买行为方式角度划分

从购买行为方式角度,可以将消费者分为习惯型、慎重型、挑剔型、被动型。

(1)习惯型消费者,在购买商品时习惯参照以往的购买和使用经验。一旦他们对某种品牌的商品熟悉并产生偏爱后,便会经常重复购买,形成惠顾性购买行为,同时受社会时尚、潮流影响较小,不轻易改变自己的观念和行为。

(2)慎重型消费者,在性格上大都沉稳、持重,做事冷静、客观,情绪不外露。选购商品时,通常根据自己的实际需要并参照以往购买经验,进行仔细慎重的比较权衡,然后作出购买决定。购买过程中,受外界影响小,不易冲动,具有较强的自我抑制力。

(3)挑剔型消费者,其性格特征表现为意志坚定,独立性强,不依赖他人。在选购商品时强调主观意愿,自信果断,很少征询或听从他人意见,对营业员的解释说明常常持怀疑和戒备心理,观察商品细致深入,有时甚至过于挑剔。

(4)被动型消费者,在性格特征上比较消极、被动、内倾。由于缺乏商品知识和购买经验,在选购过程中往往犹豫不决,缺乏自信和主见;对商品的品牌、款式等没有固定的偏好,希望得到别人的意见和建议。由其性格决定,这类消费者的购买行为常处于消极被动状态。

值得指出的是,上述按消费态度和购买行为方式所作的分类,只是为了便于我们了解性格与人们的消费行为之间的内在联系,以及不同消费性格的具体表现。现实购买活动中,由于周围环境的影响,消费者的性格经常难以按照原有面貌表现出来。所以在观察和判断消费者的性格特征时,应特别注意其稳定性,而不应以一时的购买表现来判断其性格类型。

三、消费者的能力与行为

(一)能力的心理学含义

心理学研究指出,人的知觉、思维等心理机能是在从事各种实践活动的过程中实现的。为顺利、成功地完成这些活动,人们必须具备相应的能力。所谓能力,就是指人顺利完成某种活动所必须具备的并直接影响活动效率的个性心理特征。人的能力是由多种具体能力构成的有机结合体。根据作用方式不同,可以将其分为一般能力和特殊能力。所谓一般能力,是指顺利完成各种活动所必须具备的基本能力,如观察能力、记忆能力、思维能力和想象力等。具备一般能力,是从事各种活动的前提条件。特殊能力是顺利完成某些特殊活动所必须具备的能力,如创造力、鉴赏力和组织领导能力等。这些能力是从事音乐、绘画、领导等特殊或专业活动所必不可少的。

人与人之间在能力上存在着个别差异。正是这些差异决定了人们的行为活动具有不同的效率和效果。能力的差异主要表现在以下几个方面。

1. 能力水平的差异

能力水平差异表现在同种能力的水平高低上。从一定程度上来说,能力水平的高低又体现在人的智商水平的差异上。根据智商分数的测试,超过130分的属于特优智力,即所谓的“天才”;低于70分的则属于弱智。心理学研究表明,全人口的智力状况基本呈正态分布,其中特优智力和弱智大约各占5%,而90%的人口智力处在正常范围内,即介于70～130分。消费者作为与全人口等同的最大人群,同样存在上述情况。

2.能力类型的差异

能力类型的差异主要指人与人之间具有不同的优势能力。例如,有的人善于抽象思维,有的善于形象思维;有的人长于模仿,有的长于创造;有的人善于社交,有的则不善交际。在消费实践中,更有意义的是消费者能力类型的差异。正是由于消费者在优势能力类型上存在着千差万别,才使消费活动的效率与效果明显不同。

3.能力表现时间的差异

人的能力不仅在水平和类型上存在差异,而且表现时间的早晚也有明显不同。有的人天生聪慧,有的人则大器晚成。消费者能力表现的早晚主要与后天消费实践的多少及专门训练的程度有关。

(二)消费者的能力构成与差异

在现代市场经济条件下,随着各种资源要素、物质产品、精神产品、劳务的全部商品化以及生活水平的不断提高,消费者从事消费活动的内容和领域迅速扩展,其深度和广度超过以往任何时代。日常生活资料不再是唯一的消费对象,人们开始更多地购买和消费娱乐、健身、美容、旅游等服务及无形产品;购买商品的目的也不仅仅是满足物质生活需要,而是追求心理的、精神的、社会的多方面需要的满足。这一状况要求现代消费者必须具备多方面的能力和技能,以适应消费活动复杂化和多样化的要求。消费能力和技能是消费者为实现预期消费目标而必须具备的手段,也是消费者追求和达到满意的消费效果的前提条件。在消费过程中,只有综合运用和不断提高相应的能力与技能,消费者才能在复杂多变的市场环境中保持高度的自主性与行为自由度,并以较少的支出获取更大的消费效用,通过有限的消费活动最大限度地满足多方面的消费需要。

消费者的能力是由多种能力要素构成的有机结合体。根据其层次和作用性质不同,可以分为以下几个方面。

1.从事各种消费活动所必需的基本能力

实际上,消费者无论购买何种商品或从事何种消费活动,都必须具备某些基本能力,如对商品的感觉、记忆、辨别能力,对信息的综合分析、比较评价能力,购买过程中的选择、决策能力,以及记忆力、想象力等。这些基本能力是消费者实施消费活动的必备条件。不具备基本能力,任何购买和消费行为都无从发生。而基本能力的高低、强弱会直接导致消费行为方式和效果的差异。

感知能力是消费者对商品的外部特征和外部联系加以直接反映的能力。通过感知,消费者可以了解到商品的外观、造型、色彩、气味、轻重以及所呈现的整体风格,从而形成对商品的初步印象,并为进一步作出分析判断提供依据。因此,感知能力是消费行为的先导。消费者感知能力的差异主要表现在速度、准确度和敏锐度方面。同一件商品,有的消费者能就其外观和内部结构迅速、准确地予以感知,形成对该商品的整体印象,反映出较强的洞察事物的能力。而有的消费者则感知速度缓慢,反应迟钝,不能迅速抓住商品的主要特征,形成客观、准确的认知。感知能力的强弱还会影响消费者对消费刺激变化的反应程度。感知能力强的消费者能够就商品的微小变化以及同类商品之间的细微差别加以清晰辨认；能力弱的则可能忽略或难以区分细小的变化。

分析评价能力是指消费者对接收到的各种商品信息进行整理加工、分析综合、比较评价，进而对商品的优劣好坏作出准确判断的能力。从信息论的角度考察，消费活动实质是消费者不断接收市场环境输入的商品信息，进行加工处理，然后加以输出的信息运动过程。这一过程的中间环节即加工处理信息，就是要对商品信息进行细致分析和客观评价，去粗取精，去伪存真，进而作出正确的判断。显然，经过分析评价的信息才是有用的信息，建立在分析评价基础上的决策行为才是理性的、成熟的行为。而分析评价能力的强弱主要取决于消费者的思维能力和思维方式。有的消费者思维的独立性、灵活性和抽象概括力很强，能够根据已有信息对传播源的可信度、他人行为及消费时尚、企业促销手段的性质、商品的真伪优劣等作出客观的分析，在此基础上形成对商品本身的全面认识、对不同商品之间差异的深入比较以及对现实环境与自身条件的综合权衡。有的消费者则缺乏综合分析能力，难以从众多信息中择取有用信息，并迅速作出清晰、准确的评价判断。消费者的分析判断能力与个人的知识、经验有关。例如，普通顾客购买电冰箱，仅能根据一般经验对外观、颜色、造型、规格等表层信息作出浅显的分析评价。而懂得制冷知识的消费者可以通过观察冷凝器、蒸发器、压缩机等的性能指标和工作状况，来评价冰箱的质量和先进性，进而作出深刻、准确的评价与判断。

选择决策能力是消费者在充分选择和比较商品的基础上，及时果断地作出购买决定的能力。在购买过程中，决策是购买意图转化为购买行动的关键环节，也是消费者感知和分析评价商品信息结果的最终体现。通过建立在理性认识基础上的果断决策，消费者的消费活动才能由潜在状态进入现实状态，购买行为也才能真正付诸实现。因此，决策能力是消费者能力构成中一个十分重要的方面。消费者的决策能力直接受到个人性格和气质的影响。由于性格特点和气质类型的不同，有的消费者在购买现场大胆果断，决断力强，决策过程迅速；有的消费者则常常犹豫不决，易受他人态度或意见的左右。决策能力还与对商品的认识程度、卷入深度、使用经验和购买习惯有关。消费者对商品的特性越熟悉，卷入程度越深，使用经验越丰富，习惯性购买驱动越强，决策过程就越果断、越迅速，决策能力也相应越强；反之，决策能力会相对较弱。

此外，记忆力、想象力也是消费者必须具备和经常运用的基本能力。消费者在进行商品选购时，经常要参照和依据以往的购买、使用经验及了解的商品知识。这就需要消费者具备良好的记忆能力，以便把过去消费实践中感知过的商品、体验过的情感、积累的经验，在头脑中回忆和再现出来。想象力是消费者以原有表象为基础，创造新形象的能力。丰富的想象力可以使消费者从商品本身想象到该商品在一定环境和条件下的使用效果，从而激发其美好的情感和购买欲望。

2.从事特殊消费活动所必需的特殊能力

特殊能力首先是指消费者购买和使用某些专业性商品所应具有的能力。它通常表现为以专业知识为基础的消费技能。例如，对电脑、高档照相器材、汽车、专用体育器材、音响、古玩字画、钢琴的购买和使用，就需要相应的专业知识以及分辨力、鉴赏力、检测力等特殊的消费技能。倘若不具备特殊能力而购买某些专业性商品，则很难取得满意的消费效果，甚至无法发挥商品应有的使用效能。由于特殊能力是针对某一类或某一种特定商品的消费而言的，而商品的种类成千上万，因此，消费者的特殊能力也有多种多样的表现形式。有的人精通电脑,有的人长于摄影,有的人熟悉汽车专业知识,有的人掌握专项运动技巧,有的人能够分辨音响效果的细微差别,有的人对古玩字画具有极高的鉴赏力。无论何种特殊能力,都有助于消费者取得最佳消费效用。

除适用于专业性商品消费的能力外,特殊能力还包括某些一般能力高度发展而形成的优势能力,如创造力、审美能力等。实践中,有些消费者具有强烈的创造欲望和高度的创造力,他们不满足于市场上已有的商品和既定的消费模式,而力求发挥自身的聪明才智,对商品素材进行再加工和再创造,通过创造性消费展示和实现自己的个性与追求。例如,近年来,许多女性消费者不愿购买款式雷同的成衣,而热衷于选择布料自己动手设计和制作服装,在充分显现独特个性与品位的同时,体现出较高的创造能力。在满足物质需要的基础上,通过商品消费美化生活环境及美化自身,是现代消费者的共同追求。有些具有较高品位和文化修养的消费者,在商品美学价值评价与选择方面显示出较高的审美情趣与能力。这种能力往往使他们在服饰搭配、居室装饰布置、美容美发、礼品选择等方面独辟蹊径。

3.消费者对自身权益的保护能力

保护自身权益是现代消费者必须具备的又一重要能力。在市场经济条件下,消费者作为居于支配地位的买方主体,享有多方面的天然权力和利益。这些权力和利益经法律认定,成为消费者的合法权益。合法权益是消费者从事正常消费活动、获取合理效用的基本保证。然而,这一权益的实现不是一个自然的过程。尤其是在我国市场经济尚不十分成熟的环境中,由于法制体系不健全,市场运行不规范,企业自律性较低,侵犯消费者权益的事件屡有发生。为保证消费者的权益不受损害,除依靠政策法令、社会舆论、消费者组织的约束监督外,客观上要求消费者不断提高自我保护的能力。

(三)能力与消费行为表现

消费者的能力特性与消费行为直接相关,其能力差异必然使他们在购买和使用商品的过程中表现出不同的行为特点。具体可以将消费者分为以下几种典型类型。

1.成熟型

这类消费者通常具有较全面的能力构成。他们对于所需要的商品不仅非常了解,而且有长期的购买、使用经验,对商品的性能、质量、价格、市场行情、生产情况等方面的信息极为熟悉,其内行程度甚至超过了销售人员。因此在购买的过程中,他们通常注重从整体角度综合评价商品的各项性能,能够正确辨认商品的质量优劣,很内行地在同类或同种商品之间进行比较选择,并强调自我感受及商品对自身的适应性。这类消费者由于具有丰富的商品知识和购买经验,加之有明确的购买目标和具体要求,所以在购买现场往往表现得比较自信、坚定、自主性较高,能够按照自己的意志独立作出决策,而无须他人的帮助,并较少受外界环境左右及他人意见的影响。

2.一般型

这类消费者的能力构成和水平处于中等。他们通常具备一些商品方面的知识,并掌握有限的商品信息,但是缺乏相应的消费经验,主要通过广告宣传、他人介绍等途径来了解认识商品,因此了解深度远不及成熟型消费者。在购买之前,他们一般只有一个笼统的目标,缺乏对商品的具体要求,因而很难对商品的内在质量、性能、适用条件等提出明确的意见,同时也难以就同类或同种商品之间的差异进行准确比较。限于能力水平,这类消费者在购买过程中往往更乐于听取销售人员的介绍和厂商的现场宣传,经常主动向销售人员或其他消费者进行咨询，以便全面地汇集信息。由于商品知识不足，他们会缺乏自信和独到见解，需要在广泛征询他人意见的基础上作出决策，因而容易受外界环境影响。

3. 缺乏型

这类消费者的能力构成和水平均处于缺乏状况，他们不仅不了解有关商品的知识和消费信息，而且不具备任何购买经验。购买之前，他们往往没有明确的购买目标，仅有一些朦胧的意识和想法；购买过程中，他们对商品的了解仅建立在直觉观察和表面认识的基础上，缺乏把握商品本质特征及消费信息内在联系的能力，因而难以作出正确的决策；在制定决策时，他们经常犹豫不决，不得要领，极易受环境和他人意见的左右，其购买行为常常带有很大的随意性和盲目性。显然，这种能力状况对于提高消费效果是极为不利的。但这种状况通常仅存在对某类不熟悉商品或新产品的消费中，以及不具备或丧失生活能力的儿童、老年人和残疾人消费者中。

不论何种能力及行为类型都是相对的。一个消费者可能在某一类商品的消费中表现为成熟型，而对于另一类商品的消费又是一般型。此外，随着生活经验的积累，以及个人有意识地自我培养，消费者的能力水平也会不断提高。

【典型案例】

内地中产消费者重视个性　港货要建立鲜明品牌形象①

2003 年 5 月 6 日　香港贸发局新闻

贸易发展局今天（5 月 6 日）出版的《建立品牌　迎合内地中产消费者》研究报告，建议港商尽快针对内地消费市场渐趋蓬勃、竞争激烈的形势，建立鲜明品牌形象，赢取内地的新兴中产消费阶层。

该报告根据与 27 位熟悉内地潮流人士的深入访谈，在北京、上海、广州及成都四大城市与 6 个目标消费群进行的 24 个小组讨论，以及在这些城市与 1600 位 15 岁至 50 岁的消费者进行的面谈所得的资料作出分析。

贸发局助理首席经济师丘丽萍表示：内地市场上的本地及来自亚洲其他地方的产品，质量不断上升，香港产品单以“品质优良”作号召，不能保证可在内地市场取得成绩。

丘丽萍说：“港商可结合香港产品一贯以来的成功要素，包括价格合理、品质优良、设计创新，以及国际形象良好的优点，以‘活出自我风格’为主题，针对内地的中产消费阶层的消费心理，建立香港产品的品牌形象。”

报告引述中国社会科学院近期一项研究，其指出内地年收入 6 万元人民币的中间收入阶层约有 1 亿人，占全国家庭收入人口中收入最高的 15%。

丘丽萍继续说：“内地的中产阶层，消费越来越讲求品位及兴趣，懂得欣赏个人风格及潮流时尚。他们重视品牌，但不迷信品牌。”

根据报告分析，内地的中产阶层消费具备以下特点：①花得起。愿意花更多钱追求最新国际潮流，崇尚意念新、设计好、具风格的产品。②开始成熟。中产消费者重视自我风格多于迷信名牌，这一点上海比广州更为突出。中产消费者最讨厌外国公司以内地为销售过时

① 资料来源：http://www.xinhuanet.com.

产品的次级市场。③重视“面子”。中产消费者购买某些类型产品的时候，非常重视这些产品会否提升其“面子”。这些产品中以手表、手机及汽车最受“面子”因素影响中产阶层的消费，他们重视满足感性需要。内地中产消费者越来越重视品位及兴趣，以星巴克及上海新天地消费为例，消费者从中取得的满足，不单来自饮食，还来自其格调。

他们追求自我风格，消费追求突出自我，务求与其他人有所不同。

他们追求潮流时尚，亦重视负担能力及产品是否物有所值。

报告指出，内地中产消费者会根据自己的负担能力，对不同产品的消费档次要求有所不同。大体而言，中产消费者在选购服装、珠宝、手表及玩具时，多取中档及中高档价格产品；选购家居电器及消费电子产品，则多取中高档及高档名牌。

内地中产消费者大多数认为香港是国际大都会，香港设计的产品普遍会更具创意、时尚及风格。

内地中产消费者对香港主要产品的观感如下。

服装：设计时尚，价格负担得起。

珠宝：货真价实，做工优秀，时尚又不失实用，设计佳且价格合理。

手表：质素佳而合乎内地中产消费者需要。香港表商应以其设计优势，开发时尚款及运动型手表，走中价路线。

家居电器：科技含量较高，合乎消费者需要，物有所值，更具独特的实用功能，非一般同类产品生产厂家所能提供。港商可攻中价市场。港商在个人数码助理（PDA）及电子词典方面，有其优势。

玩具：安全、具教育功能、创新、设计佳、品质好。港商宜走高质教育路线，这方面内地市场缺少可供选择的产品。

问题：内地中产阶层个性消费反映了什么样的心理现象？

【本章小结】

个性被定义为一个人的整个精神面貌，即一个人在一定社会条件下形成的、具有一定倾向的、比较稳定的心理特征的总和。消费者的个性心理特征主要包括性格、气质和能力。性格表现在人对现实的态度以及与之相适应的、习惯化的行为方式方面的个性心理特征。消费者的性格是在购买行为中起核心作用的个性心理特征。消费者之间不同的性格特点，同样会体现在各自的消费活动中，从而形成千差万别的消费行为。按照消费者的消费态度和购买行为方式可以将消费者分为几种不同的性格类型。

能力，就是指人顺利完成某种活动所必须具备的并直接影响活动效率的个性心理特征。消费者的能力特性与消费行为直接相关，其能力差异必然使他们在购买和使用商品的过程中表现出不同的行为特点，一般根据消费者的能力将消费者区分为成熟型、一般型和缺乏型。

【思考练习】

1. 什么是个性？个性心理特征包括哪些方面？
2. 消费者性格差异在消费中的表现如何？
3. 掌握个性心理特征对个人有什么好处？
4. 怎样根据消费者的个性特点进行市场心理细分？

第四章　消费者的消费需要与购买动机

【导入语】

在营销界流行这么一句老话:“你不是在卖钻头,而是在卖钻孔。”怎么理解？先看以下对话:“请您购买我们最新的剃须刀。”“您愿意每天早晨节约3分钟的剃须时间吗?”“您愿意使剃须成为一种享受吗?”对剃须刀功能的不同的解释,反映了消费者对剃须的不同需求。是的,消费者既是理性的,也是感性的。人们在购买杯子时,不是在购买玻璃器皿,而是在购买盛水器具;人们在购买跑步机时,不是在购买一台机器,而是在“购买”健壮的肌肉;人们在茶吧喝的不仅是茶的味道,更是在享受清静、享受悠闲、享受生活。正如美国企业家查尔斯·雷维逊所说的:在企业里,我们生产化妆品;在商店里,我们销售希望。那么,消费者真正的需要在哪里,他们购买产品的真正动机又是什么,这正是本章要讨论的问题。

【学习目标】

- 明确消费者在消费过程中需要和动机的重要特殊地位。
- 掌握消费者需要的特征与形态、种类与内容。
- 掌握消费动机的特点和种类,懂得如何采取针对性的消费策略。

【关键词】

消费需要 consumptive demand
需要层次 demand level
物质需要 material demand
精神需要 spiritual demand
购买动机 purchasing motive

一、消费者需要的特征与形态

(一)消费者的需要及其特征

1.消费者的需要

当个体或群体缺乏某种刺激时会呈现出一种不平衡状态,对这种不平衡状态以及要求达到新的平衡的体验表现为需要。

心理学认为，需要是有机体对保持、延续和发展其生命所必需的客观条件的反应，反映出有机体生理或心理某方面的缺乏，而这种缺乏一般直接表现为有机体对具体产品或以某种劳务形式存在的消费对象的要求和欲望。例如：一个人肚子饿了，就会产生对食品的需要；感觉到寒冷时，就会产生对服装的需要；感到孤单寂寞时，会产生交朋友的需要；等等。

因此，需要是在各种刺激的作用下产生的。一般来说，需要的刺激可分为两大类：一是来自自身机体的刺激，也就是有机体内部的刺激，如饥饿、性欲、情感等；二是来自外部的刺激，主要来自外部的环境，包括自然和社会的各种事物的刺激，如名宅、香车、社交等。

在现实生活中，消费者的需要并不是都能被个体察觉到的，往往处于一种笼统、朦胧的状态，比如体内对某种维生素的缺乏。因此，唤醒或激发消费者对自身潜在需要的意识和认知，对营销人员来说就显得尤为重要了（见图 4-1、图 4-2、图 4-3）。

图 4-1　商场中商品展示台的摆设、色彩的运用，有效地满足了消费者求美的心理需要

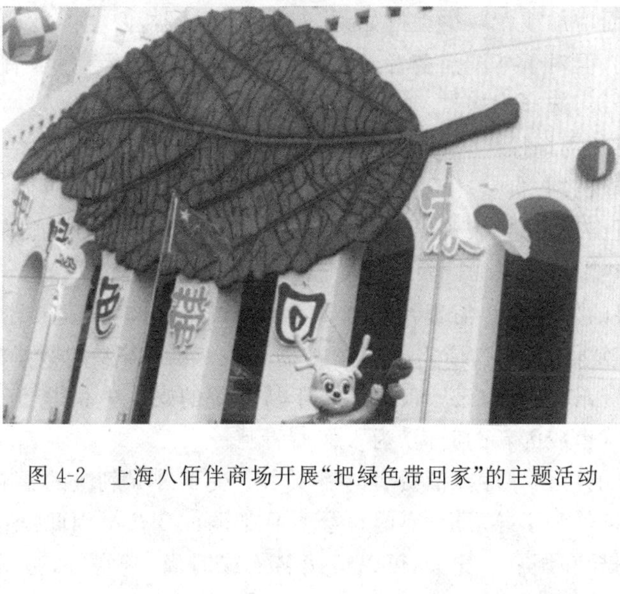

图 4-2　上海八佰伴商场开展“把绿色带回家”的主题活动

图 4-3　现场促销，很容易把消费者的需要转化为现实的购买行动

2.消费者需要的特征

(1)消费者需要的多样性。多样性是消费者需要的最显著的特征。消费者的个体特征的不同，如年龄、性别、职业、文化水平、经济条件、所处地域、民族传统等的差别，形成了多种多样的需要。如同样是对吃早餐的需要，有的人选择豆浆油条，有的人选择牛奶面包，有的人选择稀饭烙饼，有的人选择鸡蛋面条；同样是洗发水，消费者又有多种不同的需要，如去屑、黑亮、柔顺、焗油、深层护理、均衡滋润等。

(2)消费者需要的层次性。根据美国心理学家马斯洛提出的需要层次理论，需要从低到高分为五个层次，分别是生理的需要、安全的需要、归属和爱的需要、尊重的需要、自我实现的需要。通常情况下，消费者总是在满足低层次的需要后，才追求高层次的需要。当然，在现实生活中，这种需要的层次的顺序也会改变，有的消费者在满足较高层次的需要后，回头再寻求低层次的需要。

(3)消费者需要的伸缩性。消费者需要的伸缩性是指消费者对某种商品的需求量会随着具体条件的变化而增加或者减少。比如说，对于家用电器，像电视机、冰箱等，随着价格的下调而需求量大增。但对于高于消费者支付能力的产品，如高级住房，消费者可能会把这种需要抑制、转化或降级，选择租房、二手房或小户型的房子。

(4)消费者需要的周期性。人的需要总是处在不停产生、不停满足的过程中。消费者的同一需要由于受生理机制、自然环境变化周期、产品生命周期等的影响，也总是在内容上、形式上不断翻新、重复出现，并且表现出周而复始的周期性的特点。如服饰流行色的变化、家庭装修返璞归真的热潮等。

(5)消费者需要的发展性。消费者的需要不是一成不变的，其发展性主要表现在需要从较低层次向较高层次推进、从物质需要向精神需要发展、从需要的数量扩展到质的不断深化。如人们对信息资讯的需要，已不仅仅满足于从传统的媒体中获得，互联网成为很重要的信息源，微博、微信等也成为新的时尚，为人们所青睐。

(6)消费者需要的可诱导性。消费者的需要由于受到外界刺激的影响，会发生很大的变化。有时可以通过培养和引导形成，有时也会受到削弱或变换。因此，消费者的需要既可以被诱发，也可以被引导和调节。比如，可以运用名人或时尚、赞赏等，暗示消费者，引发其潜在的深层的需要，使其产生购买行为。

同时，需要还具有目的性、差异性、不满足性、可变性、关联性等特征。总之，随着社会的发展、科技的进步、新产品的不断出现，消费者的需要也会发生更大的变化。

［实例］

1. 国外有家制鞋商，以为消费者对有关鞋的属性，关心的顺序是式样、价格、料子和小饰件。于是，把广告的主题对准了鞋的式样，但是销路平平。后来，制鞋商进行了实地调查，询问了5000位顾客对鞋的关心点。结果发现：42%的顾客表示是“穿着舒服”；32%反映是“耐穿”；16%认为是“样式好看”；9%认为是“价格合理”。根据所得的调查结果，制鞋商果断地改变了广告的主题，结果销量大增。

问题：本案例说明了什么？给了你什么启发？

2. 方便面广告一：过年了，一家子老老小小穿得红红火火，围着桌子吃方便面，并喜气洋洋地说：福气多多，满意多多。

方便面广告二：小朋友上学去，妈妈给他一包方便面，到了吃中饭的时候，他拿出方便面，引得所有的小朋友都羡慕不已，他连夸自己的妈妈。

方便面广告三：奔腾的大江河流，只见一根绳索上悬挂着一包方便面，绳子的左右两端是光着膀子的一群彪形大汉，嘿呦嘿呦地在叫喊，原来他们在拔河。

问题：方便面作为速食食品，其具有食用方便、简单、快捷等优点。但是缺乏足够的营养，难成为正餐。以上三则广告是否是满足了消费者对方便面的需求？请简单评析。

（二）消费者需要的形态

1. 现实需要

现实需要通常指市场上有消费者所需要的产品，而且消费者同时也具有现实的购买能力，因此消费者的需要随时可以转化为现实的购买行为。比如消费者对油盐酱醋的购买。

2. 潜在需要

潜在需要通常指消费者对市场上现实不存在的某种产品或劳务的强烈追求或者消费者对某类产品或劳务的需要还未明显意识到，其购买还需要一段时间。

3. 下降需要

消费者对某种产品或劳务的兴趣和需要，总会有发生动摇或下降的时候。在这种情况下，营销人员要分析动摇或下降的原因，研究消费者的心理，建立新的市场目标，改变产品的特色，或采取更有效的营销组合来刺激消费者的需求。

4. 不规则需要

不规则需要通常指消费者对某种产品的需要在数量和实践上呈现出的不平衡波动状态。如消费者对羽绒服、啤酒、空调等受季节影响较大的产品的需要会出现不平衡状态。

5. 饱和需要

饱和需要是指当前对某种产品或劳务的需要在数量上和实践上同预期的最大需求已达到一致。但饱和需要的状态不会静止不变，而是动态的，它将受两种因素的影响而变化：一是消费者的偏好和兴趣的改变；二是同行之间的竞争。

6. 过度需要

过度需要又称超饱和需要，是指消费者的需要超过了市场产品供应量，呈现出供不应求的状态。这种需要往往是由外部刺激和社会心理因素引起的。比如,"非典"时期人们对一些中药或食醋的需要,由货物缺少或是消费者不明真相所引起,从而使价格升高又有消费者大量购买储存。

7. 否定需要

否定需要是指消费者对某类产品持否定、拒绝的态度,因而抑制其需要。比如一些老人对流行产品的拒绝,像吊带衫、露脐装,还有现在正受前卫的年轻人喜欢的多个耳环、唇环、脐环、鼻环等,老年人就不能接受,其成为一种否定需要。

8. 无益需要

无益需要指有些产品或劳务对消费者、社会公众或供应者有害无益。对这种产品或劳务的需要,也称有害需要。2002 年 10 月 17 的《武汉晚报》报道,一种与本・拉登名字同音的性保健品"本色拉灯",在江城各大药房现身,从其包装盒外观可看出厂家之用心。"色"字小得如同"本・拉登"三个字中间的那个小黑点符号,乍一看,"本色拉灯"就成了"本・拉灯"。包装盒画面为一个正在发力的光头男子的形象,在其旁边醒目地注有"拉灯之后尽显男人本色"的字样。真是让人作呕。当然,其也很快遭到药监局的封签送检,后发现"本・拉灯"并非药品,而是"食"字批号。这种哗众取宠的做法暂不理论,不合格的性产品本身更是无益需要,都会受到消费者的反对和抵制。

9. 无需要

无需要又称零需要,是指消费者对某类产品或劳务缺乏兴趣或漠不关心,无所需求。造成无需求的原因往往是产品为非生活必需品,或者一些新产品或新的劳务尚未被接受,因此要求企业或商家能把产品或劳务跟消费者的需要或利益结合起来,从而使无需要变成有需要。

[**相关链接**]

马斯洛的需要层次论

美国著名的人本主义心理学家马斯洛认为,人的一切行为都是由需要引起的,他在 1943 年出版的《调动人的积极性的理论》一书中提出了著名的需要层次理论。马斯洛把人的多种多样的需要归纳为五大类,并按照它们发生的先后次序将其分为五个等级(见图 4-4)。

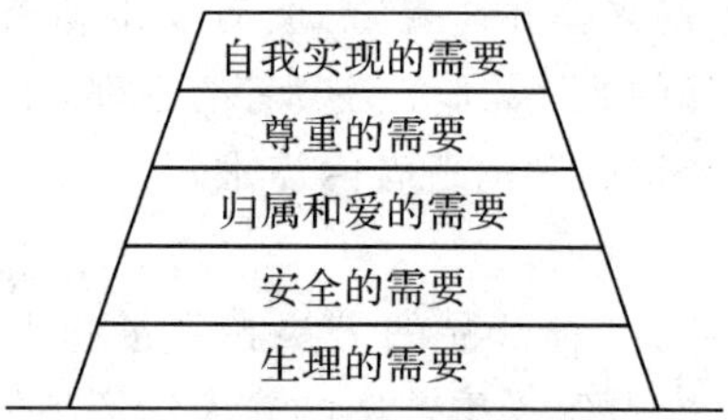

图 4-4　人类需要的层次结构

1. 生理的需要:这是人类最原始的也是最基本的需要,包括饥、渴、性和其他生理机能的需要,它是推动人们行动的最强大的动力。只有在生理的需要基本满足之后,高层次的需要才会相继产生。

2. 安全的需要:当一个人生理的需要得到满足后,安全的需要就会产生。个人寻求生命、财产等个人生活方面免于威胁、侵犯并得到保障的心理就是安全的需要。

3.归属和爱的需要:这是一种社会需要,包括同人往来,进行社会交际,获得伙伴之间、朋友之间的关系融洽或保持友谊和忠诚。人人都希望获得别人的爱,给予别人爱,并希望为团体与社会所接纳,成为其中的一员,得到支持与关照。

4.尊重的需要:尊重的需要包括受人尊重与自我尊重两方面。前者是希求别人的重视,获得名誉、地位;后者是希求个人有价值,希望个人的能力、成就得到社会的承认。

5.自我实现的需要:自我实现的需要是指实现个人理想、抱负,最大限度地发挥个人的能力的需要,即获得精神层面的臻于真、善、美至高人生境界的需要。马斯洛认为,为满足自我实现的需要所采取的途径是因人而异的。有人希望成为一位理想的母亲,有人可以表现在体育上,还有人表现在绘画或发明创造上……简而言之,自我实现的需要是指最大限度地发挥一个人潜能的需要。

人类的需要层次,马斯洛是按照三条原则加以确定的。第一,人类基本的需要必先得到满足,然后才会进一步追求较高层次的需要。第二,人类需要与个体生长发展密切相关。人出生时,最主要是满足生理的需要,然后逐渐考虑到安全、归属、自尊的需要,最后才追求自我实现的需要,因此,个人的需要之发展过程是波浪式的演进,各种需要的优势由一级演进至另一级。第三,人类需要程度的高低与个体生存状况有关。

马斯洛认为,一个理想的社会,除了应该满足人们的基本的生理需要外,还要满足人们较高层次的需要,并鼓励个人去追求自我实现。我们认为,一个人只有把个人的需要和国家的需要以及社会发展的需要联系起来,才能有永不衰竭的动力,才能充分发挥个人的潜能,达到最大限度的自我实现。

二、消费者需要的种类与基本内容

(一)消费者需要的种类

1.从需要的起源角度分,需要可以分为自然需要和社会需要

自然需要也叫生理需要,是个体为保护和维持自己生命及延续其后代所需条件的要求。具体地说,就是人类对衣、食、住、行以及性等的需要。这是人类生活的基本需要,是推动人们行动的强有力的动力。这些需要如果得不到满足,个体就无法生存和延续后代。有资料表明,自然需要若得不到充分满足也会对个体的心理产生影响。例如,注意力不集中,最关心食物或对食物一类东西最敏感。

社会需要也叫心理需要,是指对文化、艺术、道德、知识、交往、劳动、社会地位、归属等方面的需要。这是个体对维持和发展社会正常生活所必需的条件的反映,是人作为社会成员在后天的社会生活中形成的,是由消费者的心理特性决定的。

2.从需要的对象角度分,需要可以分为物质需要和精神需要

物质需要包括自然需要和社会需要中对物质对象的需要,是人们对以物质形态存在的、具体有形的产品的需要。

精神需要是指人们为改善和提高自身素质,对观念对象的需要,如道德、情感、审美、求

知等方面的需要。

3.从人们对需要的迫切程度角度分,需要可以分为远的间接需要和近的直接需要

远的间接需要指那些比较概括的、抽象的、总的需要,它常常以理想、志向等形式表现出来。

近的直接需要则是随着远的间接需要的产生而产生的一系列的具体需要。如远的间接需要是当IT精英,近的直接需要则表现出对电脑软硬件知识和实际操作练习的需要,以及对IT业现状的认识等具体的学习需要。

4.从需要满足的对象角度分,需要可以分为公共消费需要和个人消费需要

公共消费需要是指为实现社会集体消费而统筹安排的,用来满足公共消费的需要部分。个人消费需要是指消费者对其有货币支付能力的生活消费需要。

当然,对需要的划分也不是绝对的,各类需要之间往往相互渗透和相互制约。如自然需要打上人类文明的印记,带有社会需要的特点,而社会需要也是以自然需要为基础发展起来的。同时,精神需要与物质需要、近的直接需要与远的间接需要、个人消费需要与公共消费需要都一样,它们之间都有密切的关系。在消费活动中,认识到它们的区别与联系,从而采取相对应的消费策略是非常重要的,不能顾此失彼。

(二)消费者需要的基本内容

1.对产品基本功能的需要

根据传统的解释,产品是用来满足人们物质需要的实物。而在现代市场营销学中,产品是指人们向市场提供的能满足消费者或用户某种需求的任何有形产品和无形服务,由核心产品、有形产品和附加产品三个层次组成。其中核心产品是指产品的实质层,它为顾客提供最基本的效用和利益。也就是说,消费者或用户购买某种产品绝不仅是为获得构成某种产品的各种材料,而是为了满足某种特定的需要。有形产品主要包括产品实体及其品质、特色、式样、品牌和包装。附加产品包括可以给买主带来附加利益和心理上的满足感及信任感的服务、保证、产品形象、销售者声誉等。所以,消费者对产品基本功能的需要也就是指消费者对核心产品的需要。如肥皂必须有效去污,手机必须保证清晰的通话,空调必须能制冷,等等,如果产品不具备基本的功能,不管其外观多漂亮、价格多便宜,消费者都不会接受。

2.对产品审美功能的需要

随着人们生活水平的提高,消费者在满足对产品基本功能的需要后,往往对其工艺、造型、包装、色彩、整体装饰等提出新的要求。比如手机的款式、色彩成为年轻人个性的一种体现,一些消费者往往一年更换数部手机,就冲着手机的外形。同时,手表也是一样,其除了对时的基本功能外,消费者已经把它当作时尚的饰品,跟衣服的颜色、天气的变化、出入的场合紧密联系,因此对手表审美功能的需要是非常强烈的。

3.对享受良好服务的需要

产品概念的第三层次包含了售前、售中、售后服务,同时这种服务不仅是硬件上的,还包括使消费者获得尊重、情感的交流和个人价值的肯定等。营销人员对消费者购买行为的赞赏往往会获得营销的成功。

4.对产品便利的需要

由于生活节奏的加快,人们对购买产品便利性的需要也是越来越强烈。消费者希望能以较少的时间到较近的地方买到最为需要的产品。所以,现在小区都讲究设施配套,医院、

银行、学校、超市、娱乐场所都一应俱全，主要为方便消费者。同时，像超市内开设的烧烤店，给顾客购物后的休息、饮食提供方便。

5.对产品情感功能的需要

人类的情感是非常丰富的，亲情、爱情、友情、恋情等，在人的一生中都占有非常重要的地位。消费者购买某种商品或服务，往往都带有一定的感情色彩，亦喜亦悲，往往一件商品就是一个感情故事。因此，商家通过情感诉求，寻找消费者情感的共鸣点，往往能够获得成功。

三、现代消费者需要的发展趋向

消费者的需要并不是静止的、一成不变的，总是由低级向高级发展，由物质需要向精神需要发展，由单一向多样化发展，体现出较强的时代性特点。那么，现代消费者的需要有哪些发展趋势呢？

未来居民消费结构变化的总体趋势是：居民消费结构将发生根本性的变化，即从以物质消费为主转变为以非物质消费为主；生存资料消费比重进一步降低，享受和发展资料消费比重上升；消费结构的变化越来越体现生活质量阶段的特征；各种高档消费品，如住房、汽车的有效需求上升，对服务消费的需求和质量要求意识大大提高；等等。

（一）住房消费仍然是消费结构升级的重点

从国际经验看，小康阶段初期，住房消费将保持较长时期的增长。

（二）汽车消费增长空间较大

私人购车正日益成为汽车总需求的主要部分。我国汽车业已跨入持续高增长期，并将持续释放出巨大的消费潜能。

（三）教育消费成为长期的消费热点

经济的发展要求人们不断提高自身的文化素质，除了子女的教育消费支出不断增长以外，成人的教育费用也不断提高。

（四）绿色消费成为新世纪的消费主题

居民的绿色消费意识日益增强，“绿色食品”“绿色家电”甚至“绿色汽车”“绿色住房”等纷纷出现并受到消费者的青睐。

（五）信息消费成为新的消费热点，家庭信息化是信息消费的重要方面

多媒体终端结合了电话、电视、计算机和摄像机的多种功能，构成一个“家庭信息中心”。人们可以通过这个中心获得各类信息。

（六）旅游消费成为主要休闲消费方式

2018 年，我国人均 GDP 已接近 10000 美元，已进入旅游的爆发式消费阶段，旅游消费的比重逐渐加大。2018 年，国内旅游收入达 5.97 万亿元，国际旅游外汇收入达 1271 亿美元。

（七）服务消费支出有较大增长空间

随着经济的发展，社会分工越来越细，家政服务、家庭医生、家庭病房等开始走进千家

万户。

(八)大量流动人口的存在扩大了租赁消费空间

大量流动人口的存在,将加速与流动性消费相适应的租赁业和二手市场的发展。廉价衣服、旧家具、旧耐用消费品等,会成为外来民工的主要消费内容。电脑、书报以及公寓租赁等会成为高知识阶层的主要消费内容。

(九)银色消费市场广阔

目前,我国的人口结构已经进入老龄化阶段。我国现有60岁以上的人口1.3亿,占人口总数的10.45%。老年群体的生理和心理特征,决定了他们特有的消费模式,将会对整个社会的消费结构产生影响。例如医疗保健需求旺盛,社区养老服务大有可为,等等。

(十)个性化消费趋势日益突显

越来越多的消费者要求每件商品都根据他们的需要定做,每项服务都根据他们的要求单独提供。

四、消费者的购买动机

(一)动机

“动机”的英文是motivation,源于拉丁文movere,即推动的意思。它是直接推动一个人进行活动、以获取满足其需要的事物的内部动因或动力。动机由三种要素构成,分别是需要驱使、刺激强化和目标诱导。由此可见,动机作为一种能量,其强度的大小,取决于三个变量,即需要的强度、刺激物的激活效能和目标诱力的大小。这三个因素相互作用,构成了动机的合力。

同时,动机作为一种活动的动力,具有三种功能:第一,引起和发动个体的活动;第二,指引活动向某一目标进行;第三,维持、增加或制止、减弱活动的力量。正是由于具有这些功能,动机的性质和水平也必然会影响到活动的水平和效能。消费者的动机是决定购买的重要因素。

(二)需要与动机、行为的关系

需要产生动机。一个人在特定的刺激下产生需要,这种需要在一定的条件下便会成为一种内在的驱动力,即动机。消费者的需要和动机,都是消费行为的内在因素。当有了动机,人们就要寻求满足需要的目标,并且在目标找到之后进行满足需要的活动和行为,即购买行为或消费行为。其基本模式如下:

需要→动机→行为

需要和动机是有区别的。需要是人们对某种目标的渴求或欲望,主要和人们的主观愿望相联系。动机在需要的基础上产生,主要和人的行为相联系。也就是说,需要并不直接产生行为,而必须先产生动机才能引发人的行为;动机是需要与行为之间必经的一个中间环节,没有动机作为中介,购买行为不可能产生,消费者的需要也难以满足。

动机虽然在需要的基础上产生,但并不是所有的需要都能产生动机。需要必须达到一定的强度并且有相应的诱因才能转化为动机。比如一个人饿了,有吃东西的需要,但是身上没带钱,可能这种需要就会先缓下来;或者走进一家饭店,看到卫生条件很差,就可能没有了吃的胃口。在这种条件下,需要也未激发出动机。所以,引起消费者的动机必须有内因(需要)和外因(外部刺激)两个条件。

因此,外因(也叫诱因)在消费活动中就显得尤为重要。比如,广告的暗示诱导、商场的装修、产品展示等。周末、节假日,我们经常可以看到商场的促销台前人头攒动,释放出无限的购买力。一般来说,刺激越多,诱因越强,购买便越有可能。

(三)消费者购买动机的内容

1.购买动机

购买动机是指为了满足一定的需要而引起人们购买行为的愿望或意念,是推动购买活动的内在动力,也是消费者购买行为的直接出发点。

2.购买动机的特点

(1)内隐性。内隐性是指在购买过程中,消费者出于某种原因,不愿意让别人知道自己真正购买动机的心理特点。

如某洗发剂广告中的情节。一女孩接到电话,跟身边的男友说:"丽丽约我们打保龄球,去不去?"男友不经意问了一下:"是不是头发又黑又亮的那个?"此时,女友马上对电话的那头说:"他脚扭了。"男友一愣。于是接下去的画面是女孩买了某洗发剂,使用后头发也变得又黑又亮。最后,三人在一起,另一女孩问:"脚这么快就好了?"其实,脚扭了只是一个借口而已。在消费过程中,消费者在购买减肥药品、卫生用品或性用品时,都不愿意直接说出真正的购买动机。

(2)模糊性。消费者在购买产品时,产生的动机可能有很多种。其中有些是消费者能意识到的,而有些则处于潜意识状态,很多时候连消费者本人都弄不清为什么会购买某产品。比如在北方的冬日,某女生要去海南旅游,从来不会游泳的她,买了一件价值不菲的泳衣,也许是因为反季节促销,价格便宜;也许是因为泳衣的颜色很漂亮,她想收藏;也许是因为到海滩冲浪,她想展现自己美好身材;也许是为了引起同团的一位帅小伙的注意;也许是因为大家都买了,她就买了。事实上,她也许根本没有机会穿泳衣,并不清楚自己买泳衣的真正目的。

(3)冲突性。消费者同时产生两个或多个购买动机时,众多的购买动机可能就会相互冲突或抵触,从而产生内心的矛盾。面对同时具有吸引力或排斥力的需要目标而又必须选择其一,或是两个利弊因素同时存在而又必须作出选择,消费者往往遵循趋利避害的原则。常见的冲突有以下几种。

①趋利冲突。发生相互冲突的各种动机都会给消费者带来相应的利益,但由于某些因素的限制而不能同时满足,消费者往往会趋向选择对自己较为有利的那一个。

②避害冲突。避害冲突是指消费者面临既有积极后果,又有消极后果的同一消费行为,必须选择其中一个时所产生的动机冲突。一般情况下,消费者趋向选择积极的后果而极力避免消极的后果。比如,消费者因微波炉带来的方便快捷想购买微波炉时,又担心食物的营养会损失或担心微波炉发出的电磁波会对人的健康产生影响。因此,就有了动机之间的冲突。解决这种冲突的方法,是尽可能减少不利后果的严重程度。

③遗憾冲突。遗憾冲突是指消费者面临两个同时具有吸引力和排斥力的需要目标而必须作出选择时所产生的冲突。比如,消费者在购买电动自行车和摩托车之间犹豫。电动自

行车污染少，价格便宜，款式新，又不必花时间培训考驾照，但是速度慢，性能差了些，充电麻烦，半路没电得推着回家；摩托车有气派，性能好，但是价格贵，费用高，每年得年检等。但是不管选择电动自行车还是摩托车，都会在心理上留下一些遗憾的感觉。

3. 购买动机的分类

(1)生理需要性购买动机。生理因素是消费者生理性购买动机的根源。生理需要性动机，指消费者为了保持和延续生命有机体而引起的各种需要所产生的购买动机。它又可以区分为生存性购买动机和发展性购买动机。

生存性购买动机，指消费者为了满足其生存需要而激发的购买动机。如满足饥、渴、暖、行等各种生理需要的纯粹生理性的动机。

发展性购买动机，指出于发展需要，消费者为了使生活过得更舒适、愉快而产生的动机。主要包括体力的发展和智力的发展，表现为提高身体素质和提高智力水平或劳动技能等所激发的动机。

(2)求实性购买动机。求实性购买动机指消费者以注重商品或劳务的实际使用价值为主要目的的购买动机。一些消费者在购买商品或劳务时，通常特别注重产品的质量和实用性，要求产品经久耐用、经济实惠，不会太多地在意产品的外形、包装、款式、色彩等。并且在购买时，认真仔细地对比挑选，不太会受广告和促销人员的影响。这种购买动机跟个人的价值观念、消费态度和价格承受能力等有一定的关系。

(3)求美性购买动机。求美性购买动机指消费者以注重商品的美学价值和艺术欣赏价值为主要目的的购买动机。消费者在购买商品时，特别在意商品的外观、造型、艺术品位，强调其色彩的搭配、对环境的装饰、对个体的美化、对精神的陶冶等方面，而对商品本身的实用性要求不高。

在现实生活中，随着人们生活水平的提高、收入的增加，求美性购买动机将会占越来越大的比重。同时，随着时间的推移、人们休闲时间的增加和欣赏水平的提高，越来越多的人注重求美性购买动机。

(4)求名性购买动机。求名性购买动机指在消费活动中，以追求名牌或仰慕企业名望而产生的购买动机。因为名牌的建立往往以商品的质量、信誉为后盾，优秀的品牌具有一定的无形价值。因此，消费者在购买时，对商品的商标、商店的牌号特别注意，面对众多的同类产品，直接将注意力转向某品牌，成为该品牌的忠诚消费者。

(5)好胜性购买动机。这是一种比较典型的冲动性购买动机，表现在消费者以一时争强好胜与别人攀比并希望胜过他人为目的的购买动机。一般消费者购买一些产品不是为了实用，也不合具体的实际情况，只是为了表现比别人强，满足心理上的虚荣。因此，这种动机带有一定的偶然性和浓厚的感情色彩。

(6)偏好性购买动机。偏好性购买动机指消费者由于个人生活习惯或业余爱好等形成对某商品或某企业的偏好而产生的购买动机。如集邮者对邮票、音响发烧友对音响器材、美容师对化妆品等的购买动机。在这种动机的驱使下，消费者在选择商品时，往往以符合自己的需要为准则，指向比较集中和稳定，并表现出经常性和持续性的购买。

(7)求新性购买动机。求新性购买动机指在消费活动中，消费者追求商品的奇特、新颖、时髦等特点而产生的购买动机。在购买过程中，消费者特别注重产品的款式、造型、包装等是不是时尚，有没有与众不同的地方，是不是独一无二的。因此，这类消费者对新品发布的信息非常感兴趣，对于大众还不熟悉的产品情有独钟，表现出较强的信息接受能力。当然，有时他们也是凭一时的兴趣而购买。比如，"日流""韩流""波西米亚风"，往往都是由一些求新的消费者带动起来的，还有街舞、轮滑等新的活动方式，也会成为这类消费者的选择。

(8)求便性购买动机。求便性购买动机指消费者在购买过程中，以方便为目的或者为了减少家庭劳务，选择便利性的产品而产生的购买动机。其核心是方便购物、节省时间、增加自由空间。

在实际的购买过程中，为消费者提供方便的产品很受欢迎，如洗衣机、洗碗机、方便食品、超市净菜等，可以减轻家务负担。同时，一些提供方便的服务也逐渐红火，如钟点工、外卖、网络购物等，也逐渐成为城市生活不可缺少的部分。

【典型案例】

速溶咖啡为何受到冷落?

在社会生活节奏越来越快的今天，人们已经习惯使用省时省力的速溶咖啡。但是，在1950年的美国，速溶咖啡刚刚面市时，购买速溶咖啡的人却寥寥无几。为了弄清速溶咖啡滞销的原因，有关人员进行了调查，许多人回答是不喜欢速溶咖啡的味道。这显然不是真正的原因，因为速溶咖啡的成分和口味同传统的咖啡差别不是很大，而且，速溶咖啡饮用方便，无须花长时间去煮，也省去了洗刷器具的麻烦。为了进一步了解消费者不愿意购买速溶咖啡的潜在动机，心理学家海伊尔拟订了两张购物单，单子上所列的商品内容除一张上是速溶咖啡，另一张上除有豆制咖啡外，其余商品都一样。然后调查人员把这两张购物单分别发给两组妇女，请她们描述一下按照购物单买东西的家庭主妇是个怎样的形象。结果差异非常显著：绝大多数人认为，按照含有速溶咖啡的购物单买东西的家庭主妇是个懒惰、差劲的妻子。因为当时，美国妇女中存在这样一种观念：担负繁重的家务劳动如煮咖啡是家庭主妇的天职，任何试图逃避或减轻这种劳动的行为都应受到谴责。由此，调查人员才恍然大悟，速溶咖啡之所以受到冷落，问题并不在于速溶咖啡本身的味道，而是因为人的观念，家庭主妇受社会观念的影响，尽力去保持社会公认的完美形象，而不愿意因为购买速溶咖啡遭到别人的非议。

原因找到之后，生产厂家对速溶咖啡的广告作了调整，不再强调简便的特点，而是着重宣传速溶咖啡同豆制咖啡一样醇香、美味。消除了女性顾客购买时的心理障碍。很快，速溶咖啡销量大增，不久便成为西方世界最受欢迎的一种饮料，现在速溶咖啡这种简便饮品已经被人们普遍接受。

问题：速溶咖啡刚刚面市时为何受到冷落？顾客说的原因与其心理实质是否一致？为什么？通过上述案例可以看出女性顾客的哪些心理特点？请谈谈我们身边有哪些相似的例子。

【本章小结】

人的一切行为都是从需要开始的。消费者的购买行为是以消费者的需要为基础的。需要是在各种刺激的作用下产生的，并不是所有的需要都能被消费者察觉。需要具有多样性、层次性、伸缩性、周期性、发展性、可诱导性等特征。需要还表现为多种形态，如现实需要、潜在需要、下降需要、不规则需要、饱和需要、过度需要、否定需要、无益需要、无需要等。根据不同的分类标准，需要可以分为自然需要和社会需要、物质需要和精神需要、远的间接需要和近的直接需要、公共消费需要和个人消费需要。同时，在现实的消费活动中，消费者还有对产品基本功能的需要、对产品审美功能的需要、对享受良好服务的需要、对产品便利的需要、对产品情感功能的需要。本章还列举了现代消费者需要的十大发展趋势。有了需要，就可能形成动机，消费者的购买动机具有内隐性、模糊性、冲突性等特点。在消费活动中，消费者的购买动机表现为生理需要性购买动机、求实性购买动机、求美性购买动机、求名性购买动机、好胜性购买动机、偏好性购买动机、求新性购买动机、求便性购买动机。因此，在营销活动中，企业或商家要研究消费者的需要和动机，才能取得成功。

【思考练习】

1. 什么是需要？它有哪些特征？
2. 需要包括哪些形态？请举例说明。
3. 消费者的需要如何进行分类？
4. 消费者的需要包括哪些基本内容？请举例说明。
5. 什么是动机？消费者的购买动机有哪些特点？
6. 如何对消费者的购买动机进行分类？请举例说明。

第五章　消费者的态度与特殊心理反应

【导入语】

2003年，一个被称为中国第一"人造美女"的24岁的北京姑娘的故事广为流传。她历时100多天、耗资30万元进行全面整形，完成了身体意义上的"重新做人"。她的"改造"过程被CNN全程跟踪拍摄，被众多新闻媒体作了广泛报道。

整容，在早几年还很稀有，而今，随着整容技术的提高、明星的影响、媒体的煽动，整容走入了大众生活，成为大众消费的一部分，成为一种时尚。人们对于整容的看法在最近几年也迅速变化，有人认为整容的流行在一定程度上反映了社会文明程度的提高；有人则认为整容的泛滥是现代人徒有其表、内心空虚的表现，是严重的退化；有人认为整容能提高自信心，提高人生的质量；有人不能接受一个"假"的爱人……

当你阅读了"人造美女"的宣传报道，看到"人造美女"们的"前后"照片后，你又有何想法？

2003年北京姑娘整容的故事、"人造美女"的大量宣传报道给消费者留下了深刻印象，使整容成为消费热点。据报道，此后，为这位北京姑娘整容的医院"排起了长队"，其他整容医院也顾客倍增。

与整容事例相同，商业性和社会性机构常常通过促使消费者形成或改变对某一产品、服务或活动的态度来成功地促成或改变他们的行为。

本章将讲述消费者的态度及其形成与改变，讨论改变消费者态度的策略，介绍消费者特殊心理反应。

【学习目标】

- 领会消费者态度的构成与功能。
- 了解消费者态度的形成及影响因素。
- 掌握改变消费者态度的策略。
- 了解消费者逆反心理与行为的特点和应对策略。
- 明确预期心理对消费者行为的影响。

【关键词】

态度 attitude
认知成分 cognition composition
情感成分 emotive composition

行为倾向 the tendency of behavior
态度功能 function of attitude
态度形式 form of attitude
态度改变 change of attitude
偏见 prejudice
逆反心理 psychological inversion
预期心理 expectation psychology
消费者信心 confidence of consumer

一、消费者态度的构成与功能

(一)消费者态度的构成

消费者态度是指消费者对某一对象所持的一种心理反应倾向。消费者态度的对象是多方面的,其中有产品、服务、活动、人、企业、政策以及代表具体事物的观念等。心理反应倾向是心理活动的准备状态,即消费者准备对某一对象作出某种反应。消费者态度影响着其对某事、某物、某活动作出个人的选择。例如,某消费者对流行音乐的态度将会影响他买唱片、赴音乐会等的选择。

消费者的态度由认知成分、情感成分和行为倾向组成。

1.认知成分

认知成分由消费者关于某一对象的认识和信念所构成,表现为消费者对有关商品质量、价格、包装、服务与信誉的印象、理解、观点和意见。这就是说,对于态度对象,如某一商品,消费者的心理产生了许多与此相关的认识和信念。这些认识和信念可能是关于该商品的特点或属性的,也可能是关于该商品与其他事物的关系的。每种认识和信念在重要性和强度上是有差异的,它们的综合就构成了对具体事物不同的态度。例如,对于联想电脑,消费者也许相信并认为:①质量好;②是一款品牌电脑;③是中国一家大公司生产的;④售后服务好;⑤价格相对来说贵一些。关于这种品牌电脑的这些认识和信念就构成了对于“联想电脑”的态度的认知成分。消费者在对这种品牌电脑的这些认识的基础上,形成了对这种商品的基本态度。这种信念或认识不管是正确的、真实的,还是偏见或误解,都将影响消费者态度的倾向或方向。

消费者态度的认知成分具有评价性质,也就是说,消费者关于某商品的认识和信念带有评价意义而非客观的。因此,如果某消费者对一个产品的肯定的、正面的信念越多,则消费者态度中的认知成分就越积极。由于态度的三种成分总的来说具有内在一致性,因而认知成为越积极,整个态度也会越积极。

2.情感成分

情感成分是消费者对某个事物的情感或情绪性反应,表现为对有关商品的质量、服务、商标、信誉等的喜好或厌恶、欣赏或反感等各种情绪情感体验。某消费者说“我喜欢三星手机”,或说“三星手机款式难看”,他所表达的就是关于该商品的情感或情续性反应。消费者对某个商品的情感或情续性反应也许是对该商品各属性进行一番评价后的结果，例如，“Nike 鞋太贵”的评价，隐含着对产品某些方面的负面情感反应，而“Nike 鞋脚感很好”的评价，则隐含着对产品某些方面的正面情感反应，这些情感与关于产品其他属性的情感相结合，决定消费者对于该产品的整体反应。消费者对某个商品的情感或情续性反应也可能是在缺乏关于该商品的认知信息或没有形成对该商品的信念的条件下发展起来的一种模糊的、大概的感觉，例如，一个人可能在没有获得任何有关产品的认识的情况下便喜欢上该产品。

由于消费者的动机、个性、经历、经验、参照群体、身份、经济状况不同，他们可能会对同一信念产生不同情感体验。例如，对于“联想电脑是一家很大的中国公司生产的”认识，有些人产生积极的情感，有些人却作出负面的反应。也由于消费者对产品的评价与特定情境有关，因此，一个人对某个产品的情感反应会随情境的改变而改变。例如，某消费者认为喝茶能醒脑，这种信念在他必须熬夜时会引起一种积极的情感反应，而在他想在晚上喝点东西又不至于特别清醒时则会引起负面的情感反应。

态度的情感成分没有认知成分那么复杂，但情感成分在消费者态度构成中具有特殊作用。消费者喜欢某一商品或不喜欢某一商品时通常并不了解该商品的许多特殊细节；当产生态度的认知内容被忘记之后，态度的情感体验还会继续存在。因此，它比认知成分更重要且更持久。

3.行为倾向

行为倾向是消费者对于某事物或某项活动的反应倾向，亦即行为的准备状态。它表现为消费者对有关商品、服务准备采取某种反应，其中包括表达态度的语言和非语言的行为表现。例如，消费者准备购买“联想电脑”，向朋友推荐该品牌电脑或向他人宣传该电脑的优越性等。但是，行为倾向仅仅是作出行动之前的思想倾向，而不是行动本身。消费者的实际行动反映出这些倾向，这些倾向也会随着实际情况而调整或改变。例如某消费者对联想公司的某款电脑有一系列正面的认识、积极的情感、相应的行为倾向，但他并不一定购买这款电脑，因为他可能已有了一台不是很喜欢但可以接受的电脑；可能他买不起；可能他得知有一款类似的新产品即将投放市场；等等。

在消费心理研究中，行为倾向经常被视为对消费者购买意图的表达。人们通常会做他们打算做的事情。消费者对某商品有购买意图，就会以积极的方式影响实际的商品购买。了解消费者购买意图就可以评估消费者购买某件产品或以一种特定的方式行动的可能性。

（二）消费者态度的功能

消费者为什么要形成这样或那样的态度，为什么要保持这样或那样的态度，因为态度具有以下几个功能。

1.认知功能

态度能帮助人们吸收和组织外界复杂的信息，使人们善于处理与日后可能遇到的态度对象相关的事情，也引导着人们如何认识未知事物。

态度的认知功能，为消费者评价商品和选择商品提供了决策的依据，这些信息也许是对于该商品或活动的正确反映，也许是不正确的反映。但它们往往比“事物”的真实情况更能决定消费者的行为。这对于考虑产品定位的厂商非常重要。

2.适应功能

人的态度是在适应环境中形成的，形成后起着更好地适应环境的作用。态度帮助人们获得奖励、避免惩罚，促使人们转向为实现自己的目标服务的某一对象。态度的这种功能，使人们总是尽力发展能给自己带来最大利益的态度。因此，人们倾向于对那些能给他们带来好处的事物或活动形成正面的态度，而对那些会给他们带来害处的事物或活动形成负面的态度。

态度的适应功能，帮助消费者的购买实现受益最大，受损最小。对消费者来说，凡是对他们有价值的、能满足他们需要的商品，他们就会其持肯定的态度；反之，对他们来说是没价值的、未能满足他们需要的商品，他们则会持否定的态度。

3. 价值表现功能

态度能表达人们深层的价值观和自我概念。价值观是态度的核心，它是指态度所指对象对人的意义。人们对于某个事物所具有的态度，取决于该事物对人们的意义的大小，也就是事物所具有的价值的大小。

在很多情况下，消费者通过态度表现出自己的一般价值观、生活方式与看法。例如，如果消费者喜欢某种品牌的服装，而这种品牌的服装意味着质量好、式样新颖、领导服装潮流，那么就表达他“时尚、有品位”的特点。类似地，如果某消费者崇尚自然、重视环境，他就可能对与此价值观一致的产品与活动持肯定态度，愿意购买和使用“绿色”产品。

4. 自我防御功能

态度能帮助人们避免自己内心的焦虑，以维护自己的心理健康。态度的这种功能，使人们倾向于选择有利于自我形象和价值确定的态度来进行自我防御，以减少焦虑，并使情绪冲突转移方向。例如，被宣传能展现男性特征的产品很可能被那些对自己阳刚之气没有自信的男人所看好；感到自己在社会中处境受威胁的人，可能对那些表现成功或至少使人觉得安全的产品和品牌形成好感。同时，消费者的态度一旦形成，往往会像保护自己一样维持某商品或品牌的形象。例如，某消费者对某一商品或品牌形成某种态度后，如果有人对他认为好或坏的商品有相反的意见，他就会进行反击。

二、消费者态度的形成与改变

消费者是怎样形成对某种事物最初的一般态度的呢？设想一下他们对自己所穿服装的态度，他们是怎样形成对 Nike、Adidas 等运动服以及 Esprit、Only 等休闲装的态度的？他们又是在哪里购买这些服装的呢？他们原先喜欢在中式小吃店吃饭，现在他们一有机会就去肯德基、麦当劳，他们是如何转变这种态度的？是什么影响了他们的态度的形成与改变？又是如何影响的？这些问题涉及态度的形成与改变。

（一）消费者态度的形成

态度不是生来就有的，而是后天习得的。消费者态度的形成是指从对某一对象没有态度到对它有一定态度的转变。例如，对可口可乐没有感觉到觉得可口可乐“味道好极了”。

人们的许多态度往往是通过强化而形成的。例如，一位大学生发现某种止痛药能够使他在即使膝盖受伤的情况下也能跑完马拉松，这种止痛药实现了他的止痛预期，通过这种正强化，他对这一品牌的止痛药的态度就形成了，他很可能在受到其他伤害的情况下去购买同一品牌的止痛药。又如，某消费者在口渴时买了某一品牌的饮料，喝一口后觉得似中药一样难喝，在这种强化作用下，则形成了对该品牌饮料的否定态度。

在态度的形成过程中，联想也发生重要作用。例如，某一商品与某消费者喜欢的某品牌的商品很相似，消费者看到该商品时就可能联想到自己喜欢的品牌的商品，感受喜欢的品牌的商品的情感体验，从而可能形成对该商品的正面的态度。

模仿或观察、学习也能使人们形成某种态度。模仿是个体通过观察其他人的行为和行为结果而学习的一种过程(见图 5-1)。人们所模仿的对象通常是他们所崇拜的，因为他们具有外表、成就、技能甚至社会地位等方面的特质。例如，一位女青年看到了一则护肤品广告，描述的是某人使用了这种品牌的润肤露后，皮肤变得白皙、细嫩，人变得更漂亮了，她就会考虑购买它；某女生看到她的同学吃了某种品牌的减肥药后体重在一个月内下降了许多，并在社交上获得成功，她也会打算购买这种品牌的减肥药。

图 5-1　元旦疯狂购物(是什么促使消费者疯狂购物?)

(二)影响消费者态度形成的因素

消费者的需要、知识和经验、个性、家庭和朋友、团体及文化等影响着消费者态度的形成。

消费者的需要满足与否是决定态度形成与否的首要因素。消费者对那些能够满足自己需要的对象会产生积极态度；对那些阻碍需要满足的对象，则会产生消极态度。

知识和经验构成了态度成分中的认知成分，决定着对特定对象的了解，是消费者态度形成的重要因素。

个性在态度形成中也扮演着重要的角色。社会中的每个人都有自己独特的、不同于他人的个性，这种个性的差异也必然反映到个体对某个对象的态度的形成上。一般来说，依赖性强、暗示性强或比较随和的人容易相信权威、崇拜他人，因而容易形成或改变态度；反之，独立性强、自信心高的人则不容易被他人说服，因而不容易形成或改变态度。具有高认知需求的消费者(渴望得到信息且乐于思考的消费者)更容易受丰富的产品信息的影响；而低认知需求的消费者则更容易受名人、模特的影响。

家庭和朋友也是重要的影响态度形成的因素。消费者的许多基本价值观和从次要到核心的广泛范围上的信念都来自家庭。消费者也容易受朋友的影响，更乐意接受朋友的意见和建议。

消费者的态度在很多情况下也受其所属团体的影响和制约。这主要是因为团体的规范和习惯力量无形中会形成一种压力，影响团体内成员的态度。如果个人与所属团体内大多数人的意见一致时，他就会得到有力的支持；否则，就会感受到来自团体的压力。

文化对消费者态度的形成也有重要影响。喜欢什么食品，爱穿什么衣服，对什么娱乐活动感兴趣，都与消费者所处的传统文化（亚文化）有关。

（三）消费者态度改变的策略

态度具有相对稳定性，但并不意味着一成不变，态度是可以改变的。例如，消费者在对消费品上，有时态度非常不稳定，今天的时尚可能明天就过时了。消费者态度的改变有方向方面的改变，也有程度方面的改变。态度方向方面的改变，就是由原来的倾向性转变为相反的倾向性，即消费者对商品，从原来的否定或消极态度转变为肯定或积极态度。态度程度方面的改变，是态度不改变方向，而是沿着原有倾向呈现增强或减弱的变化。

改变消费者态度对开拓市场、提高市场占有率有非常现实的意义，我们可以从多方面、多角度进行考虑。

1. 改变态度成分

态度的三个成分倾向于一致，意味着某个成分的变化将导致其他成分的相应变化。因此，我们可以将影响消费者态度的某一成分改变，从而使消费者态度发生变化。

（1）情感成分改变策略

企业在不直接影响消费者的信念或行为的条件下影响他们对于品牌或产品的好感，这就是情感成分改变策略。消费者对产品的喜爱会增加他对产品的正面信念，进而增加其购买此产品的倾向性。改变情感成分的策略，一般是建立在经典性条件反射原理的基础上的。在营销中，常用的方法有：

- 将消费者所喜欢的某种刺激，如一段音乐，不断地与品牌名称同时播放。过了一段时间后，与该音乐相联系的正面情感就会转移到品牌上。其他刺激，如消费者喜爱的图画、喜爱的运动，也可以经常使用。
- 激发对广告本身的情感。消费者对广告的正面情感能导致其对产品的喜爱。在广告中可使用幽默的语言、名人效应或情绪诉求增加消费者对广告的喜爱。
- 向消费者不断地、大量地展示某种品牌能使他们对该品牌产生积极的态度。

［实例］

铺天盖地的广告，消费者能不受影响吗？

“今年爸妈不收礼，收礼只收脑白金”“今年过节不收礼，收礼还收脑白金”“脑白金，年轻态，健康品”……一段时间以来，脑白金的广告铺天盖地、家喻户晓，在人们不胜其烦的同时，脑白金以时尚健康礼品的形象被送进千家万户。

2002 年岁末，东方国际市场研究有限公司（EMRI）广告研究组进行了一项针对中国大都市地区居民广告接受与评价的研究。EMRI 选择了北京、上海、广州以及成都为样本城市，通过电话方式访问了 4 个城市的 412 名居民。结果表明：在北京、上海、广州以及成都 4 个城市中，“脑白金”在印象最深的品牌广告中排名第一，并遥遥领先。

与此相应的，2002 年脑白金的销售呈现良好的势头，特别是在春节期间，脑白金在各大商场成为人们争相购买的节日礼品。

(2)行为成分改变策略

行为成分改变策略,主要是以操作性条件反射原理为基础的。行为成分改变策略的关键是促使消费者试用或购买企业产品并同时确保消费者的购买和消费是值得的。例如:

- 邮寄或分发某厂家或商店的购物优惠券,促使消费者用这些优惠券购物。
- 在商场门口或消费者邮箱里投放某些产品,让他免费试用。
- 向光顾某一商店的消费者展示产品,比如给消费者用化妆品化妆,让消费者试穿服装。
- 在特定时间或时段内给予产品降价、折扣等优惠,赠送小礼物。
- 商家或厂家开展买一送一活动。

引导消费者试用产品常用的技巧有:优惠券、免费试用、购物现场展示、搭售以及降价等,能促进消费者在事先没有认知和情感的情况下尝试购买和使用一些便宜的新品牌或新型号的产品,进而对所买所试的产品或品牌产生积极态度。

(3)认知成分改变策略

改变态度的一个常用和有效的方法是改变态度中的认知成分。认知成分的改变可促成消费者对某产品的喜爱,也可直接导致购买行为。改变消费者认知成分的策略通常包括以下几个方面。

①改变信念。该策略是改变消费者对品牌或产品一个或多个属性的信念。例如,许多消费者认为进口的化妆品比国产的好。改变这种信念,最常用和最普遍的方法是广告宣传。广告宣传总是不断地提醒消费者,他们的产品有“更多的”“更好的”或“最好的”产品属性。例如:“国产化妆品更适合中国人的皮肤”。改变信念的关键是提供关于产品表现的“事实”或描述。

②改变权重。改变消费者对产品不同属性重要性的认识程度,是改变认知成分的另一策略。消费者认为产品的某些属性比其他一些属性更重要。营销者常常说服消费者,自己产品相对较强的属性是该产品最重要的属性。例如:克莱斯勒是最先将安全气囊作为标准配备的汽车制造商之一,于是,它在广告朝曦力强调这一点,让消费者感到安全气囊是汽车的重要部分。

③增加新信念。在消费者的认知结构中增加新的信念,可以增加一个以前被忽视的属性。例如,常喝绿茶可以减肥,这对关心自己体重的消费者来说,就强化了他们对绿茶的积极态度。也可以增加反映实际产品变化或技术创新的属性。例如,潘婷 pro-v 喷雾护发水,它强调由于新的成分elastesse,其产品可使头发没有僵硬感或黏稠感地被定型。因此,通过增加一种成分,潘婷就顺利地改变了消费者的态度。增加一个代表某种提高或技术创新的属性,比强调先前被忽视的属性更容易实现消费者态度的改变。例如,某些产品强调采用纳米技术,以增加消费者对该产品的认同。

④改变理想点。改变消费者对理想产品的认识。例如,理想的漱口水会含有大量酒精还是根本不含酒精?酒精可以提高漱口水的有效程度,因为它能杀死口腔中的细菌。而且一些人希望在漱口水中含有口味配料。Rembrandt 漱口水广告却与这些看法相反。其广告声称,虽然酒精会杀死细菌,但也会引起人口腔的不良反应。如果这一广告被广泛认同,就会改变许多消费者的态度。

2.改变态度形成因素

态度的改变不仅与个体内在的心理状态有关,同时也受企业或社会机构活动的影响。

企业可以通过对形成消费者态度的因素施加影响来改变消费者态度。

(1)降低态度阻力

改变消费者态度到底有多容易,这取决于态度阻力。态度阻力是指某一态度对改变的反抗程度。一些态度对于改变有非常强的反抗力,这会使产品受竞争对手攻击的影响较小。例如,某些消费者对某竞争对手的产品情有独钟,那么想使他们改变这种态度,“抢夺”这些消费者非常困难。

态度阻力的大小取决于态度所建立基础的牢固程度。如某消费者吃了一种令人恶心的食物,要改变他对这种产品的态度几乎不可能。对于产品直接的体验所形成的态度非常牢固,改变的阻力也很强。相反,基于对产品的非直接体验产生的态度比较容易改变。比如,通过广告形成的态度就比较容易改变。

商家或厂家在试图改变消费者态度时,应选择合适的受众,并且依消费者态度阻力的差异展开工作。

(2)提高消费者对信息的接受程度

从某种意义上讲,消费者的态度是他们在接受各种信息的基础上形成或改变的。因此,企业常常通过制造和发布公司或产品的各种信息来影响消费者的态度。各种信息消费者接受与否,信息制造和发布的成效如何将取决于企业通过谁发出信息、以怎样的方式呈现信息。

在现实生活中,企业通常采用多种方式来提高信息的有效性,借以提升企业形象,提高产品知名度。例如,请名人做产品广告,请专家或权威机构作产品认证等,以提高信息的可靠性;通过提供各类正面的或反面的、言语的或非言语的信息以增强信息传递效果;等等。

(3)解决认知失调

根据认知失调理论,当一个消费者对某个信念或态度对象持有相互冲突的想法时会产生不适和失调。通过解决这种认知失调,可以改变他们的态度。例如,当消费者去购买某种产品时,如某品牌电脑,他们可能会想“该品牌电脑性能稳定,质量过硬”,“我只用于打打字之类,对质量要求不高”,这时他可能会放弃购买该品牌电脑。但是如果能使他觉察到这两种认识之间并不冲突,比如他认识到“在不久的将来,我会用电脑做更多的事”,这时,他可能被说服,改变他对该品牌电脑的评价,从否定转为肯定。

当认知失调在购买后发生时,它被称为购后失调。例如,当消费者已经作出决定,付现金或订购了一件产品,特别是像汽车或手提电脑这样的贵重产品,当他们想到他们未选择的品牌的独特而优秀的品质时,常常会感受到认知失调。由于购买决策经常需要一些折中,所以购后失调经常发生。为了缓解购后失调的不良感受,消费者倾向于通过改变态度和行为以保持一致。消费者可能推论出其决定是明智的,找出支持其选择的广告(同时避免引起失调的竞争者的广告),尽量向朋友推荐这种品牌的正面特征,或向自己知道的对产品满意的拥有者寻求保证。

对此,企业可以通过含有“赞美消费者的明智”的信息以强化消费者购买行为的广告,通过提供更强的保证或信誉书,通过提高它服务的质量和有效性,或通过提供介绍如何正确使用其产品的详细说明书,以缓解消费者的认知失调。除这些策略外,企业还可以开展密切与顾客关系的活动,比如奖励顾客等,解决购后失调,并建立顾客的忠诚感和满意度。

三、消费者的特殊心理表现

(一)偏见

偏见是消费者不以客观事实为根据所建立的对人、对事、对物的态度。这种态度包含的认知成分较少,情感成分较多。因受情感因素的影响,偏见可能表现为正面的偏爱,也可能是负面的偏恶。事实上,不论是理论研究还是生活中所讲的偏见,多半是指负面的偏恶。偏见具有以下特征:

- 偏见是以有限的或不正确的信息来源为基础的。消费者对某些问题的看法常常是道听途说、人云亦云,从而形成正面的或负面的偏见。例如,宣传一种护肤品的功效,有消费者会盲目相信。
- 偏见的认知成分就是刻板印象。人们的刻板印象与其认知发展有关。人们认识外界事物往往根据它们的共同特征并将它们分门别类,这是人们适应环境的一种智慧的表现,但是这种思想方法如果固定下来,就会导致刻板印象。
- 偏见有过度类化的倾向。一个怀有偏见的人常常受晕轮效应的影响,即所谓"抓住一点,不及其余"。例如,如果不喜欢某一品牌,就会把它看得一无是处、一文不值;如果喜欢某一品牌,就认为它什么都好,十全十美,甚至对该品牌的所有产品都一概肯定。
- 偏见含有先入为主的判断。有了偏见的人即使面对相反的事实也不正视,不愿意改变或修正原来的判断。

(二)逆反心理

逆反心理是指作用于个体的同类事物超过了其所能接受的限度而产生的一种相反的心理体验,是个体有意脱离习惯的思维轨道而进行反向思维的心理倾向。消费者在消费活动中,不断接受来自商品本身、广告宣传及厂商的各种各样的消费刺激。如果某种刺激持续时间过长,刺激量过大,超过了消费者所能承受的限度,他们就会有相反的心理体验,产生逆反心理。

1. 常见的逆反心理现象

(1)感觉逆反。消费者的感觉器官持续受到某一消费对象的过度刺激,会使其感受力下降,形成感觉适应。例如,连续品尝糖果,会降低对甜度的感受,产生味觉适应;大量闻香料,会减弱对香气的感受,形成嗅觉适应;长时间看同一色彩,会使色彩的感受力下降,造成视觉适应。此时,如果继续增加刺激量,就会引起消费者厌倦、腻烦等心理体验,对刺激物产生抵触、排斥心理。

(2)广告逆反。在广告宣传中,某些不适当的表现形式、诉求方式也会形成过度刺激,引起消费者的逆反心理。比如,表现手法单一化、雷同化,会降低消费者的兴趣和注意力;同一时间连续播放几十则广告,会造成消费者的心理疲劳;过分渲染、夸大或吹嘘,会引起消费者的怀疑和不信任感;表现内容庸俗低级,以噱头吊胃口,反而会招致消费者的厌烦、抵触,以致使其产生"广告做得好的不一定是好货""广告宣传越多越不能买"的逆反心理。

(3)价格逆反。价格在诸多消费刺激中具有敏感度高、反应性强、作用效果明显的特点。

价格涨落会直接激发或抑制消费者的购买欲望,两者的变动方向通常是相反的。但是,受某种特殊因素的影响,如市场商品供应短缺引起的心理恐慌,对物价上涨或下降的心理预期,对企业降价销售行为的不信任,等等,也会引起消费者对价格变动的逆反心理,产生“买涨不买落”“越涨价越抢购”“越降价越不买”的逆反行为。

(4)政策逆反。政府制定的经济政策,特别是对消费者收入水平、购买力及购买倾向有直接影响的宏观调控措施,如工资、价格、利率、税收等的变动,是消费刺激的重要组成部分。在不成熟的市场经济条件下,由于市场运行不规范,宏观调控体系不完善,消费者成熟度较低等,消费者对宏观政策及调控措施的心理反应经常与政府意图相悖,以致作出与调控方向相反的行为反应,使调控难以达到预期效果。

除上述方面外,消费者的逆反心理还有其他许多表现形式,如购买现场的说服逆反;名人权威的示范逆反;社会公众的舆论逆反;消费时尚的流行逆反;消费观念与方式的超前或滞后逆反;等等。

2.调整消费者逆反心理的策略

消费者的逆反心理与行为是客观存在的消费现象。就企业而言,这种心理容易导致与企业营销方向相反的作用效果,因而必须高度重视,采取有效措施予以引导和调节。由于逆反心理具有可诱导性,如果善于巧妙利用,也可以使其向有利于企业营销的方向转化,甚至取得用其他手段所无法达到的特殊效果。

(1)根据消费者的感受限度,调节消费刺激量以及时间和强度,避免逆反心理的产生。多数情况下,逆反心理是由于刺激过度造成的,因此适当调整消费刺激量以及时间和强度,使之与消费者的感受能力相适应,是预防逆反心理的首要策略。企业营销人员切不可仅凭主观意愿,任意采取高强度、全方位、连续轰炸式的宣传促销手段,例如不间断地持续播放同一内容的广告;反复劝说消费者购买某一商品;连续调低或调高商品价格;等等。而应该采取间断式、有节奏、适度的刺激方式,以便使消费者在接受刺激后,形成正常的心理体验和行为反应。

(2)及时采取引导和调节措施,力求在萌生阶段使逆反心理得到扭转。某些逆反心理的产生,往往是由于信息获取不全面,接受了失真或错误的信息,对信息源不信任,或者对未来趋势不准确的判断和预期,等等。针对这种情况,营销人员应采取各种引导和调节措施,向消费者全面、准确地提供有关商品信息,满足消费者的知情权;应尽量选择专家、权威部门、有影响的新闻媒体,以及消费者组织或个人作为信息源,使消费者打消疑虑,增强信任感;同时就消费趋势作出客观、科学的分析,帮助消费者纠正不正确的心理预期。通过有效引导和调节,可以将刚刚出现的逆反心理消除在萌芽状态中,避免其形成稳定的态度,并进一步转化为逆反行为。

(3)有意设置刺激诱因,激发消费者好奇的逆反心理,促成预期的逆反行为。对于不熟悉、不了解的新奇事物,消费者往往具有强烈的好奇心,特别是在信息渠道受到人为阻隔的情况下,更易产生探求真相的欲望。利用这一心理特点,企业营销人员可以对所要传递的信息采取欲扬先抑的方法,从反向促使消费者主动寻求接收信息。例如,某国外啤酒商别出心裁地在路旁设置小木屋,四面挖有小孔,同时贴出禁止观看的字样,过往行人出于好奇争相窥视,只见屋内置一酒桶,酒香扑鼻而来,引得人们购买欲望大增。当然,运用这种故弄玄虚的策略,必须以高质量的商品及服务作为前提和保证。否则,弄虚作假,名实不符,反而会弄巧成拙，使企业名誉扫地。

(4)发挥消费带头人或意见领袖的作用，促成大规模逆反行为的转化。对于大规模、群体性逆反行为，应特别注意消费带头人或意见领袖的作用。因为，许多消费者之所以采取逆反行为，往往并非完全出自个人的逆反心理，而是追随大多数人行为的结果。此时，消费者的心理带有很大的盲目性、从众性。而多数人的逆反行为又经常来自对消费带头人的仿效或对意见领袖的服从。因此，如果能说服消费带头人或意见领袖改变逆反态度，就能对大多数人产生广泛而有效的影响，使逆反行为在大面积蔓延前得到及时遏制，并向有利的方向转化。

需要指出的是，逆反心理对于人们的消费行为，仅在一定条件和程度上起支配作用。许多情况下，逆反心理与正常心理之间具有错综复杂的微妙关系，并共同对消费者的行为发生作用。因此，过分强调逆反心理，一味依赖和利用逆反心理来诱导消费者、推动商品销售，是不适当的。

四、预期心理与消费者信心

(一)预期心理

预期心理，是指人们在一定经济环境的作用下，根据自己掌握的有关经济形势和经济变量的信息，对自身物质利益的得失变化进行预测、估计和判断，并据此采取相应的消费对策和参与投资、商品交换等经济活动的心理现象。这种现象普遍地存在于社会经济生活之中，也极其广泛地存在于消费者的消费活动中。一般而言，消费者在制定消费决策和以各种方式参与商品交换活动之前，都会对该决策及活动的效果作出预测和估计，并根据对利弊得失的预期来抉择消费方案和采取相应行动。因此，预期是消费者行为过程的一个重要环节，它构成消费者制定和实施消费决策的先决条件，同时也体现了消费者心理和行为的共性及一般规律。

(二)消费者信心

消费者信心是建立在预期基础上的消费者对未来个人收入状况及社会经济增长前景的展望，也是消费者对未来消费趋势的综合性、整体性的态度反映。消费者信心是在预期心理机制的作用下形成的。对未来社会经济增长及个人收入状况的乐观预期，可以增强消费者的信心；反之，对未来的悲观预期，则会导致消费者的信心减弱。而信心的强弱反过来又直接影响消费者当前及未来的消费选择与消费行为后果，进而对社会经济增长产生重大影响。

(三)中国消费者预期心理与消费信心

中国过去受高度集中的计划经济体制束缚，市场长期处于严重短缺状态。由于商品供不应求，多数消费品一直采取凭票供应方式，从而使消费者的行为选择自由度受到极大限制，其自主选择能力相对弱化，主体地位也被严重削弱。这种被动、单一的消费方式使消费者没有必要也不可能自主地对个人消费行为后果进行预期。因此，预期心理作为客观存在的消费心理现象，无论在表现形式还是作用方式上均未能得到充分展示。有关预期心理的研究和应用，没有引起理论界和企业界的应有重视。

近年来，随着社会主义市场经济的深入发展和买方市场格局的形成，我国消费者的市场主体地位逐步得到改善，主体意识显著增强，行为选择自由度和选择能力趋于增强，预期心理亦由潜在状态转化为显现状态，对消费者行为和市场运行乃至国民经济发展的影响日益突出。例如，在我国经济体制加速转轨的过程中，原来由政府和国有企业向城镇居民提供的就业、住房、医疗、养老、子女教育等保障，相继转变为由居民自己承担全部或部分风险和费用，影响居民未来生活的不确定性因素明显增加。这些因素直接造成广大消费者对未来支出预期的增加和收入预期的下降，进而导致购买力的巨大分流和对消费品即时需求的减弱，形成储蓄利率一降再降而居民储蓄意愿和储蓄总额却不断攀升的现象。

目前，随着市场经济的不断完善，我国消费者的预期心理以及建立在预期心理基础上的消费者信心已经形成，并逐步走向成熟。与此同时，消费者信心和经济增长之间相互影响、互为动力的关系，也被越来越多的人所认可。实践证明，经济增长有助于增强消费者信心。消费者信心增强，就会增加即时消费，从而创造市场机会，吸引投资，推动经济增长。

【典型案例】

“超级福满多”推广活动

顶新国际集团武汉顶益食品有限公司(台资企业)生产的“超级福满多”香辣牛肉面，是一种在质和量上经过改进后重新上市的产品。“超级福满多”较原先的“福满多”方便面，在量上，每包由过去的100克增加到125克；在质上，新的方便面在面内加了鸡蛋；在佐料上，除了原来的一个调味包外，还增加了一个肉酱包。由于消费者对这种新上市的产品不了解，加之吃惯了康师傅、统一、面霸等老牌子方便面，谁都不愿花钱做第一个“吃螃蟹”的人，因此“超级福满多”方便面刚上市时，销售情况不佳。

为使消费者了解这种经过改进后的新产品，顶益公司于2004年12月中下旬在武汉地区的多所高校学生中再一次开展了较大规模的“超级福满多”方便面样品派送活动。

派送的具体办法是：顶益公司派出大量人员到学生宿舍，把“超级福满多”方便面送到每个学生手中(每人一包)，得到方便面的学生要在派送人员的记录本上签名，并留下宿舍号码和联系电话，以作信息反馈之用。方便面包装袋正面右上角上印有“非卖品”几个大字，包装袋正面还印有以下字样：“集空袋，送福气。方法：集2个‘超级福满多’空袋，即可参加兑换。奖品：牙膏、相册、饭勺等，任选一样。时间：即日起到2004年12月30日止。联系电话：027-83769362。注：顶益公司具有最终解释权。奖品多多，送完为止。建议零售价：1.00元/包。”

据顶益公司的工作人员介绍，这次派送活动是该公司12月份推出的一系列市场促销活动中重要的一环，共准备了10万包方便面用于派送。目的是让在校大学生对改进后的“超级福满多”方便面有一个全新的认识，品尝样品后能够喜欢它，以便于其今后认牌购买。

对这次促销活动效果的抽样调查结果表明：57%的学生认为这次活动是成功的或基本成功的，之后同学中说到吃面就首先想起福满多；另有28.5%的学生认为这次促销活动效果不明显，没有达到预期的目标；还有14.5%的学生认为这是一次失败的促销活动。

这次促销活动的相对成功之处主要有以下七点。

1.“超级福满多”方便面是一种经过改进后重新推上市场的新产品，顶益公司选择样品派送这种促销形式比较适宜。

2.这次活动的派送对象是在校大学生，活动选在目标消费者集中、人口密度高、购买方便面潜力大的学生宿舍进行，具有极强的针对性，这是样品派送促销取得成功的必要条件之一。另外，在校大学生是方便面的主要消费群体之一，他们在毕业之后成家之前，仍然是方便面消费的重要群体。在大学生中派送样品，不但能迅速开拓目前的市场，还可以培育未来市场。

3. 样品有很多种派送办法，顶益公司以宿舍为单位把样品发给每一个学生，这种办法比其他派送办法(如在学生食堂门口或校园内十字路口派送样品)效果更好，可以把一个学生重复得到样品的可能性降到最低限度，以减少样品的浪费。

4. 这一活动能够提高“超级福满多”方便面在目标消费者中的知名度，创造出很高的商品试用率。据统计，拿到了方便面的学生有95%左右品尝了这包样品。对样品的品尝试用，是他们了解和接受这一商品的先决条件。

5. 派送的方便面成本很低。

6. 方便面属于使用期短、消耗快、购买频率高的日用消费品，非常适合样品派送促销。

7. 顶益公司采取了一些有效措施防止派送人员私吞样品。例如，包装袋上印有三个大字“非卖品”，表示是用来赠送的，不可拿去卖给顾客，有效地防止了一些工作人员在派送过程中作弊将样品售出。

【本章小结】

消费者态度是指消费者对某一对象所持的一种心理反应倾向。它由认知成分、情感成分和行为倾向组成。认知成分由消费者关于某一对象的认识和信念所构成，情感成分是消费者对某个事物的情感或情绪性反应，行为倾向是消费者对于某事物或某项活动的反应倾向。态度的三个成分是相互依赖、相互制约的，在很多情况下表现为相互协调一致。消费者态度影响着他对某事、某物或某活动作出他个人的选择。

态度具有认知功能、适应功能、价值表现功能、自我防御功能。它能帮助人们吸收和组织外界复杂的信息，使人们更好地适应周围环境。态度也能表达人们深层的价值观和自我概念，并帮助人们避免自己内心的焦虑，以维护自己的心理健康。

态度不是生来就有的，而是后天习得的。行为主义学习理论把态度的形成看成是个体对环境刺激的反应，认为态度的形成是按条件反射的模式进行的，经过联想、强化和模仿的过程。认知学习理论认为消费者态度也在消费者思考和解决问题的过程中发生。消费者的需要、知识和经验、个性、家庭和朋友、团体及文化等影响着消费者态度的形成。

态度是可以改变的。改变消费者态度的策略可以从改变态度成分着手，影响消费者态度的某一成分而使消费者态度发生变化。也可以对影响消费者态度形成的因素进行分析，通过唤起消费者的动机，制造和发布各种适宜的信息来影响和改变消费者的态度。还可以通过解决消费者购前、购后认知失调改变他们的态度。

与态度有关的消费者心理表现有偏见、逆反心理、预期心理、消费者信心。

【思考练习】

1. 消费者心理学为什么要讨论态度？

2. 描述你对你所在学校态度的认知成分、情感成分、行为倾向。

3. 什么因素影响你对这门课程开始前的态度？课程开始后，你的态度改变了吗？如果变了,是怎样改变的?

4.在报纸杂志或网上找到并描述试图改变态度的三个成分的广告。

5.如果你想在大学生中提高或促成他们对联想电脑(或其他商品)的积极态度,你打算怎么做?

6.提出上述“超级福满多”推广活动的改进措施。

7.找出在现实生活中消费者的偏见和逆反心理的例子。

第六章　消费者购买行为与决策

【导入语】

消费者的购买行为是由一系列环节、要素构成的完整过程。在这一过程中，购买决策居于核心地位；决策的正确与否直接决定购买行为的发生方式、指向及效用的大小。深入研究消费者购买行为的过程与类型、决策内容与决策过程以及影响各过程的因素、消费行为的效用评价等，有助于全面把握消费者的心理与行为特点及规律。

【学习目标】

- 理解消费者购买行为的一般模式。
- 了解消费者购买行为过程和购买行为类型。
- 掌握消费者购买决策的特点及过程。
- 理解商品边际效用。

【关键词】

购买行为 purchasing behavior
边际效用 marginal utility
购买决策 purchasing strategy
效用评价 utility evaluation
知觉评价 perception evaluation
消费体验 consumption experience

一、消费者行为的一般模式

研究消费者购买行为模式，对于满足消费者需要、搞好市场营销工作具有重要的现实意义。

(一)消费者购买行为一般模式的内容

消费者购买行为，是指消费者为了满足自身需要而发生的购买和使用商品或劳务的行为活动。社会生活中，任何人都必须不断消费各种物质生活资料以满足其生理及心理需要。因此，消费者购买行为是人类社会中最普遍的一种行为。它广泛存在于社会生活的各个空间、时间,成为人类行为系统的重要组成部分。

在现代社会生活中,由于购买动机、消费观念、消费方式与购买习惯的不同,各个消费者的购买行为千差万别,不尽相同。尽管如此,在形形色色的消费者购买行为中,仍然存在着某种共同的带有规律性的特征。心理学家在深入研究的基础上,指出了消费者购买行为中的共性或规律,即消费者购买行为的一般模式:刺激—反应模式,如图 6-1 所示。

刺激 → 消费者暗箱 → 消费者购买行为

(原因) (消费者心理活动) (购买及购后感受)

图 6-1 消费者购买行为的一般模式

上述刺激—反应模式表明,所有消费者的购买行为都是由刺激引起的,这种刺激既来自外界环境,如社会的经济情况、政治情况、科技水平、文化因素、企业市场营销的刺激(产品、价格、渠道、促销)等,也来自消费者内部的生理和心理因素,如需要、动机、个性、态度、观念、习惯等。消费者在各种刺激因素的作用下,经过复杂的心理活动过程,产生购买动机;在动机的驱使下,作出购买决策,采取购买行动,并进行购后评价,由此完成了一次购买行为。由于这一过程是在消费者内部(消费者心理活动过程)自我完成的,因此,心理学家称之为“暗箱”或“黑箱”。

(二)消费者购买行为一般模式的意义

消费者购买行为的一般模式,是企业营销部门制订营销计划、扩大商品销售的依据。这一模式表明,市场营销刺激与其他刺激进入消费者的意识后,消费者的特征和决策过程导致了购买决策(见图 6-2)。市场营销人员的任务就是了解在出现外部刺激后作出购买决策前消费者的意识中所发生的情况,认识消费者的购买行为规律,并根据本企业的特点,向消费者进行适宜的市场营销的“刺激”,以使外在的刺激因素与消费者的内在心理活动发生相互作用,以便使消费者形成购买决策,采取购买行动,实现满足消费者需要、获取企业利润的目的。

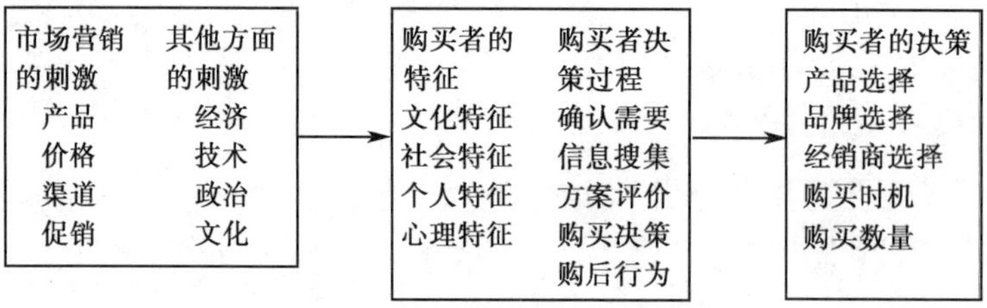

图 6-2 购买行为模式示意

二、消费者购买行为过程与类型

(一)消费者的购买行为过程

上一节我们探讨的是消费者购买行为的心理过程,是消费者心理的内隐活动,而消费者的购买行为过程则是消费者的外显行为。它们相互作用、相互包容,统一在购买行为过程之中。

消费者购买行为过程，亦称购买行为程序，包括消费者从产生需要到满足需要的过程，大致可分为以下五个阶段。

1. 认识需要阶段

认识需要阶段，即消费者受到某种刺激而产生某种需要的阶段。这种刺激来自两个方面：①消费者自身的生理及心理缺乏状态，如饥饿产生进食的需要，口渴产生喝水的需要，等等，这是内在的刺激。②外部环境的刺激，如颜色漂亮、款式新颖的服装引起消费者的购买欲望。内外刺激共同作用，引发消费者的某种需要，这一过程即认识需要阶段。

2. 搜集信息阶段

当消费者认识到某种需要，并确立了满足需要的购买目标后，就开始搜集各种有关信息，目的是寻找满足其需要的最佳商品或劳务。搜集信息的方法主要有翻阅报纸杂志广告；收看电视台、电台的广告和有关节目；去商店实地观察；向同事朋友咨询；打电话向厂家询问；等等。消费者搜集信息希望了解三个方面的问题：①用什么标准衡量所购商品？②选择什么品牌的商品？③入选品牌的商品，依据上述标准作出的评价如何？消费者搜集信息的速度取决于如下因素：对所需商品需要的迫切程度；对该商品的了解程度；购买经验和所购商品的特性；选错信息承担风险的大小；信息资料取得的难易程度；等等。搜集信息阶段，是市场营销人员引导消费者购买的最佳时机，一定要进行各种促销活动以加深消费者的印象和记忆，促使其购买。

3. 分析选择阶段

在搜集到足够的商品信息以后，消费者要根据个人的购买能力、兴趣爱好、商品的效用等对所有可供选择的商品或劳务进行认真的分析和评价，对比它们的优缺点，淘汰某些不值得信任的类型和品牌的商品，缩小选择的范围。然后对所确认的品牌进行质量、价格比较研究，以选择具有最佳性能、可获得最佳满足感的商品。这个阶段，市场营销人员继续宣传、推销商品仍然是必要的，如开展试销和赠送活动，宣传一系列售前、售中、售后服务的措施等，它可以帮助消费者解除各种购买疑虑，强化购买欲望。

4. 决定购买阶段

当消费者对了解到的商品信息经过分析评价后，就进入决定购买阶段。一般来讲，消费者有三种性质的购买行为：①试购。初次购买或购买新产品时往往先少量购买，其目的是通过直接使用来获得实践经验，少量试用以证实商品是否货真价实。②重复购买。消费者对以前买过的效果较好的商品会重复购买，这种重复购买行为会使消费者产生对品牌的偏爱。③连带购买。当商品用途之间具有关联性时，就会使消费者产生连带购买行为。如购买相机会连带购买镜头，购买洗衣机会连带购买洗衣粉，等等。

消费者决定购买，并不是实际购买，因为在购买中消费者往往会受到许多因素的影响而在最后一刻改变主意。在这个阶段，营销人员可利用售后服务的作用坚定消费者的购买决定。例如，宣传商品终身保修、不满意可退换、最后残值作价、以旧换新等办法，以坚定消费者的购买决心。

5. 购后评价阶段

商品买回使用后，消费者都要根据个人的感受进行评价，来验证购买决策的正确与否，这会影响以后的购买行为。一般有以下两种情况。

(1)所购商品完全符合消费者的意愿，甚至比预期的还要好，消费者很可能会再次购买该产品。汽车品牌选择的资料表明非常满意上次所买品牌与再次购买此品牌的意图间有很高的相关性。例如,75%的购买丰田牌汽车的美国人感到很满意,该部分人有意再次购买丰田牌汽车;35%的购买雪佛兰牌汽车的人感觉很满意,该部分人有意再次购买雪佛兰牌汽车。满意的消费者也会向其他人宣传这种品牌,正如市场营销人员所说的:“满意的消费者是最好的广告。”

(2)不满意的消费者反应则截然不同,他们会设法降低不平衡感,因为人类总是努力在其意见、知识和价值观之间建立内在的和谐、一致或调和。不平衡的消费者可能会通过放弃或退货来降低不平衡感,也可能通过寻求能证实产品价值高的信息(或回避能证实产品价值低的信息)来降低不平衡感。

市场营销人员可以采取措施来尽可能降低消费者购买后的不满意程度。旅行社可以提供旅行袋留作纪念;可以在出发前做好清点工作以保证所有度假者的旅游路线都正确;可以在广告上列出满意的消费者;也可以为改进服务而征求消费者的意见;还可以组织旅游归来后的聚会,使参加者之间交换照片,回忆旅游中的美好时光。同消费者进行购买后的沟通已被证明是可以减少产品退货和订单取消数量的有效措施。此外,还可以提供良好的沟通渠道,供消费者投诉并迅速赔偿他们所受的不公平损失。总之,企业应当尽可能地为消费者提供投诉的渠道;应当欢迎消费者的反馈,并将其看作不断改善产品与服务的方式。

(二)消费者的购买行为类型

在购买活动中,每个消费者的购买行为都有所不同,区分不同类型的消费者的购买行为,找出不同类型的购买行为的差异,对企业开展营销活动有重要的参考价值。

对消费者购买行为分类的标准很多,每一种分类标准都可以从不同的侧面反映消费者购买行为的特点。

1.根据消费者购买目标的选定程度划分

(1)确定性。这类消费者在进入商店、发生购买行为之前已有明确的购买目标,对所要购买商品的种类、品牌、价格、性能、规格、数量等均有具体的要求,一旦商品合意,便会毫不犹豫地购买。这类消费者一般不需要他人的介绍、帮助和提示,但在实际营销活动中比较少见。

(2)半确定性。这类消费者在进入商店购买之前,已有大致的购买意向和目标。但是,这一目标并不是很具体、明确。在实际购买时他仍需要了解、判别,需要经过对同类商品的反复比较、选择之后,才能确定具体的购买对象。

(3)不确定性。这类消费者无论是进店前还是进店后,都没有任何明确的购买目标,他们只是由于顺路或茶余饭后信步进入商店,漫无目的地观看、浏览商品。如果他们所见所闻引发需要,或是浏览中看中了某一商品,便会发生购买行为,但有时也可能不买任何东西。究竟发生购买行为与否,与商店购物环境、气氛及消费者的心理状态密切相关。对这类消费者,营销人员应主动热情服务,尽力激发其购买欲望。

2.根据消费者的购买态度与要求划分

(1)习惯型。这类消费者一般根据以往的购买经验和消费习惯采取购买行为,他们或长期惠顾某商店,或长期使用某品牌的商品,以致形成某种定势。这种购买习惯不会因为年龄的变化、环境的变化而变化。不受时尚风气的影响,购买行为表现出很强的目的性。他们在购买商品时当机立断,成交迅速。例如,有的消费者购买牙膏,从青年、壮年直到老年,无论是出差还是居家过日子，都买的“中华”牌牙膏。

(2)理智型。这类消费者在购买商品时善于观察、分析、比较，有较强的选择商品的能力。他们在购买前已经广泛搜集所需商品的信息，了解市场行情，深思熟虑后才作出购买决定；购买时十分理智慎重，对商品反复比较，权衡利弊，不受他人及广告宣传的影响；挑选商品仔细、认真，很有耐心。在整个购买过程中他们表现出很强的自主性，始终由理智来支配行动。

(3)经济型。这类消费者对商品的价格非常敏感，选价心理较重，往往以价格的高低作为选购标准。这类消费者又可以细分为两种类型：一种是以价格高低评价商品优劣的消费者，他们认为价格高的商品质量一定好，价格越高越要买；另一种是对廉价商品感兴趣的消费者，他们对同类商品价格的差异十分敏感，喜欢购买优惠价、削价、处理价、降价大甩卖的商品。因此经济型又称选价型。

(4)冲动型。这类消费者选购商品的能力较弱，对外界刺激敏感，心理反应活跃，情感变化快，很容易在最后一刻改变主意。因此，这类消费者在购买商品时，很容易受商品外观、广告、推销员、营业员及其他人的影响而不去进行分析比较，草率购买，买后常常会后悔不已，而下一次购买依然如故。新产品、时尚商品对这类消费者有很强的吸引力。

[相关链接]

女性中的冲动型购买者多于男性

无论是调查还是日常生活中的观察都显示：女性比男性更喜欢逛商场、购物。她们愿意为某种消费需求花费很长的时间。同时她们也更喜欢在购物场所现场决定购买什么品牌的商品。一个发夹或一条项链会使她们眼前一亮，马上决定购买；或仅仅因为看到一件衣服上绣了一朵自己喜欢的小花就买下那件衣服。因此，女性消费者中的冲动型购买者远远多于男性消费者。

(5)感情型。这类消费者感情丰富，想象力强，常常因商品的款式、颜色、包装等外形美而引起联想。在购买时容易受感情支配，也易受外界环境(购物环境和营销人员态度)的感染、诱导，往往因此而心血来潮，发生购买行为。

(6)疑虑型。这类消费者性格内向、优柔寡断、多虑多疑。他们在购买前仔细思量；购买中细致，挑来挑去地拿不定主意；购买后还会疑心上当受骗。

(7)随意型。这类消费者缺乏主见，在选购商品时一般都希望获得销售人员的提示和帮助。对所购商品缺乏认真的分析比较，常常受众多人同一购买趋向的影响，从众购买自己并不急需的商品。有的消费者在生活上不挑剔、不苛求，表现在购买行为上也比较随意，此类消费者也属随意型。

3.根据消费者在购买现场的情感反应划分

(1)温顺型。这类消费者心理比较脆弱，生理上尽量避免任何过大或过小的神经刺激，表面上很少受外界环境的影响，但内心体验却很深刻。表现在购买行为方面，从选购商品到最后实现购买，他们都愿意听从销售人员的介绍和意见，信任他们，所以能很快作出购买决定。这类消费者对所购商品本身的情况考虑得不是很全面，而对销售人员的服务态度却很敏感。

(2)反抗型。又称反感型。这类消费者的个性心理具有较高的敏感性，多愁善感，性情孤僻。外界环境细微的变化都能引起他们的警觉。在购买商品时,他们主观意识较强,不喜欢听取别人的意见,以怀疑的观点审视周围的一切,对销售人员及其他顾客均不信任。

(3)沉着型。这类消费者比较平静,反应缓慢,沉着,购买决定一经作出,就不容易改变,也很少受外界环境因素的影响。在购买行为中,除了说购买商品所必需的语言,他们基本上保持沉默,感情内隐,抑制性强,交际适度,不是很随和。

(4)激动型。又称傲慢型。这类消费者很容易激动,言行举止时有狂热、暴躁的表现,自控力差,购买行为方面也表现出不善于考虑,傲气十足,对商品和销售人员的要求有时苛刻得不近情理。对此,营销人员在各个方面应给予较多的关注。

(5)活泼型。又称健谈型。这类消费者灵活性高,善于适应各种环境,有广泛的兴趣爱好,但容易变化。表现在购买行为上,显得活泼、健谈,在购买和挑选商品的过程中,愿意与人接近、交谈,主动与其他顾客或营销人员交换意见。

总之,在购买活动中,受购买对象、时间、地点、环境、个性心理等诸多因素的影响,不同的消费者会表现出多种不同的购买行为。因此,必须用动态的、差异化的观点对消费者购买行为进行观察、判断、分析,为做好营销工作打下坚实的基础。

4.根据消费者在购买过程中的介入程度和品牌间的差异程度划分

(1)复杂的购买行为。当消费者初次选购价格昂贵、购买次数较少、冒风险和高度自我表现的商品时,则属于高度介入购买,即复杂的购买。由于对这些产品的性能缺乏了解,为慎重起见,他们往往需要广泛地搜集有关信息,并经过认真地学习,产生对这一产品的信念,形成对品牌的态度,并慎重地作出购买决策。对这种类型的购买行为,企业应设法帮助消费者了解与该产品有关的知识,并设法让他们知道和确信本产品在比较重要的性能方面的特征及优势,使他们树立对本产品的信任感。在这期间,企业要特别注意针对购买决定者作介绍本产品特性的多种形式的广告。

(2)减少不协调感的购买行为。当消费者高度介入某项产品的购买,但又看不出各品牌有何差异时,对所购产品往往会产生失调感。因为消费者购买一些品牌差异不大的商品时,虽然他们对购买行为持谨慎的态度,但他们的注意力更多的是集中在品牌价格是否优惠,购买时间、地点是否便利,而不是花很多精力去搜集不同品牌间的信息并进行比较,而且从产生购买动机到决定购买之间的时间较短。因而这种购买行为容易使消费者产生购后的不协调感,即消费者购买某一产品后,或因产品自身的某些方面不称心,或得到了其他产品更好的信息,从而产生不该购买这一产品的后悔心理或心理不平衡。为了改变这样的心理,追求心理的平衡,消费者应广泛地搜集各种对已购产品的有利信息,以证明自己购买决定的正确性。为此,企业应通过调整价格和售货网点,并向消费者提供有利的信息,帮助消费者消除不平衡心理,坚定其对所购产品的信心。

(3)广泛选择的购买行为。又叫作寻求多样化购买行为。如果一个消费者购买的商品品牌间差异虽大,但可供选择的品牌很多时,他们并不会花太多的时间选择品牌,而且也不专注于某一产品,而是经常变换品种。比如购买饼干,他们上次买的是巧克力夹心,而这次想购买奶油夹心。这种品种的更换并非是对上次购买的饼干不满意,而是想换换口味。

面对这种广泛选择的购买行为,当企业处于市场优势地位时,应注意以充足的货源占据货架的有利位置,并通过提醒性的广告促成消费者建立习惯性购买行为;而当企业处于非市场优势地位时,则应以降低产品价格、免费试用、介绍新产品的独特优势等方式,鼓励消费者进行多品种的选择和新产品的试用。

［相关链接］

习惯性购买行为

在一项研究中，研究者观察了120位消费者在三家连锁店购买洗衣粉的行为。观察结果表明，对于绝大多数消费者来说，购买洗衣粉的行为是一种习惯性的购买行为。在这120位消费者中，72％的消费者只看了一种品牌包装的洗衣粉，只有11％的消费者看了两种以上品牌或包装的洗衣粉；83％的消费者只拿起了一种洗衣粉，只有4％的消费者拿起了两种以上的洗衣粉。很明显，多数消费者几乎没有在不同品牌或同一品牌不同包装的洗衣粉之间作比较分析，而是完全出于经验和习惯对产品进行选择。

三、消费者购买决策

在前面我们谈到，消费者行为就是指消费者在寻找、选择、购买、使用、评估和处置与自身满足相关的产品和服务时所表现出的行为，而这一系列行为过程就是消费者的决策过程。了解消费者的购买决策对市场营销人员有很大的帮助。比如，消费者在什么情况下产生购买欲望，他们是怎样搜寻信息的，他们如何评估自己的购买方案，购买后是满意还是不满意，等等。接下来我们就来探讨这些问题。

（一）购买决策概述

市场营销人员不仅需要知道消费者企图满足的特别需要，以及他们如何将这种需要转换成购买标准，而且需要了解消费者如何搜集有关选择的各种信息，甚至需要了解消费者如何作出购买决策、喜欢到什么地方购买等，同时也需要了解消费者的购买决策过程及购买原因在不同类型的消费者中是如何变化的。

1. 购买决策及其作用与特点

如前所述，消费者行为就是指消费者在寻找、选择、购买、使用、评估和处置与自身满足相关的产品和服务时所表现出的行为，而这一系列行为过程就是消费者的决策过程。对于许多产品和服务来说，购买决策包括广泛的信息搜集、品牌对比和评价以及其他活动在内的全部过程。比如在购买之前，消费者就要确定买什么商品、买哪种牌子的、买多少、到哪里去买等；在购买过程中要选择品牌、衡量价格水平、确定购买型号等；在购买之后还会体会到某种程度的满意或不满意，从而影响到以后的购买行为。购买决策就是消费者购买目的确立、手段选择和动机取舍的过程。

购买决策在消费者的购买行为中具有非常重要的作用。对于消费者来说，决策的内容不仅规定着购买行为的发生方式，而且决策的质量决定着购买行为的效用大小。正确的决策可以使消费者以较少的费用买到物美价廉的商品，最大限度地满足消费者的需要。对于厂家和商家来说，分析研究消费者的购买决策，为企业正确地确定产品、价格、渠道、促销等策略提供依据。例如，假设一位汽车销售公司的经理经过调研得知，耗油量对于某一目标市场来说是最重要的因素，生产者就可以重新设计产品来达到这一标准。如果该企业不能在短期内改变设计，就可以使用促销手段去努力改变消费者的决策标准。比如，生产者可以通过广告宣传汽车的免费维修这一特点以及欧洲赛车的风格，而不强调耗油量。

消费者购买产品和服务的偏好是经常发生变化的。因此，相对于其他决策活动来说，消费者的决策有其自身的特殊性。首先，影响消费者决策的因素非常复杂。消费者的决策虽然表现为个人的、经常性的、相对简单的活动，但却受到多方面因素的影响和制约。这些因素从大的方面来说包括个人因素、环境因素和营销因素。以后的章节就会专门介绍这些因素。其次，消费者决策的特殊性还体现为决策内容的情境性。影响决策的各种因素不是一成不变的，而是随着时间、地点、环境的变化而不断变化的。

2.购买决策的内容

消费者购买决策的内容因人、条件及所处环境不同而存在着明显的差异，但也存在着共同点，即所有的消费者的购买决策都离不开以下几个方面的内容。

(1)为什么买？即确定购买的目的或购买动机。消费者的购买动机是多种多样的。同样购买一辆家用汽车，有人为了上下班方便，有人则是为了显示富有。

(2)买什么？即确定购买对象。这是购买决策的核心问题。确定购买目标不只是停留在一般类别上，而是要确定具体的购买对象及内容，包括商品的名称、品牌、商标、款式、规格、价格、颜色等。

(3)买多少？即确定购买数量。购买数量一般取决于实际需要、货币支付能力及市场的供应情况。

(4)什么时候买？即确定购买时间。购买时间的确定与消费者主导购买动机的迫切性有关。在消费者的多种动机中，往往又需要强度高的动机来决定购买时间；同时，购买时间也和市场供应状况、营业时间、交通情况和消费者可支配的空闲时间有关。例如，"假日消费"十分火热，成为商家的一个卖点，也是消费者的一个买点。

(5)在哪儿买？即确定购买地点。购买地点的选择要考虑多种因素，如路途的远近及可挑选的品种、数量、价格和服务态度等。它既和消费者的惠顾动机有关，也和消费者的求廉动机、求速动机有关。

(6)如何买？即以什么方式购买？是函购、邮购、预购、代购还是亲自去现场购买，是付现金、开支票还是分期付款等。

(二)消费者的购买决策过程

消费者的购买决策过程是指消费者在购买产品或服务的过程中所经历的步骤。一般认为，当购买产品时，消费者会经历以下决策过程：①需要确认；②信息搜寻；③方案评价；④购买决策；⑤购后行为。这五个步骤代表了消费者从认识商品和服务需求到评估一项购买活动的总体过程。这个过程是研究如何作决策的指导原则。需要指出的是，这个指导原则并不是说消费者的决策会按次序经历这个过程的所有步骤。在有些情况下，消费者可能会跳过或颠倒某些阶段，尤其是参与程度较低的购买。比如购买特定品牌牙膏的消费者可能会从确定需要牙膏直接进入购买决策，跳过了信息搜寻和方案评价阶段。但是我们还是要用上述决策模式，因为它阐述了消费者面对参与程度较高的新购买活动时所需要的全部思考过程以及影响消费者决策的各种因素。

1.需要确认

购买过程始于消费者对某种需要或问题的确认，即消费者意识到一种需要并且有解决问题的冲动。

需要确认是由消费者的理想状态与现实状态之间的差异引起的。当消费者对情境的希望与情境的实际之间存在差异时就会产生某种需要。

需要确认的诱因也就是引起期望和实际状态之间产生差异的原因，这些诱因受到外部和内部两方面因素的影响。这些因素包括：

(1)缺货

当消费者使用一种需储存的产品必须补充存货时，需要确认就出现了。此时的购买决策通常是一种简单和惯例的行为，并且经常靠选择一个熟悉的品牌或该消费者忠于的品牌解决这个问题。

(2)不满意

需要确认产生于消费者对正在使用的产品或服务不太满意。例如，消费者也许认为他的电脑已经过时。广告可以用来帮助消费者确认什么时候他们有问题和需要作何种购买决定。

(3)新需要

消费者生活中的变化经常导致新需要。比较常见的是，一个人生活方式或工作状态的变化就可以创造出新的需要。比如，当你搬家时，就可能重新购置一些新的家具；如果当你的职务提升时，你就可能会买一些更高档的服装以使自己显得更体面些。有时报酬的增加也会提高个人的期望，他会考虑以前没有达到过并从未期望过的购买。比如，一个买彩票中了大奖的人会购买一辆汽车或到国外去旅游。

(4)相关产品的购买

需要确认也可以由一种产品的购买激发。例如，购买个人电脑会推动对软件程序或软件升级需要的产生。

(5)新产品

市场上出现了新产品并且这种新产品引起了消费者的注意时，也能成为需求确认的诱因。营销商经常介绍新产品和服务，并且告诉消费者他们解决问题的类型。比如，手机营销商告诉消费者为什么他们需要新手机，并强调新手机的方便、时尚、省时及安全等。

(6)营销

引起实际与期望状态之间差距的另一个原因是由营销商引致的需要确认。比如，很多个人卫生用品的广告是通过创造一种不安全感，使消费者确认需要或问题，而消除这种不安全感的最佳方式就是使用营销商推荐的产品。营销商还可以通过改变款式和服装设计，在消费者中制造一种他们的着装已落伍的感觉，帮助消费者确认需要。

2.信息搜寻

消费者购买决策的第二步是信息搜寻。一旦消费者意识到一种需要或问题能通过购买某种产品或服务得到解决，他们便开始寻找制定购买决策所需的信息。

(1)信息来源

信息搜寻可以从内部、外部或内外部同时产生。内部信息搜寻是对记忆中原有的信息进行回忆的过程。这种信息很大程度上来自以前购买某产品的经验。

如果内部搜寻没有产生足够的信息，消费者便会通过外部搜寻来得到另外的信息。市场营销人员最感兴趣的是，消费者所需的主要外部信息来源以及每种信息对今后的购买决策的影响。消费者外部信息来源可以分为以下四类。

①个人来源:家庭、朋友、同学、同事、邻居;

②商业来源:广告、推销员、经销商、包装、展览;

③公共来源:大众媒体、消费者组织;

④经验来源:产品的操作、检查和使用产品。

这些信息来源的相对丰富程度与影响程度因产品类别与消费者特征的不同而不同。

(2)影响个人外部信息搜寻范围的因素

个人进行外部信息搜寻的范围取决于以下几个方面的因素。

①消费者对风险的预期。人们在购买商品的时候,都或多或少地感知到风险。一般来说,随着对购买风险预期的增加,消费者会扩大搜寻范围,并考虑更多的可供选择的品牌。如果你打算买一辆新车,由于价格高,所以这是一项风险较高的决策。于是你开始搜寻有关的信息,如型号、性能、耗油量、乘坐空间等。你也可能搜寻更多的有关信息,因为查找资料所需的成本比买一辆不称心的车的成本要低得多。

②消费者对产品或服务的认识。如果消费者对潜在的购买了解很多,他就不再需要另外搜寻更多的信息。而且,消费者了解得越多,他搜寻的效率就越高,从而花费的搜寻时间就越少。另外,一个有信心的消费者不仅对产品有足够的信息,而且对作出正确的决策也感到非常自信。而缺乏这种自信心的人甚至在对产品已经了解很多的时候也会继续进行信息搜寻。最后,有先前购买某种商品经验的消费者,与没有经验的消费者相比,对风险的预期较低,因此他们会减少信息搜寻的时间。

③消费者对产品或服务感兴趣的程度。信息搜寻的范围与消费者对某产品或服务感兴趣的程度正相关,即对某产品更感兴趣的消费者会花更多的时间搜寻信息与其他选择。例如,你是一个网球运动爱好者,为了购买新的球拍,你可能更愿意向专业人士讨教,并比其他消费者花更多的时间和精力选择适合你的球拍。

④情境因素。在紧急的情况下购买产品时,人们对信息的搜寻是有限的。比如,车坏在半路上了,司机不大可能到处打电话去找一个最便宜的地方修车。其他的变量还包括资源的稀缺性和缺乏可得到的保证等。

(3)消费者选择信息的过程

如果愿意的话,消费者会搜寻大量有关某产品或服务的信息,但不是任何情况下都是信息越多越好。而且,面对同样的情境,不同的消费者会有不同的理解,这是因为他们的个性、经验、需要等影响了他们对情境的知觉,并进而影响了他们对信息的选择。通常情况下,消费者对信息选择的过程一般受以下三种知觉因素的影响。

①选择性注意。人们日常生活中会接触众多的刺激。仅以商业广告为例,一个美国人平均每天会接触1500多个广告。但他不可能注意到所有这些刺激,其朝曦部分被过滤掉。所以问题的关键是营销人员应该弄清楚哪些因素能引起消费者的注意。研究发现,影响消费者知觉选择的因素主要有以下三个方面:首先,消费者可能比较注意与当前需要有关的刺激。比如,王先生打算去外地度假,他会更多地注意有关旅游的广告,而对于汽车降价的广告可能不会去注意。其次,消费者可能比较注意他们所期盼的刺激。比如,王先生多半会注意旅行社里的旅游手册,而不太注意地图,因为他没有指望旅行社里会有地图。最后,消费者可能比较注意超出正常刺激规模的刺激。王先生更可能去关注减价100元的旅游广告,

而不是只减价 10 元的旅游广告。

②选择性曲解。即使是消费者注意到的刺激，也并不一定会产生预期的作用。每个人总是按照自己现有的思维模式来接受信息。选择性曲解是指人们趋向于将所获得的信息与自己的意愿结合起来。旅行社可能向王先生介绍去某国旅游的优点和缺点。如果王先生已倾向于去该国旅游，他就可能不去考虑其缺点以便维护其想法。例如，他会把可能遇到的语言障碍或较高的费用与一次难得的参观世界著名景观的机会相比较，来坚定自己的选择。在很多情况下人们是按着先入为主的想法来解释信息的。

③选择性记忆。人们往往会忘记大多数接触过的信息，而倾向于关注那些符合自己的态度与信念的信息。由于这种选择性记忆，王先生可能只记住了去某国度假的优点，而忘记了去别国度假的优点。他之所以能记住去该国的优点，是因为每当他考虑去哪里度假时总是盘算着这些优点。

以上这三种知觉因素的存在，意味着市场营销人员必须尽力把信息传递给消费者。同时也要求市场营销人员在向消费者传递这些信息时，尽可能地生动并多次重复，以加深消费者的印象。

3. 方案评价

在决策过程的信息搜寻阶段中获得信息后，消费者便进入方案评价的阶段。在这个阶段，消费者会使用记忆中存储的和从外界信息源获得的信息，并形成一套标准。这些标准将帮助消费者评估和比较各种选择。

(1)评价标准

评价标准指的是用以比较不同品牌的产品或服务的范围或属性。当然，所有的消费者使用的评价过程和评价标准并不相同，甚至同一消费者在所有的购买情境下所使用的评价过程也不相同。这是因为消费者购买不同的产品是为了满足他不同的需要，因而他可以从不同的产品中寻求到特定的利益。消费者将每种产品看作是能不同程度地带来其所寻求的利益，并进而满足其某种需要的属性集。消费者感兴趣的属性因产品不同而异。比如，对于照相机来说，消费者感兴趣的属性主要包括照片清晰度、摄影速度、携带方便与否、价格等；而对旅馆来说，消费者感兴趣的属性主要包括舒适、卫生、安全、便利、费用等。对于同一产品来说，不同的消费者对其不同属性的关心程度也不同。同时，评价标准可能是主观的或客观的。例如，在购买汽车的时候，消费者使用节约燃料等客观属性，同时也可以使用风格等主观属性作为标准。

(2)购买过程中可采用的决策原则

具体来看，消费者在实际的购买过程中可采用的决策原则主要有以下几种。

①理想品牌原则。每个消费者心目中都有一个对某产品的理想品牌的印象，并将这种理想品牌印象同实际品牌进行比较，实际品牌越接近理想品牌就越被消费者所接受。例如，消费者可以先给自己心目中的理想品牌打分，然后再给实际品牌打分，最后求两者之间的误差。误差越大，表明实际品牌与理想品牌之间的差距就越大，消费者的不满意程度也就越高。

②多因素关联的决策原则。这一原则是指消费者为商品的各种属性规定了一个最低可接受水平，只有所有这些属性都达到了规定水平时，该商品才可被接受，而对于没有达到这一可接受水平的其他商品都不予考虑。运用这一原则，就排除了某些不必要的信息干扰，缩

小了处理信息的规模。但是,这种决策所导致的可接受的品牌可能不止一个,因此消费者还需借助另外的方法作进一步的筛选工作。

③单因素分离原则。这种方法实质上是多因素关联原则的对立面。这种原则是指消费者只用一个单一的评价标准来选择商品。也就是说,消费者以一种属性去评价他所考虑的几个商品,并从中选出最符合他的评价标准的那个商品。

④排除法的决策原则。排除法的核心在于逐步排除以减少备选方案。采用这种方法时,首先要排除那些未达到所规定的评价标准的最低可接受水平的品牌。其次,如果所有考虑中的品牌都达到了某一评价标准的最低限度要求,那么,这一标准也要去掉。因为这种无差别的衡量对选择过程没有用处。总之,这种方法就是不断地以不同的标准加以衡量,再不断地排除,直到剩下最后一个为止,最后这个品牌所具有的独一无二的特征被称为"独特优势"或"关键属性"。

⑤词典编辑原则。词典编辑原则类似于编辑词典时所采用的词条排序法,即首先将产品的一些属性按照自己认为的重要性程度,从高到低排出顺序,然后再按顺序依次选择最优品牌。也就是说,消费者根据排序中第一重要的属性对各种备选品牌进行比较,如果在这种比较过程中出现了两个以上品牌,那么消费者还可以根据第二重要的属性甚至第三重要的属性、第四重要的属性等进行比较,直到剩下最后一个品牌为止。

[相关链接]

交叉消费

消费者在购买不同商品时考虑的标准是不一样的。比如说,一个开着豪华宝马车的经理可能会在一家折扣店购买汽油;一个人可能会在专卖店花1000元购买一件鳄鱼牌T恤,也会在集贸市场的小摊上购买一条几十元的没有牌子的牛仔裤。这种既会在高档、个性化的商店购买商品,又会在大众化的折扣商店购买商品的消费者称为"交叉消费者"。交叉消费意味着一位白领可能会穿着几十块钱的套头衫,却戴着欧米茄手表,但丝毫不会感到不协调。

随着"交叉消费"现象越来越多地出现,市场营销人员应该意识到消费者的选择标准就是对消费者有意义的标准。为此,营销人员有必要深入了解不同消费者购买决策的选择标准,根据自己产品顾客群的特征,设计营销战略。

4.购买决策

在购买过程的某个点上,消费者必须停止搜集信息和评价方案并作出一个购买决策。作为方案评价阶段的结果,在购买决策阶段消费者可以确定购买某种品牌的意图。但在购买意图和购买决策之间还有其他因素在起作用,如态度、未预料到的情况等。

购买决策同真正的购买行为并不是一回事。在一般情况下,消费者一旦选择购买哪一个品牌,就会执行这个决策并真正地购买。但在消费者即将购买时,也许会出现某些未预料到的情况,从而改变了他们的购买意图。这时就需要作出额外的决策,比如什么时候买、在什么地方买、花多少钱以及以什么支付方式等。所以,有时购买意图和购买行为之间常常存在时滞,尤其对于汽车、房子、个人电脑等高档消费品的购买上,更是如此。

消费者改变、推迟或取消购买决策在很大程度上是受所感受到的风险的影响。费用很高的商品一般都带有风险,消费者无法确定购买的回报,便感到担心。所感到的风险的程度随所付费用的多少、属性不确定的程度等变化。

[实例]

王先生会选择哪个度假地?

王先生打算利用一周的时间外出旅游。现在他已经有了四个可选择的度假地:A、B、C、D。他说他选择度假地时主要对四种属性感兴趣:购物、历史景点、饮食与价格。表6-1为他根据这四种属性评价每个度假地所得出的信念。他对度假地A的评价如下:购物为10,历史景点为8,饮食为6,价格为4(较贵)。同理,他可以根据这些属性对其他三个度假地进行评价。那么,我们如何预测他的选择呢?

表6-1 王先生关于度假地的信念

度假地	属性			
	购物	历史景点	饮食	价格
A	10	8	6	4
B	8	9	8	3
C	6	8	10	5
D	4	3	7	8

注:每个属性的取值是0~10。对于购物、历史景点、饮食来说,10代表属性的最大值。但对价格来说正好相反,10代表最低的价格,因为消费者一般喜欢的是低价格

(1)消费者对购买风险的知觉及风险的类型

知觉风险就是指在产品购买过程中,消费者因无法预料其购买结果的优劣而产生的一种不确定性感觉。在产品购买过程中,消费者可能会面临各种各样的风险,这些风险有的会被消费者感觉到,有的则不一定被其感觉到;有的可能被消费者夸大,有的则可能被缩小。因此,知觉风险与实际风险可能并不一致,两者甚至会出现较大的差距。

实践证明,任何购买决策都包含着风险和不可知因素。这些风险和不可知因素常常会带来预想不到的后果,令人很不愉快。消费者常遇到的风险有以下几种类型:

①功能风险。功能风险涉及产品的质量和服务优劣问题,在一般情况下,功能风险是指产品不具备人们所期望的性能或产品性能比竞争者差所带来的风险。例如,汽车的耗油量比企业承诺的高、电池寿命比正常预期的短、预定的机票泡汤了、房间空调失灵、电话不通等均属于功能风险。

②经济风险。经济风险是指担心产品定价过高或产品有质量问题使经济上蒙受损失所产生的风险。花费较多的金钱是否会买到较好的产品或享受更优质的服务?比如,住饭店是否值得花很多钱,其硬件设施和软件服务是否物有所值;或者买了一台计算机,发现三个月后几乎降价一半。

③社会风险。社会风险是指因购买决策失误而受到他人嘲笑所产生的风险。例如,购买某种产品或享受某种服务是否会影响我的自身形象?我的家人、朋友如何看待我的选择?我买的产品是否会被我所渴望加入的群体人员所接受和欣赏?

④心理风险。所买产品是否适合自己、是否能体现自己的形象等属于心理风险。心理风险是指购买某种产品或服务能否增强个人的幸福感和自尊心;或者反过来说,是指因决策失误

而使消费者自我情感受到伤害的风险,会引起个人不满意和失望的风险。比如,人们出去旅游的主要原因之一是提高自我价值、放松自己。所以,对于入住饭店的客人来说,饭店提供的产品或服务能否最大限度地满足他们的心理需求,是十分重要的。

⑤安全风险。安全风险是指产品可能对自己或他人的健康与安全产生危害的风险。例如,食品的营养与卫生标准是否达到了法律所规定的要求,转基因食品是否会对人体健康产生无法预料的影响,财物是否安全,人身安全能否得到保障,等等。

消费者所经历的可感知到的风险的数量取决于两个因素:第一,不利方面的严重程度,即购买可能产生的负面结果是否会导致严重的后果。第二,消极结果发生的可能性。例如,某人考虑买一个新的登山绳,会意识到绳子可能断裂的结果将是死亡或严重受伤。有经验的登山人员知道买哪一种型号的绳子来减少其断裂的风险。相反,如果一个消费者正在考虑买一种新品牌的饼干,可能的不利因素只是金钱方面的,并且很可能其价格不到一元钱,即使饼干味道很差,但风险很小,尝试性的购买行为也有可能发生。

(2)风险知觉产生的原因

如前所述,消费者在购买商品时,常常会遇到风险问题。但是,消费者对风险的知觉各不相同,这取决于很多因素。首先,消费者个人的特点如文化层次、智力水平、经济水平不同,在同一情况下不同的人会感知到不同的风险水平。此外,高风险知觉者喜欢把他们对产品和服务的选择局限在一个很小的范围内,这种人为了避免作出错误的选择,宁肯冒险作较差的选择。所以,消费者的个人特性能影响到他们的风险知觉。其次,消费者的风险知觉还取决于他们购买的产品或服务的种类。比如,购买高档商品要比购买日用品感知到的风险大些。

对于消费风险的知觉,会影响到人们的消费决策。这里需要指出的是,消费者感知到的风险并不等于实际存在的风险。实际风险再大,如果消费者觉察不到,也不会影响到他们的消费决策。人们常会在下列情况下感知到风险:

①目标不明确。有的人已经打算要购买某种商品,可是对购买什么品牌或到什么商店去购买,还很难作出决定。在这种情况下,由于购买中机会成本的存在,消费者实际上已经感知到风险的存在了。

②缺乏经验。消费者购买的是新产品或对所要购买的产品以前没有体验过。在大多数人看来,新产品或没有体验过的产品存在更大的不确定性,这种感觉既和经验与常识有关,又与人们更习惯于现有状态和现有事物有关。

③信息不充分。因缺乏信息而对购买决策缺少信心。

④相关群体的影响。每个人在社会中生活,其言行都要受到同事、朋友、家人等相关群体的影响。个体的行为一旦与相关群体中的其他成员的行为不一致时,便会感到来自相关群体的压力。

⑤曾有过不满意的购买经历。一旦以前在同类产品的购买与消费中有过不愉快的体验,就会心存余悸,所谓"一朝遭蛇咬,十年怕井绳",从而对当前的购买产生不确定感。

⑥所购买的产品技术复杂程度很高。一般来说,对于技术复杂程度高的产品,人们往往难于比较不同备选品牌之间的差异,这势必增加选择后果的不确定性。

(3)减少风险的方法

既然消费者在决策过程中会知觉到各种风险,为了保证消费活动更好地进行,消费者会千方百计地采取措施来减少风险。常见的减少风险的方法如下：

①搜集信息、增加知识。消费者搜集到的有关信息越多，选择决策方案的自信心就越强，风险水平就会降低。有关专家的调查报告表明，感知到高风险或中等程度风险的人寻求信息的时间比感知到低风险的人多1～1.5倍。相应地，感知到高风险的人比感知到低风险的人更喜欢接受劝告或广告信息。

消费者减少风险的主要方法之一是增加有关商品的知识，因此，我们经常看到消费者花大量的时间和精力到处逛商店，以此来获取减少风险所必需的知识。如果感到风险很高，他们自然不会购买。所以，营销人员，尤其是零售商会提供无条件退货来减少消费者已觉察到的风险。

②建立对商标的信赖。消费者购买某种商品或享受到某种服务后，如果他感到满意，他就不仅可以产生重复的购买行为，而且可能把这种满意感传给他人，这样就可能建立对商标的信赖。一旦消费者依赖或忠实声誉高的或满意的商标时，他们感知到的风险就大大减少。在现实生活中，人们就是依据对商标的声誉和对名牌产品的认可来作出购买决策的，而不轻易购买自己不熟悉的或从没听说过的产品，以便回避风险。

由于购买服务有更大的风险和不确定性，消费者和服务提供者之间的关系可能变得更复杂，因而，消费者对品牌有更高的忠诚度。比如，已发现一个能在好的氛围中提供可口饭菜的餐馆，消费者将倾向于继续去那里，而不愿冒险去别的地方。对于个人服务尤其如此，例如理发，由于进行服务必须有个人接触，因此消费者对服务提供商的忠诚度要求较高。这种忠诚常常延伸到要固定的理发师来提供服务。甚至有这样的情况，理发师与消费者之间的关系变成长期的，只有当理发师离职后，这种关系才会被打破。

[相关链接]

物质性产品与服务性产品购买风险差异

消费者购买服务性产品时要比购买物质性产品时面对更高程度上的不确定性，这主要与服务的无形性和易变性有关。消费者虽然期望从服务提供者那儿寻求保证，以减少不确定性，但服务供应商并不能保证结果总能令消费者满意，因为服务是不持久和不能回收的，供应商几乎无法从一个被“返回”的服务中回收任何东西。这使得供应商不愿提供退款的承诺，因而消费者在购买服务性产品时要面临更大的风险。

③寻求高价格。价格常被消费者作为产品质量的指示器，不少消费者基于“便宜无好货”“优价优质”而对产品质量作出推断。虽然这种推断不一定总是正确，但很多消费者仍有意无意地在价格与质量之间建立这种关系。

④从众购买。根据大多数人的选择来作出购买决定，是很多消费者减少知觉风险的常用办法。

⑤依据品牌与商店形象。著名品牌或有影响力的商店不仅购买者众多，而且它们本身构成指示线索，有助于降低消费者的风险感。

此外还可以通过有信誉的销售渠道购买产品以及寻求安全保证来降低风险感，如企业提供的退货制度、权威机构的检测报告、保险公司的质量保险或者免费试用等。

如果所购产品价值很高、产品对消费者特别重要或选择后果具有不可更改性，消费者所知觉的购买风险会相应增大。

5. 购后行为

消费者决策过程并不随着购买过程的结束而结束。在使用了产品后，消费者会将其实际表现水平同期望水平进行比较，并体会到满意或不满意，进而影响以后的购买行为。

购后行为主要包括如图 6-3 所示的几个阶段。

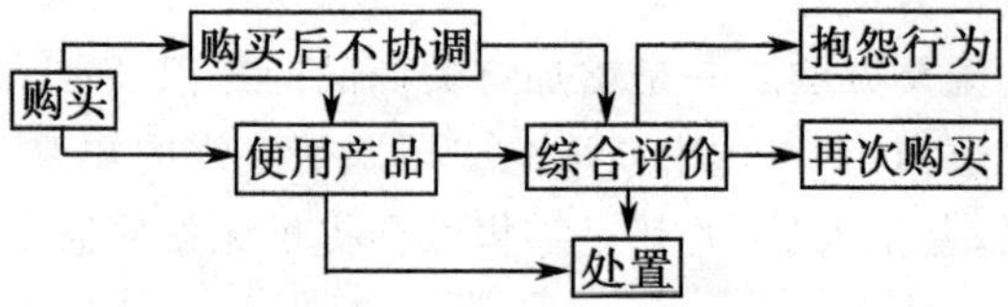

图 6-3　购后行为

消费者在购买所需产品之后，使用所购买来的产品以满足需要。有时候，这是一个较长久的过程，如家电、家具等商品；有时只是一个直接消费行为，比如喝饮料、看演出等。

消费者在使用产品后会给出一个综合评价。消费者对所购买的产品是否满意，取决于对产品性能的预期值与该产品实际性能之间的对比，同时也受周围环境的影响。例如，某女士购买的时装得到同事和家人的赞赏，于是就觉得该产品物有所值，从而肯定了这次购买行为，于是可能发生再次购买等行为；相反，假如消费者及其身边的人对产品的购后评价很差，则可能产生对企业很不利的影响。

消费者对产品的评价，会形成对该产品的信赖、忠诚或者排斥态度，从而决定了相应的行为：

(1)信赖产品，于是重复购买同一产品；

(2)推荐、介绍产品给周围人；

(3)抱怨、投诉，直接向生产商索赔；

(4)个人抵制，不再购买，并劝阻他人购买；

(5)控诉，通过大众媒体和消费者协会投诉。

四、商品效用与消费体验

(一)商品的效用

消费者通过购买商品以及对商品的使用，能够使自己某些方面的需要得到满足，从而获得生理或心理上的愉悦。商品的这种能满足人们某些需要的特性，就是它的效用。从心理学角度讲，商品的效用就是人们在占有、使用或消费它(包括服务)时得到的快乐和满足。

商品的效用与消费者需要的类型、强度等密切相关。例如，当少数人拥有价值较高的“大哥大”时，他们会获得一种显示其社会地位和身份的满足感，因而这一商品对他们来说就具有较高的效用。而当拥有手机的人数急剧增多，从该商品中获得的满足感不像以前那样强烈时，它的效用也就降低了。另外，由于人们的需求各异，同一商品的效用对不同的消费者也迥然不同。对于火花收藏者来说，火柴盒的效用极大；但在普通人眼中，它只是一个无用的盒子。

可见，效用反映了人们在消费活动中的满意程度。研究效用，发现其内在规律，便于科学、客观地研究消费者行为。

（二）商品的边际效用

边际效用理论是西方经济学家分析消费者行为特点时提出来的一种理论。这一理论认为：追求商品带来的最高满意度是人们消费商品的目的和愿望。随着消费商品数量的增加，消费者总的满意度也在增加。而在消费者满意度增加的同时，每一单位商品给消费者带来的满意度却在减少，即边际效用减少。表 6-2 列出了消费商品数量与消费者满意度之间的关系。

表 6-2　消费商品的数量与消费者满意度之间的关系

消费商品数量	满意度/%	每一单位商品得到的满意度/%	新增加商品得到的满意度/%
50	75	1.50	1.50
60	80	1.30	0.50
70	82	1.17	0.20
80	83	1.04	0.10
100	84	0.84	0.05

商品的效用随着消费数量的增加而减少的现象，普遍存在于各种商品之中。出现边际效用递减现象的原因大致有两方面：一是消费者在消费一种新商品时，受求新动机的影响，其对新商品的满意度很高，而随着商品数量的增加，消费者对其逐渐适应，新鲜感逐渐降低，如果再继续消费这种商品，消费者所得到的满意度就会下降。二是消费者某种需要得到了一定程度的满足之后，就会产生新的需要，原有的消费需要就变得相对不重要了。这时继续增加商品的消费数量，所得到的满意度不会等量提高，边际效用就减少了。

边际效用递减现象可以为企业提供有益的启示，即在开发新产品、占领市场方面需要有长远观点，一种产品一经占领市场，企业就必须做好开发新产品的准备。因为没有任何一种产品可以永远占领市场。无论新产品性能、质量如何优越，消费者在逐渐适应后仍然会出现边际效用递减现象。而这种现象一旦出现，消费者会从心理上逐渐疏远甚至厌弃该商品，并主动寻找让他们感兴趣的新产品。此时，如果经营者不能准确分析这一心理变化，不想方设法开拓市场，就会面临被其他商品替代的局面，这对企业是极为不利的。

（三）消费体验

消费者购买到商品之后，就开始了实际的使用和消费过程，并从中获得相应的消费体验。此时，商品的质量、性能、特点、使用效果优劣以及便利程度如何，便会充分地反映出来。不仅如此，消费者还会根据自己的价值标准作出相应的评价，而这些评价既可能影响消费者下一次的购买行为，又可能使他把获得的感受、评价传播给其他消费者，从而影响他人的消费行为。

在使用和消费商品的过程中，由于不同消费者对商品的期望、要求不同，加之个性及经验方面的差异，他们得到的消费体验也各不相同。在此，我们着重分析消费者在哪些方面的体验会更深刻一些，哪些因素影响消费者购物后的体验，这些体验又是怎样影响下一次消费行为或他人消费行为的。

从消费者需要的满足程度看，一般而言，商品的特性与消费者需要越接近，消费者购物后产生满意的体验越深刻；商品的特性与消费者需要之间的距离越远（一般指商品的特性不符合消费者的需要），消费者购物后产生不满意的体验越深刻。满意的体验具体表现为对该商品的肯定、对商品销售企业和销售人员的信赖感、对商品价格的认同感。相应地，情绪上也会愉快而积极，下一次购物更乐意选择同样的购物场所及商品。不满意的体验则表现为：对该商品的否定；对商品经营环境的怀疑、不信任；在认知商品价格与功能等方面产生不平衡心理，有上当受骗的感觉，情绪上也容易变得消极而不愉快。因此，除了消费者自己会尽力避免重复该购买行为外，有些消费者还会把这种体验告诉他人，令其他消费者对该商品及购物场所产生戒备心理，以致对企业产生不信任感。

【典型案例】

从豆浆到维他奶①

一碗豆浆、两根炸油条，是三顿美餐中的第一餐，这是长期以来许多中国人形成的饮食习惯。豆浆，以大豆为原料，是豆腐作坊生产的副食品，在中国已有两千多年的历史。现在，豆浆在美国、加拿大、澳大利亚等国的超级市场上都能见到，与可乐、七喜、牛奶等国际饮品并列排放，且价高位重，有形有派。当然，它改了名，叫维他奶。

豆浆改名维他奶，是我国香港一家有50年历史的豆品公司为了将街坊饮品变成一种国际饮品，顺应不断变化的价值观和现代人的生活形态，不断改善其产品形象而特意为之的。“维他”来自拉丁文 vita，英文 vitamin，其意为生命、营养、活力等，而舍“浆”取“奶”，则来自英语 soybean milk（豆奶，即豆浆）的概念。50年前，香港人的生活不富裕，营养不良，各种疾病很普遍。当时生产维他奶的用意，就是要为营养不良的人们提供一种既便宜又有营养价值的牛奶代用品——一种“穷人的牛奶”。在以后的20年中，一直到20世纪70年代初期，维他奶都是以牛奶代用品这个面貌出现的，是一种“廉价饮品”的形象。

可是到了20世纪70年代中期，香港人的生活水平大大提高，营养对一般人来说并不缺乏，人们反而担心营养过多的问题。如果此时还标榜维他奶为“穷人的牛奶”，那么喝了不就掉价了吗？难怪豆品公司的职员发现，在马路边汽水摊前，喝汽水特别是外国汽水的人“大模大样”，显得十分“有派”，而喝维他奶的人，就大多站在一旁遮遮掩掩，唯恐人家看到似的，因而，豆品公司的业务陷入低潮。

70年代中期，豆品公司试图把维他奶树立为年轻人消费品的形象，使它能像其他汽水一样，与年轻人多姿多彩的生活息息相关。这时期的广告便摒除了“解渴、营养、充饥”或“令你更高、更强、更健美”等字眼，而以“岂止像汽水那么简单”为代表。1983年，豆品公司又推出了一个电视广告，背景为现代化城市，一群年轻人拿着维他奶随着明快的音乐跳舞，可以说，这时期维他奶是一种“消闲饮品”的形象。

然而，到了20世纪80年代，香港的年轻人对维他奶怎么喝也喝不出“派”来了，于是，从1988年开始的广告便重点突出它亲切、温情的一面。对于很多香港人来说，维他奶是个人成长过程的一个组成部分，大多数人对维他奶有一种特殊的亲切感和认同感，它是香港本土

① 朱华.市场营销案例精选精析[M].北京：经济管理出版社，2000：22.

文化的一个组成部分，是香港饮食文化的代表作，维他奶对我国香港人如同可口可乐对美国人一样。由此，维他奶又开始树立一种“经典饮品”的形象。

在同一时期，维他奶开始进入国际市场。这一时期，太多的脂肪成了美国等国人民的一大问题。在美国，维他奶标榜高档“天然饮品”。所谓天然饮品，就是没有加入人工的成分，可以使消费者避免吸收太多的脂肪，特别是动物脂肪。标榜天然饮品，当然受美国人的欢迎。于是便出现了这样历史性的趣事：维他奶创始之初，标榜穷人的牛奶，强调它与牛奶的相似之处，并且价格比牛奶要低；今天在美国市场，维他奶强调的是与牛奶不同的地方（维他奶具有牛奶所有的养分，而没有牛奶那么多的动物脂肪），其价格也比牛奶高。

问题：豆浆变成维他奶直至国际饮品的过程，可以给我们哪些启示？

【本章小结】

本章介绍了消费者行为的一般模式、消费者购买行为类型、消费者购买决策、商品边际效用和消费体验等内容。

消费者购买行为模式理论是从中观角度研究消费者的购买行为的。刺激—反应模式认为，消费者的购买行为经过三个阶段。

按照不同的划分标准，把消费者的购买行为类型大致分为以下几种：首先，按照消费者购买目标的选定程度，可以把消费者的购买行为分为确定性、来确定性和不确定性三种。其次，按照消费者购买态度与要求，可以把消费者的购买行为分为习惯型、理智型、经济型、冲动型、感情型、疑虑型和随意型。再次，按照消费者购买现场的情感反应，可以把消费者的购买行为分为温顺型、反抗型、沉着型、激动型和活泼型。最后，按照消费者在购买过程中的介入程度和品牌间的差异程度，可以把消费者的购买行为分为复杂的购买行为、减少不协调感的购买行为和广泛选择的购买行为。

消费者购买决策的内容主要包括购买决策的作用与特点、购买决策的内容、购买决策过程等。

购买决策就是消费者的购买目的的确立、手段的选择和动机的取舍的过程。消费者的购买决策过程包括需要确认、信息搜寻、方案评价、购买决策、购后行为五个阶段。购买过程始于消费者对某种需要或问题的确认。所谓需要确认是由消费者理想状态与现实状态之间的差距引起的。当消费者对情境的希望与情境的实际之间存在差异时就会产生某种需要。消费者购买决策的第二步是信息搜寻。一旦消费者意识到一种需要或问题能通过某种产品或服务得到解决，他们便开始搜寻制定购买决策所需的信息。信息搜寻可以从内部、外部或内外部同时产生。内部信息搜寻是对记忆中原有的信息进行回忆的过程。消费者外部信息来源可以分为以下四类：个人来源、商业来源、公共来源、经验来源。个人进行外部信息搜寻的范围取决于以下几方面的因素：消费者对风险的预期、消费者对产品或服务的认识、消费者对产品或服务感兴趣的程度、情境因素。

在决策过程的信息搜寻阶段中获得信息后，消费者便进入方案评价阶段。消费者会使用记忆中存储的和从外界信息源获得的信息，并形成一套标准。评价标准指的是用以比较不同品牌的产品或服务的范围或属性。在购买过程的某个点上，消费者必须停止搜集信息和评价方案并作出一个购买决策。消费者决策过程并不随着购买过程的结束而结束。在使用了产品和服务后，消费者会将其实际表现水平同期望水平进行比较，并体会到满意或不满意，进而影响以后的购买行为。

【思考练习】

1. 消费者购买行为的一般模式是怎样的？

2. 消费者在购买决策过程中的信息搜寻方式有哪几种类型？它们的区别是什么？请以以下事物为例说明。

A. 口香糖　B. 食用糖　C. 纸巾　D. 洗面奶　E. 地毯　F. 移动电话　G. 豪华轿车

3. 消费者的购买决策过程是怎样的？企业针对消费者购买决策过程的各阶段，可采取什么措施影响消费者？

4. 列出你高中毕业选择大学学校时考虑到的所有学校的名单，并描述你的挑选标准。你是如何搜集所需的信息的？你当时用的是什么方法？

5. 消费者如何减轻购买后的不协调感？为了减轻购买后的不协调感，市场营销人员可以为顾客提供什么帮助？

6. 与其他决策相比，消费者的购买决策有什么特点？

7. 不同的消费者常在哪些情况下产生风险知觉？

8. 以自己或熟悉的人为例，分析品牌忠诚形成的原因及其对企业的意义。

第七章　消费者群体的心理与行为

【导入语】

除了极少数隐士之外，大多数人在日常生活中都会与他人打交道，特别是与家庭成员。在本章的第一部分，我们将讨论群体和消费者群体的概念、形成及其细分。第二部分研究几类主要消费者群体的心理与行为特征。第三部分研究消费习俗与消费流行对消费者的影响。第四部分研究在网络环境下的消费需求动机、心理及行为特征。

【学习目标】

- 了解消费者群体的形成与细分。
- 明确主要消费者群体的心理与行为特征。
- 明确消费习俗对消费者心理与行为的影响。
- 了解和掌握消费流行周期各阶段的特性及营销对策。
- 明确和掌握网络消费需求动机、心理及行为特征。

【关键词】

群体 group
消费者群体细分 differentiate consumer group
消费流行 consumptive prevalence
消费习俗 consumptive custom
消费者行为 customer's behavior
网络 network
网络营销 network marketing

一、消费者群体的形成与细分

德国心理学家勒温(K. Lewin，1890—1947)指出，群体具有较强的整体性，对个体具有很大的支配力，一般来讲，要改变个体得首先使其所属的群体发生变化，这要比直接改变个体更容易且更迅速。

企业的市场"定位"问题是许久以来人们都热衷于探讨的问题。著名的《定位》一书的作者里斯和特劳特在美国著名的刊物《广告时代》上发表了题为"定位时代"的系列文章后，首先在美国营销界引起很大反响，1981年二人合著的《定位》一书出版后，在全球品牌营销界产生极大的反响，该书一版再版，拥护者如潮。"定位"是什么？《定位》一书对全球品牌营销界的贡献在于创造性地提出了心理占位第一说法及极其简化信息等观点，令很多学习定位的企业摒弃了狭隘的局限于企业和产品自身制定战略战术的做法，开始了对消费者的研究，并根据目标消费群体反馈的信息，对产品和服务进行有针对性的营销策略制定。因此我们从定位技术中找出了六个工具元素，其中第一个因素就是寻找合适的目标消费群体。那么什么是群体，它怎样影响到我们的购买行为？

在许多案例中我们看到了群体的力量及其对市场的影响，那么这些群体有哪些特征？应该怎么去看待它们在企业营销活动中的作用？怎么去充分利用这些群体的力量？这是我们所要研究的内容。

(一)群体的形成

什么是群体？心理学认为，所谓群体，指的是具有特定的共同目标和共同归属感、存在着互动关系的个人的集合体。而消费者群体则是指由某些具有共同消费特征、消费心理及习惯等的消费者组成的群体。群体有正式群体和非正式群体之分，正式群体是指由组织结构确定的、职务分配很明确的集合体。而非正式群体是那些既没有正式结构，也不是由组织确定的联盟，它们是人们为了满足社会交往的需要在所处的生活、工作环境中自然形成的。非正式群体通过满足其成员的社会需要而发挥着重要的作用。消费者群体基本上都属于非正式群体。

1. 为什么我们会加入群体

个人加入群体的动机，不是列举一两种就能解释清楚的。大多数人同时属于多个群体，显而易见，对个人来说，不同群体为其带来不同的利益，满足其不同的需要。下面总结了个人加入一个群体的最常见的原因。

[相关链接]

为什么人们会加入群体？

1. 安全需要

通过加入一个群体，个体能够减少独处时的不安全感。个体加入一个群体之后，会感到自己更有力量，自我怀疑会减少，在威胁面前更有韧性。

2. 地位需要

加入一个被别人认为很重要的群体，个体能得到被别人承认的满足感。

3. 自尊需要

群体能使其成员觉得自己活得很有价值。也就是说，群体成员的身份除了能使群体外面的人认识到群体成员的地位之外，还能使群体成员自己感受到自己存在的价值。

4. 情感需要

群体可以满足其成员的社交需要。人们往往会在群体成员的相互作用中感受到满足。对许多人来说，工作中的人际相互作用是他们满足情感需要的最基本的途径。

5. 权力需要

权力需要是单个人无法实现的，只有在群体活动中才能实现。

6. 实现目标的需要

有时，为了完成某种特定的目标需要多个人的共同努力，需要集合众人的智慧、力量。在这时主管人员就要依赖正式群体来完成目标。

2. 消费者群体形成的原因

由于消费者群体基本上都属于非正式群体，因此消费者群体形成的原因主要表现在以下两个方面。

(1)消费者因其自身生理、心理特点的不同，形成不同的消费者群体。例如，在生理方面，由于性别的差异，形成男性消费者群体和女性消费者群体；由于所处年龄阶段的不同，形成少年儿童消费者群体、青年消费者群体和老年消费者群体，等等。而在心理方面，人们在消费活动过程中，也会为了追求安全感而形成各种各样的消费者群体。这种根据消费者自身生理及心理特点划分的各个消费者群体，在消费需求、消费心理、购买行为等方面具有不同程度的差异，同时也具有许多共同特征。

(2)不同消费者群体的形成，还受一系列外部因素的影响。这些常见的外部因素包括收入水平、文化背景、民族、宗教信仰、地理、气候条件等。它们天然地划分出了多种消费者群体。

3. 参照群体

L. G. 希夫曼认为在消费者行为这个领域，参照群体是个极为重要的概念。他认为参照群体是任何作为某个个体的比较点的人或者群体，从而该个体形成了一般的或者特殊的价值观、态度或者特殊的行为导向。从销售的角度看，参照群体的作用是个体在购买或者消费决定中的参照框架。这个概念不局限群体的大小或者成员资格，它也不要求消费者认同可以接触到的群体(如可能是象征性的群体、公司的经理、体育和娱乐明星等)，这些都提高了参照群体这个概念在我们认识消费者群体过程中的实用性。

参照群体的含义随着时代的改变而不断变化。最初它的含义局限于个体直接打交道的群体(如家庭和亲密的朋友)。但现在这个概念逐渐泛化了，它既包括直接的也包括间接的个体或者群体。间接的群体包括那些个体并非直接面对面接触的个人或者群体，如电影明星、运动明星、政治领导人，甚至是街上穿着讲究的、令人感兴趣的人。

4. 消费者群体存在的意义

消费者群体的存在对企业的生产经营活动和消费活动都有重要影响。

首先，消费者群体的广泛存在有助于企业准确地识别属于自己的目标市场。通过对不同消费者群体的分类，企业可以准确地细分市场，并根据自身所拥有的资源和市场需求状况来选定目标市场。对目标市场的消费者群体的调查、研究和预测，有助于企业寻找该群体(或该目标市场)的消费需求、购买行为的规律，最终采取合适的营销策略，达到最佳经营效果。

其次，消费者群体的广泛存在有助于维护消费者权益。保护处于弱势的消费者权益不仅有利于使消费者得到更多的效用和社会福利，增加消费者的消费安全感，而且有助于维护市场交易秩序，建立和完善市场机制以及市场经济的商业信用体系。

第三，消费者群体的存在还为政府部门借助群体对个体的影响力对社会消费加以合理引导和控制，使其向健康的方向发展提供了渠道。

(二)消费者群体细分

站在企业的角度,毫无疑问,必须对市场进行细分,以便发现最好的市场机会,使企业以最小的经费取得最大的效益。在这里,我们站在企业的角度来观察消费者群体存在哪些细分变量,从而得到可靠的目标市场和适合的消费者群体。

1.地理因素

地理因素是划分不同消费者群体的一个基本变量。其主要依据是处在不同地理位置的消费者对产品会有不同的需要,因而他们对企业所采取的市场营销战略,如企业的产品策略、价格策略、分销渠道、广告宣传等市场营销措施也会有不同的反应。气候差别也是地理差别的一种反映,这种差别会导致空调、游泳用品等的购买上的差异。

2.人口统计学因素

人口统计学因素是指人们的性别、年龄、职业、民族、经济收入、受教育程度等人口统计变量。这些变量一般很容易被确认和测量,而且可能经常与特定产品的使用有联系。例如,大学生是图书、电子产品、野营设备、旅行用品的重要消费者群体。再比如性别变量对区分化妆品、雪茄等市场非常有效。

3.心理因素

现实生活中,我们会发现许多消费者尽管在年龄、性别、职业及收入等方面具有相似性,但表现出来的购买行为却不尽相同。这种差别往往是心理因素的差异造成的。因此我们可以根据消费者的心理因素,如消费者的个性、购买动机、态度和兴趣等来细分消费者群体。

4.社会文化因素

社会文化因素是依据社会学和人类学的种种因素,如社会阶层、参照群体、家庭生命周期、风俗习惯等来细分消费者群体。处于不同社会阶层的消费者,在教育、收入、职业、居住地点等方面是不相同的。他们可能在产品的选择、生活方式、购买习惯和价值观念等方面都会表现出差异。

以上所介绍的是消费者群体形成的一些常见因素。应该注意到,消费者群体并非是一个正式的稳定的群体,它会随着时间、地点、环境条件的变化而不断发展变化。某些消费者群体可能解体,某些可能重新组合,新的消费者群体也会不断涌现。随着我国社会经济发展水平的提高,消费者群体总的来说将呈现以下趋势:第一,不同消费者群体的数量会增加,个性化消费的趋势将越来越明显,消费者群体的划分越来越细;第二,消费者群体的内在素质不断提高,消费者群体的演变速度加快;第三,随着网络的普及,消费者群体的力量将变得越来越强大,从而出现消费者群体利用一定的方式影响企业的现象。

二、主要消费者群体的心理与行为特征

年龄、性别以及经济收入水平是常见的划分消费者群体的标准。这一节我们依据这三个因素,观察几个常见消费者群体的心理与行为特征。

不同年龄阶段的消费者,生理、心理和社会差异的存在导致了各自特有的不同的消费特点与购买行为。而同一年龄阶段消费者群体的成员在接触和互动过程中,通过心理和行为

的相互影响和学习，会形成一些共同的消费观念、态度和行为。对处于不同年龄阶段的消费者群体进行划分和研究，对于企业营销活动具有十分重要的意义。

（一）少年儿童消费者群体

少年儿童消费者群体是指由0～14周岁的消费者组成的群体。从世界范围看，少年儿童在发展中国家的人口总数中所占比例较大，一般在30%～40%。由于计划生育政策的实施，我国儿童占总人口的比例呈下降趋势，第六次人口普查显示我国儿童占总人口的比重为16.6%。然而，少年儿童消费者群体的消费支出在消费总支出中的比重却是不降反升。

0～14周岁的少年儿童，又可根据年龄特征分为儿童消费者群体（0～11岁）和少年消费者群体（11～14岁）。下面分别就这两个年龄阶段的消费者群体的心理与行为特征进行探讨。

1. 儿童消费者群体的心理与行为特征

0～11岁的儿童，由于正处于快速的心理和生理发育阶段，缺乏稳定的消费倾向和认识，易受一系列外部环境因素的影响，消费心理和消费行为变化幅度很大。在这个阶段，他们开始了人类的学习过程，逐渐有了认识能力、意识倾向、兴趣爱好、意志及情绪等心理品质；学会了思维，行为上逐渐从被动达到主动。他们的心理与行为在消费活动中主要表现出以下特征。

（1）从纯粹生理性消费需要逐渐发展为带有社会内容的消费需要。婴幼儿期的消费需要主要表现为生理性的，且纯粹由他人帮助完成。随着年龄的增长，儿童对外界环境刺激的反应日益敏感，消费需要从本能发展为有自我意识加入的社会性需要。四五岁的儿童学会了比较，年龄越大，这种比较越深刻。然而这一时期的儿童很少充当购买者。处于幼儿期、学龄期的儿童，已有一定的购买意识，并对父母的购买决策产生影响。有的还可以单独购买某些简单的商品，即购买行为由完全依赖型向半依赖型转化。

（2）从模仿型消费发展为带有个性特点的消费。儿童的模仿性非常强，尤其在学前期，其对于其他同龄儿童的消费行为往往有强烈的模仿欲望。比如他们都会要求父母买别的小朋友拥有的玩具。随着年龄的增长，这种模仿性消费逐渐被有个性特点的消费所取代，购买行为也开始有了一定的目标和意向，如自己的玩具一定要比其他儿童的好等。

（3）消费情绪从不稳定发展到比较稳定。儿童的消费情绪极不稳定，易受他人感染，易变化，这种特征在学前期表现得尤其突出。随着年龄的增长，接触社会环境的时间增多，儿童的情绪控制能力逐渐提高，消费心理与行为逐渐趋于稳定。

总之，儿童的消费心理主要处于感情支配阶段，购买行为以依赖型为主，但在很大程度上会影响其父母的购买意向。

2. 少年消费者群体的心理与行为特征

这个时期是儿童向青年过渡的时期，生理、心理发展变化大，具有半儿童半成人的特点。这个时期的少年是依赖与独立、成熟与幼稚、自觉和被动交织在一起的。少年消费者群体的心理与行为有以下几个特征。

（1）有成人感，独立性增强。有成人感，是少年消费者群体自我意识发展的显著心理特征。他们认为自己已经长大成人，渴望像成人那样去履行各种社会义务，独立处理自己的生活。因此，在消费心理与行为上，他们表现出不愿受父母束缚、自主独立地购买所喜爱的商品的倾向。他们的消费需求倾向和购买行为尽管还不成熟，但已经在逐渐形成之中。

(2)购买行为趋于理性化。少年时期的消费者所接触的知识不断丰富,对社会环境的认识不断加深,有意识的行为增多,兴趣趋于稳定。随着购买活动的不断增加,他们的感性经验越来越丰富,对商品的判断、分析、评价能力逐渐提高,购买行为趋于理性化。

(3)社会的影响逐步增强,家庭的影响则逐渐减弱。少年消费者由于参加集体学习、集体活动,与社会的接触机会增多、范围扩大,受社会的影响逐渐增强。这种影响包括新环境、新事物、新知识等的影响,影响媒介主要是学校、老师、同学、朋友、书籍以及大众传媒等。随着网络的普及,互联网对少年群体的影响日益深远。与家庭的影响相比,他们更乐于接受社会的影响。很多时候某种款式的衣物、食品或偶像照片在学校已经流行并影响到少年消费者,而家长却一无所知。

(二)青年消费者群体的心理与行为特征

青年消费者群体的划分标准不是十分统一,一般认为应指15～35周岁的人群。青年消费者群体往往具有较强的独立性和很大的购买潜力,而且他们的购买行为具有较强的扩散性,对其他种类消费者都会产生深刻的影响。青年消费者群体在消费心理与行为方面,与其他消费者群体有许多显著差异。

1.追求时尚与新颖

青年人的心理特征是感觉敏锐,富于幻想,勇于创新,反映在消费行为中就是对各种新产品具有强烈兴趣与购买欲望,热衷于追赶时代潮流,体现时代特征。他们购买商品时求新、求美的动机较为强烈。当市场上出现新商品时,他们反应灵敏,易于接受。

2.强调个性与自我表现

青年人处于成长时期,未成熟心理与成熟心理并存,自我意识迅速增强,追求个性独立,希望形成完善的个性形象。因此,青年人特别喜欢表现自己的特殊性,希望购买和使用能反映其个性特征的商品。

3.冲动性购买行为较多

青年消费者处于少年到成年过渡的时期,思想感情、志趣爱好、性格气质还不稳定,客观环境、社会信息对其行为的作用和影响非常突出。因此,他们经常发生冲动性购买行为。他们比较看重商品的外观、包装、颜色、款式等,而且很容易由此产生对商品的兴趣并迅速作出购买决策。因此,在青年消费者中,冲动性购买行为较多。

4.消费欲望强烈

青年人往往由于经济上刚刚独立,家庭负担较小,因此消费欲望十分强烈。他们一般不喜欢储蓄,也较少制订消费计划,对于信贷消费具有很大的兴趣。

[实例]

都市"负翁"　你过得还好吗?

收入不菲,积蓄却不多,买了房子和车子,却欠着巨额的债务,这样一个群体正变得越来越庞大。人们形象地称他们为都市里的"负翁"。"量入为出"是老一辈人过日子的方针,"寅吃卯粮"却是许多年轻人的生活态度。前者做起来很实在,后者听起来很潇洒。事实上谁都有说不清的烦恼。这是个超前消费的年代,我们潇洒地提前住上了房子,开起了车子,虽然肩上也担负着几十万元甚至上百万元的债务。银行的数据显示,消费贷款目前占信贷业务还不足一成,但一个不争的事实是,我们身边靠贷款提前过上"小康生活"的"负翁"是越来越多了，虽然他们同样体会着生活中的种种烦恼。

(三)中老年消费者群体的心理与行为特征

按照我国的传统习惯，中年人一般指35～60岁之间的群体，老年人则指到了退休年龄的群体。

中老年消费者群体的消费心理与行为一般具有以下几个特征。

1. 理智性

中老年人生活经验丰富，情绪一般比较平稳，很少会感情用事或冲动购买。他们在选购商品时比较注重内在价格的合理性，其次才会考虑商品的外观、颜色和款式等因素。老年人往往思维习惯已经确定，较难接受新事物，会更多地留恋过去的生活方式和习惯性的消费模式。

2. 计划性

中老年人由于其所受教育和生活经历，往往会注重量入为出的理财方式，因此，他们在消费行为上会表现出很强的计划性。同时，他们也有很强的储蓄欲望，在现实消费方面比较保守。

3. 注重商品的实用性，价格敏感性较强

中老年消费者群体往往出于家庭未来考虑，比较注重商品的实用性，同时对商品价格比较敏感。

(四)女性消费者群体的心理与行为特征

为什么要细心观察和了解女性消费者群体呢？其一，女性是新需要者。女性在消费者中，是以先驱的姿态存在的。长期以来，性别分工合作的模式是“男主外、女主内”。女性负责家庭的每月生计、日常生活问题。因此女性对生活方式的反应要比男性快。在时间方面，也同样可以看出女性较早、有意识地使用时间。她们一方面将时间放在工作上，另一方面将时间分配在文化活动、休闲娱乐上。其二，女性的审美观影响着社会消费潮流。女性不仅自己爱美，还注意恋人、丈夫、儿女和家庭的形象。商品的流行大多是随女性审美观的变化而变化的。其三，女性掌握了家庭消费的发言权。据统计，中国家庭中，妻子掌握财权的占40%以上，而丈夫理财的只有20%。因此研究女性消费者群体，尤其是新女性消费者群体，可以洞悉社会消费心理的变化和趋势，进而研究未来的消费新动向。

女性消费者的行为有个体差异，因状况的不同而不同，相当复杂，不过主要受三种因素支配:经济因素、心理因素和社会因素。就其心理因素来说，又包括动机、知觉、思考、个性、态度、价值观。当前，女性的个性化倾向变得强烈。现代的女性生活形态，已经从大家都基本相同的标准型，变成了与他人不同的特殊型。她们不再以同一标准为目标，而是去追求每个人都不同的个性化生活。另外，由于价值观的变化，现代女性的自主意识增强，在家庭中强烈希望“拥有不受丈夫或小孩束缚的时间”“想做家务事以外有益于自己的事情”，在工作场所则要求“发挥自己的才能”“实现自身价值”，不再只是要赚钱。

女性最大的变化是可自由支配的时间增多了。首先是因为寿命延长，使得人生整体的自由支配时间增长了。其次是家用电器的普及和速食食品、家政服务业的发展等，使得女性的自由时间增多了。基于上述原因，现代女性消费心理出现了许多新的动向。

1. 女性消费心理新动向

(1)女性的“变身”动向。她们希望生活多样化，希望尝试不同的生活方式，希望改变身份，希望经历各种体验。表现在日常生活方面，即在服饰、发型、装饰方面追求多样化。

(2)女性的挑战动向。她们希望试试想要做的事情，希望冒险，希望向某些事物挑战，希望亲身体验。一些标新立异的商品、服务正是顺应女性突破被约束的现实的愿望而产生的。

(3)女性的自立动向。她们希望在经济和精神方面都能自立。希望脱离传统，按自己的心意生活。现在“女性的自立”已是社会中的热点主题，只要稍微观察女性杂志，就可以看出其中一二，而表现女性自立和强调自我意识的商品就更能博得她们的欢心。

(4)女性的省时动向。她们希望省时、方便。例如，使用速食食品、罐装食品、冷冻食品、调味料的情形增加了。主妇们既能照顾家人，又能节省自己时间的有效办法，就是利用省时的商品或服务。

(5)女性的愉快动向。她们希望过得快乐，希望做自己喜欢做的事。这种动向以女性大学生和独身女性白领最为显著。她们的消费倾向为“一流行、二休闲、三文化”，她们要享受现在的时间。她们希望在结婚这个转折点到来以前，能够尽情享受，并且做自己希望做的事情。与同年龄的男性相比，其愉快动向要强烈得多。

女性消费市场是一个潜力极大的广阔市场。其中在消费活动中有较大影响的是中青年妇女，即20～50岁这一年龄段的女性。女性消费者不仅数量大，而且在购买活动中起着特别重要的作用。她们不仅对自己所需的消费品进行购买决策，在家庭中，她们承担了母亲、女儿、妻子等多种角色，因此，也是绝大多数儿童用品、老人用品、男性用品、家庭用品的购买者。

2.女性消费者群体的行为特征

女性消费者在消费活动中所处的特殊地位和其独具特色的消费心理，形成了其独具特色的行为特征。

(1)注重美感。与男性很大的区别是女性购买商品比较多地强调“美感”，容易受感情作用而产生购买行为。越来越多的女性要求“自我表现”，要求“生活品位”。能够带来梦想的商品、杂志在女性中畅销。平时好动、工作起来干劲十足的年轻女性，喜欢购买“温馨”“可爱”的商品。高谈女性自立的今天，在私人的世界里，女性仍然继续做孩子气的梦想。偶像商品、幻想商品之外，能够购买“可爱”的咖啡厅、杂货店、精品店都会受到女性的欢迎。

(2)注重包装。女性的购买欲望多受直观感觉影响，因此比较注重外观设计，尤其对包装特别注意。老式的包装已不再吸引她们，她们青睐的是表现个性和情趣的包装。

(3)喜欢附赠品。有些女性一方面会花上几百元买一套流行时装，而另一方面在菜场买菜却讨价还价、斤斤计较，可见女性比较计较价格低的低档品的性价比，认为高档品价高质好。附赠品正是迎合了女性的这种心理，比如，两个商店的营销策略不同，一家是低价，另一家是高价但附赠品，很可能女性在没有时间或能力比较两家商品的质量时，认为高价的质量一定好，而有附赠品就更吸引了她们。附赠品还有一种名叫购买再购买的形式，即购买某种商品的顾客，可以用低于市价的价格购买其他附赠品。对喜爱挑剔的女性消费者而言，这样又可以再次选择她们想要的东西。

(4)注重商品的便利性和创造性。现代社会中，中青年妇女效率很高，她们既要工作，又担负着大部分家务劳动，因此她们对日常生活用品的便利性具有强烈的要求。每一种新出现的、能减轻家务劳动的便利性消费品，往往能博得她们的青睐。同时，她们对于生活中新的、富于创造性的事物也充满热情，如购置新款时装、布置新房间等，以显示其创造性。

(5)职业女性的商业用品倾向。妇女用商业提包的出现便是代表。女性和男性一样必须携带工作文件和资料,但是以前女性用的提包,几乎都是放化妆品等小东西的漂亮的坤包,或略缺功能性的大手提袋。后来提包制造商已经针对女性生产商业提包。它们不仅可以放很多文件,还附有许多小袋子供女性放化妆品等小东西,不难看出制造商重视功能性和时髦性的苦心,就因为对象是富有个性的职业女性。

鉴于女性消费心理对整个消费市场的重要性及其变迁,企业在制定营销组合策略时,应特别注意现代女性消费者的心理特征及其变化趋势,采用适宜的措施。例如,企业的橱窗布置,应注意色彩明亮、精致;商品的设计、色彩、款式要注意诱发女性的情感;在商品的包装、经营方式等方面,要新颖、别致、适时、方便。向女性消费者宣传某商品的好处和具体利益,比向她们宣传商品的质量、性能效果更好。

(五)都市中产阶层消费者群体的心理与行为特征

中产阶层(middle class),又称中产阶级或中间阶层,它并非指马克思主义所有制关系意义上的阶级,而是指社会上具有相近的自我评价、生活方式、价值取向、心理特征的一个群体或一个社会阶层。

20 世纪 90 年代初,随着国人生活水平的提升,人们有了一种命名生活的激情。人们渴望为自己的生活状态赋予一个确切的名称,最好能通过这个名称体现他们的地位、格调等。"小资生活"是最早出现的一个时尚生活品牌。"小资"的内涵体现为:具有一定的经济实力、稳定的生活、敏锐的时尚意识,并且物质享受和精神享受品牌化。

通过对这一消费者群体的较为深入的调查与分析研究,概略地发现这一群体具有以下三个外显特征:一是年轻,一般在 35 岁以下,更多的在 30 岁左右;二是有较高的学历,同时专业比较适合市场需要,一般有本科或以上学历,特别是 20 世纪 90 年代以后毕业的大学生;三是收入中等,主要指可支配收入或纯收入。这些外显特征只构成这一群体消费行为的物质基础。他们是既拥有高学历、中等收入又讲究生活品位、注重心灵成长的一族。一方面是社会精英、成功人士,享受物质生活;一方面又渴望心灵的自由和追求不羁的流行。

进一步分析认为,这一阶层消费者群体更为突出的是其内在特点,它们包括消费(价值)观念、自我体验、自我表现以及生活方式等。正是这些因素的相互作用影响他们的购买或消费行为。

1. 关注自我发展的观念

企业或商家面对激烈的市场竞争,不仅要尽力满足人们当前的消费需要,而且还要深入发掘人们还没有表达出或未预期得到满足的潜在需要。

有调查与研究表明,中等收入阶层消费者群体的自我观念影响消费者从自我的象征性意义角度来感知自己已有的产品或想要得到的产品。如果产品的形象符合他们的自我观念,他们就积极地评价或偏好此产品。消费者的自我观念与产品的象征性意义之间有一定的相关关系。研究认为,消费者自我观念与产品象征性意义之间一致性较强的是汽车、保健或健身服务、卫生产品、装饰品、服装、食品、香烟、家具、杂志等,近来的研究发现消费者自我观念与手机、发型等的选择与偏爱更有一致性。

中等收入阶层消费者群体一般都喜欢名牌,但又不喜欢千篇一律。他们喜欢表现自我,但又更加关注其现在的体验与感受。他们对耐用消费品几乎没有太大的兴趣,他们认为,时尚的变化是非常快速的,而他们的选择,恰好可以适应潮流的改变。

2. 乐于接受新事物的观念

种种迹象表明，中等收入阶层消费者群体变得越来越感性化、个性化、情感化，他们的需求重点已由追求实用转向追求自我体验与自我表现。工业化社会，生活水准由物质产品的数量来衡量；而在后工业社会，人们更加关心生活的质量，关心自己在心理上和精神上获得的满足程度。对此美国著名未来学家托夫勒早就对人类的这一需求变化趋势及相应的经济转型作出了预测。他指出，未来营销的重点正在从满足物质需要的制度迅速过渡到创造一种与满足心理需求相联系的经济，人们的消费需求由实用层次转向体验层次是社会发展的一种必然。从目前市场情况来看，能接受特别是能最快接受这一全新消费观念的可能就是中等收入阶层消费者群体。

3. 工作与娱乐相结合的观念

中等收入阶层消费者群体越来越多地接受在家办公和弹性工作制的理念，这样可以有更多的自我支配时间。不少这一阶层的消费者（主要是未婚者或单身者）主张既要有独立的生活空间，又希望与朋友和家人有更多的交流机会，这给房地产开发商带来了新的机遇与挑战，因为现在很少有楼盘考虑到满足这一消费者群体的需要。

4. 享受生活的观念

中等收入阶层消费者群体大多成长在改革开放的社会环境下，多数人受到过良好的教育，目前又正是各个行业的主力。有关资料表明：目前我国外企的白领阶层主要由这一代人构成。即使在政府或国有企业，他们也正或很快进入领导阶层。由于这一群体成长在一个开放的年代，文化水平较高，可能是我国追求时尚的第一代人。他们懂得追求自我，享受生活，注意健身，因此这一代人又是高档家用电器、服装、化妆品、私人汽车等产品最主要和最有实力的购买群体。他们的这些特点给未来的市场营销提供了极大的机遇。

以往，营销人员最重要的理念就是谁把握住消费者需要的变化，谁就拥有明天的市场。在当今社会文化条件下，仅靠这一点可能很难行得通了。因为今天的消费者需要正在发生着全新的变化，即人们的需要正在由物质向方面精神方面转移。营销人员必须把握住这一趋势，开展营销活动。

三、消费习俗与消费流行

（一）消费习俗

消费习俗是世代相传而形成的消费习惯。消费习俗是社会风俗的重要组成部分，是人们在日常生活消费过程中自然的、社会的等各方面原因所形成的各具特色的风俗习惯。不同国家、地区、民族都有自己的消费习俗。消费习俗不但直接影响人们的日常生活，而且也对人们的消费心理具有重要的影响。为此，消费习俗也构成了群体消费心理研究的重要内容。

1. 消费习俗的特点

（1）社会性。消费习俗的形成离不开特定的社会环境。它是人们社会生活的组成部分，带有浓厚的社会色彩。消费习俗是众多的社会成员在共同的社会生活中共同参与而形成的。消费习俗的形成乃至发展变化都有着深刻的社会方面的原因，因而具有社会性特征。

(2)独特性。消费习俗的形成都有其特定的自然、社会基础,通常是特定地区范围内社会生活的产物,因此带有独特的地域色彩。

(3)非强制性。消费习俗并非通过强制手段推行,而是由无形的社会行为约定俗成地产生。消费习俗虽然不具有强制性,但却具有强大的影响力,使生活于该习俗范围内的人们自觉或不自觉地遵守。

(4)长期稳定性。消费习俗是人们在长期的社会生活实践中逐渐形成的,甚至许多习俗是经过世代相传而保留至今的。经过漫长时间的考验和反复锤炼,消费习俗对人们日常消费的影响也是长久而相对稳定的。

2.消费习俗的类别

(1)物质消费习俗。物质消费习俗主要是受自然、地理、气候等因素影响而形成的消费习俗,而且这种消费习俗主要涉及有关物质生活范畴。物质消费习俗与社会经济发展水平之间具有反向关系,即经济发展水平越高,物质消费习俗的影响力越弱。这类消费习俗主要包括以饮食消费习俗、服装消费习俗、住宿消费习俗和日用消费习俗等四个方面。如少数民族各具特色的服装、服饰消费习惯等。

(2)社会文化消费习俗。社会文化消费习俗是指受社会、经济、文化的传统影响而形成的非必需物质消费方面的习俗,包括喜庆类、纪念类、信仰类和文化类等四个方面的消费习俗。社会文化消费习俗具有比物质消费习俗更强的稳定性。

3.消费习俗对消费者心理与行为的影响

消费习俗涉及的内容相当广泛,而且形成过程历史悠久,因此其对人们消费心理与行为的影响也是深刻而广泛的。

(1)使消费心理具有相对稳定性。由于消费习惯具有稳定性的特点,消费者长期受习俗的影响,自然会偏爱符合消费习俗的商品,因而会经常购买这些商品,形成稳定的消费心理。比如临近端午节,人们会购买粽子;临近中秋节,人们会购买月饼;为庆祝春节要购买大量的节日商品;等等。

(2)使消费行为具有普遍一致性。受消费习俗影响,某个区域内的大量消费者会重复购买那些符合消费习俗的商品,从而导致在特定时间范围内消费行为的普遍一致性。

(3)制约消费心理与行为的变化。消费习俗几乎导致了人们消费行为的定制化。人们的日常消费活动在很大程度上被习俗心理所影响。由于遵从消费习俗而导致的消费活动的习惯性和稳定性,将大大延缓消费者心理及行为的变化速度,并使之难以改变。

正是由于消费习俗对消费者心理与行为有极大影响,所以企业在从事生产经营活动时必须适应目标市场消费者的习俗特性。尤其是在进行跨国、跨地区经营时,企业更应深入了解不同国家、地区消费者消费习俗的差异,以使自己在激烈的市场竞争中处于有利地位。

(二)消费流行

消费流行是指消费者在追求时兴事物的消费风潮中所形成的从众化需求。事实证明,消费流行往往是新的常规性消费行为形成的前提。从消费流行中可以把握住社会群体思想脉搏,超前把握消费潮流与趋向,增强营销的主动性。

1.消费流行的特点

与一般消费相比,消费流行具有如下特点:

(1)骤发性。消费者往往对某种产品或服务的需求急剧、迅速增长。这是消费流行的主要标志。

(2)短暂性。消费流行具有来势猛、消失快的规律。故而常常表现为“昙花一现”,其流行期有时三五个月,有时一两个月。同时,消费者对流行产品的重复购买率低,多属一次性购买,从而也缩短了流行时间。

(3)一致性。消费流行本身由从众化需求决定,使得消费者对流行产品或服务的需求时空范围趋向一致。

(4)集中性。由于消费流行具有一致性,且消费表现为从众化的购买活动,因此,在流行产品流行时间相对短暂的影响下,流行产品购买活动趋向集中,从而易于形成流行高潮。

(5)地域性。这是消费流行受地理位置和社会文化因素等影响造成的。在一定的地域内,人们形成了某种共同的信仰、消费习惯和行为规范,区别于其他地域。因而甲商品在A地流行,但在B地就不一定流行,甚至是被禁止使用的。

(6)梯度性。这是由于消费流行受地理位置、交通条件、文化层次、收入水平等多种因素影响。消费流行总是从一地兴起,然后向周围扩散、渗透。于是在地区间、在时间上形成流行梯度。这种梯度差会使得流行产品或服务在不同的时空范围内处于流行周期的不同阶段。

(7)变动性。从发展趋势来看,消费流行总是处于不断变化之中。求新求美是消费者永恒的追求,也是社会进步和需求层次不断提高的反映,这势必引起消费流行不断变化,流行产品不断涌现。

(8)群体性。一种消费流行往往是在特定区域的特定的人口群体中开始发生的。如果这种消费流行具有通用性和群众性,就会为更多的人口群体所接受和仿效,迅速发展壮大。

(9)相关性。人们的消费需求不仅仅是相互关联、相互依存的,而且往往还组成某种消费需求群,表现出奇特的系统组合特征。例如,在西服热兴起的时候,消费者的需求并不仅仅局限于西服本身,而是随着对西服需求量的增加,对衬衫、领带、皮鞋、袜子等消费品的需求量也都同时上升。这里,消费者对西服的需求实际上就是一个需求群,或者说是一个需求系统。

(10)回返性。人类的消费需求、兴趣、爱好和习惯,在历史发展的路程上常常出现一种回返特征,在消费市场上,一段时间里为人们所偏爱的某种商品,往往供不应求,十分紧俏。但是,只要消费“热”一过,这种曾风靡一时的紧俏货,就会成为明日黄花无人问津。然而,过一段时间后,那些早已被人们遗忘了的东西,可能又重新在市场上出现和流行。

(11)周期性。消费流行尽管具有骤发性、短暂性等特点,但同时,某种消费倾向自发端于市场到退潮于市场,有一个初发、发展、盛行、衰减、过时的过程,这个过程即为消费流行周期。

2.消费流行周期各阶段的特性及营销对策

(1)流行初发期

这是只有好奇心强、少数的消费者对某种即将流行的商品产生需求的阶段。在此阶段,市场上对即将流行的该商品需求量很小。不过,销售量有望缓慢上升、持续扩大。

在此阶段的对策应是:细心观察市场风云变化,分析影响该商品流行的各种因素,迅速作出该商品是否能够流行的预测,同时进行试销。此阶段应该采取适当的促销手段,“催发”流行。有人说,流行并不是自然形成的,而是有意制造出来的。这话不无道理,“催发”某种流行现象是完全可能的,其方法是有如下几种。

其一,充分发挥新闻的作用。新闻具有引导流行的作用。每年的国际流行色预测、服装流行款式预测和流行商品预测等,无不是通过新闻媒体的宣传报道。

其二,综合性广告宣传。广告商准备好强有力的广告信息,通过不同的形式,宣传一个或几个相类似的形象,并用相同的语言,不断地反复进行宣传,以使公众对之加深印象。美国女人减肥成风,有人认为原因有二:一是爱美的天性(内因);二是广告的逼迫(外因)。美国的各种新闻媒体以及医生和时装店老板,每天都用无数的广告来“围剿”肥胖的女性,使她们无地自容,广告连篇累牍地称胖人如何多灾多病,如何不够风光体面,使之产生自卑感,逼得美国女人只好饿着肚子减肥。综合性广告宣传制造了流行减肥现象。

(2)流行发展期

流行发展期表现为多数消费者对某种流行商品有所认识,开始产生大量需求。该商品成为流行品已露端倪,过去观望、等待的消费者已开始购买该商品,因此需求量急剧增加,市场成为“卖方市场”,出现供不应求的局面。这时企业采取的对策是:利用现有设备和人力,最大限度地扩大生产规模,全力开拓市场,大量销售产品。

需要指出的是,消费流行品与一般产品不同,它主要体现在“时兴”上面。因此,企业在设计、开发、引进、购买新产品时,必须把重点放在适应消费者追求流行、表现自我这些心理特征上来,注重消费者心理特征这一“软件”的开发,从产品的设计到产品的包装,处处要突出一个“新”字,设计应该多样化、现代化;包装的大小、形状、构造、材料的选择要方便化,具有审美价值,使消费者一见便可产生购买动机。在价格策略方面,企业宜采取“撇脂定价策略”,即以高价进入市场的策略。当流行形成初潮后,可适当降低价格,使流行速度加快,让大量的消费者采取趋时购买行为,使市场需求不断扩大,形成理想的流行浪潮。

消费流行具有时间相对短暂、购买行为集中和一致的特征,为此,企业可采取“短渠道”和“宽渠道”的渠道策略,即流通环节要少,中间商要多。环节少,生产企业甚至直接推销,有助于消费流行高潮的形成。中间商数目多,通过多个批发商、零售商销售流行产品,有助于消费流行范围的扩大,便于在相对短暂的时间内将产流行产品销售出去。另外,中间商数目多,可弥补消费流行梯度形成的空当,变滞后的消费流行市场机会为企业的机会,便于企业提高市场占有率。

(3)流行盛行期

这一阶段,某种商品备受广大消费者青睐,在市场上广为流行。该种商品市场销售量达到高峰,预期价格回落,持观望态度的消费者极少。市场暂时出现供求平衡的态势。此时,生产、仿冒该流行品的厂家也在增多。因此,企业采取的对策应是:第一,加强广告宣传,提醒消费者注意辨别假冒伪劣产品。第二,提高产品质量,增加花色品种,扩大市场。第三,加强市场预测,全力进行新产品开发,做好转产的准备工作,以便在竞争中处于主动地位。

在价格方面,当流行高潮过去之后,流行趋势大减,企业可继续降低价格,甚至采取大甩卖的形式处理过时的流行品,加速资金周转,并致力于新产品的开发工作。

(4)流行衰减期

此时,某种流行商品已基本满足了市场需求,销量渐呈降势,出现供大于求的局面。此时市场演变为“买方市场”,企业之间竞争激烈。企业在这一阶段应采取降价销售等策略,抓紧时机处理剩余产品;调整生产,试销新产品,适应新的市场需求,迎接新一轮消费潮流。

(5)流行过时期

在此阶段,人们对某种产品或服务的需求热情逐渐消失,只能在少数人身上看到这一消费流行的痕迹。企业在此之前思想上应有所警觉,行动上应有所准备,做到随机应变。

上述关于消费流行心理的分析表明,消费流行是有规律可循的,因而也是可以预测的。企业可以通过对流行趋势的准确预测,制定相关营销策略,指导生产经营活动。

四、网络消费心理与行为分析

网络市场被看成是一个不同区块的市场集合,具有全球化、开放性、多样化、个性化、即时性、虚拟性等多种特征。其中虚拟性是网络市场与现实市场的根本区别。互联网的使用者不仅仅连接数以百万计的计算机和数以亿计的文字、图像,而且还是巨大的全球化虚拟社会中的一员。

(一)传统消费者的消费与网络消费者的不同

无论是消费者的网络购买还是一般的传统购买,都是最终市场购买,都是产品价值的最终实现。但传统消费者的消费与网络消费者有所不同。

1.传统消费者消费的主要特征

(1)非专家性。传统消费者通常对所购产品缺乏真正的了解和掌握,他们通常不是真正根据产品的质量、功能等内在因素来判断一种产品的好处,而是以产品的品牌、外观、价格等外在因素来判断一种产品的优势,受企业广告宣传影响较大,其购买行为具有可诱导性。传统消费者的购买更多的是一种掺杂了情感的冲动型购买。

(2)非营利性。传统消费者购买消费品的目的大多是满足不同的生活消费,这与产业市场以营利为目的的理性购买不同。

(3)分散性。传统消费者较为分散,购买的次数比较频繁,但每次交易的数量较少。

(4)社会性。传统消费者的消费需求大多源于社会压力,是一种心理需求,而非传统的生理需求。这种心理需求的必需性大大小于生理的必需性,受购买力变化的影响较大,具有较大的弹性,因此这种需求也是选择性的。社会性的另一个表现就是消费需求的不断发展。由于社会经济的不断发展,消费需求也随之发生变化。

2.网络消费者消费的主要特征

由于网络媒体的特殊性,网络消费者的消费除了具备一般的购买特征外,还有以下特征。

(1)主动性。无论是在对产品或服务需求的表达,还是在信息的搜集或售后的反馈上,网络环境下的消费者主动性都大大增强。消费者不再被动接受厂商提供的产品,而是根据自己的需要主动上网寻求,甚至通过网络系统要求厂商根据自己对产品的要求或准则量身定做,从而满足自己的个性化需求。

(2)充分比较。由于网上销售并不被货架束缚且网上的商家众多,因此网购平台可以提供比真实商店更多的产品。网上书店 Amazon(亚马逊)的书目达 300 多万种,这个数目是任何一家传统书店都无法用货架摆出并销售的。所以,消费者在网上的比较、选择要自由、充分得多。

多如牛毛的产品在使消费者的挑选余地增大的同时，也对消费者的购买行为产生了负面影响，令消费者几乎无法下手。因此网站上常会设立产品或服务推荐栏目，并出现了一些比较网站、分析模型与评定软件，让消费者对获得的信息有一个全面的分析与评定，从而引导消费者的消费行为。

(3)理性化。在网络环境下，消费者面对的是网络系统，是计算机屏幕，在购物的过程中有效地避免了环境的嘈杂以及各种影响和诱惑。网络和电子商贸系统巨大的信息处理能力为消费者在挑选产品时提供了空前规模的选择余地，选择的范围也不受地域和其他各种条件的约束。在这种情况下，消费者变得很聪明，对铺天盖地而来的广告已具有相当的抵抗力，却对“枯燥乏味”的数据情有独钟，这一切都使得消费者购买时的理性成分大大增加。

消费者网上购买行为理性化的结果是：他们的需求更加多样化了，个性化逐渐凸显出来。消费者开始向厂商提出“挑战”，并开始制定自己的消费准则。

(二)网络消费需求动机

需求是人类从事一切活动的基本动力，是消费者产生购买想法、作出购买行为的直接原因。一个人的购买行为总是直接或间接、自觉或不自觉地满足某种需求。由需求产生购买动机，再由购买动机加上购买决策导致购买行为。因此，研究人们的网络购买行为，首先要研究人们的网络消费需求。

虚拟社会中人们联系的实质是希望满足虚拟环境下三种基本的需要：兴趣、聚集和交流。开展电子商务的企业要从调动消费者兴趣出发，利用和谐的氛围和丰富的信息资源聚集消费者群体，通过完善的检索手段和通信设计充分交流信息，最后达到扩大销售的目的。

1. 兴趣

分析畅游在虚拟社会的网民可以发现，很多网民之所以热衷于网络漫游，是因为其对网络活动抱有极大的兴趣。这种兴趣的产生，主要受两种内在驱动力影响：一是探索的内在驱动力。网络给人展示了一个前所未有的广阔世界——从每日的新闻报道、各种各样的科学文化知识，到千奇百怪的娱乐活动，可以说几乎囊括了人类所有的知识精华。人们出于好奇心探究秘密，驱动自己沿着网络提供的线索不断地向下查询，希望能够找出符合自己预想的结果，有时甚至到了不能自拔的境地。二是成功的内在驱动力。当人们在网络上找到自己需求的资料、软件、游戏时，自然会产生一种成功的满足感。随着这种成功的满足感的不断加强，人们对网络的接受程度也在不断地增强。新知识的吸引力和创造性思维带来的愉悦感，使人们无须外力推动，不必受嘉奖刺激，完全出于内在的追求而久久停留在网络上。

这种兴趣会产生相当于现实社会中物质以外的购买欲望。例如网上推行的会员制。成为会员本身就须交纳一定的入会费。这种购买资格的行为，大部分是以获得比较专业化、时效性强的信息为目的的。同时这种会员制的资格取得以后，也是有时间限制的。因为“网络上没有免费的信息”。即使现在它没有向你收费，那么它可能正在利用这种免费形式吸引你，从而达到其他的目的。网络上最主要的消费资源就是注意力。兴趣本质就是一种注意力的需求。如果这种注意力可产生商业的利润，那么这种兴趣就变成了真正意义上的商业需求。

2. 聚集

虚拟社会为具有相似经历的人提供了聚集的机会，这种聚集不受时间和空间的限制，并形成富有意义的个人关系。通过网络而聚集起来的群体是一个极为民主性的群体。在这样一个群体中，所有成员都是平等的。每个成员都有独立发表自己意见的机会，这种轻松的氛围使得在现实社会中经常处于紧张状态的人能够在虚拟社会中寻求到解脱。

应当指出的是，对于虚拟社会的人们，聚集只是网络应用的枝端末节。网络真正的目的在于沟通商业、生产、科技等方面的信息。人们可以在运河里游泳，但是没有人会为游泳而修运河，因为运河的真正作用在于灌溉和运输。只有利益才能促成浩大的工程。网络也一样，它在为价值没有被充分实现或被浪费的资源寻找出路。但是寻找出路的前提是知道哪里有需求、哪里有供给。网络为信息的广泛传播提供了很好的基础和场所。这种基础和场所本身就具有不可估量的商业价值。此外，对资源充分利用所产生的价值的充分实现所带来的商业增值也是巨大的。

3. 交流

聚集起来的网民以及企业组织，自然会产生一种交流的需求。信息的交流由沟通演变为交易，成为人们确确实实的需求。随着这种信息交流的频率的提高，交流的范围也在不断地扩大，从而产生示范效应，带动对某些种类产品和服务有相同兴趣的成员聚集在一起，形成商品信息交易的网络，即网络商品交易市场。这是一个虚拟社会，而且是高级的虚拟社会。在这个虚拟社会中，参加者大都是有目的的，所谈论的问题集中于商品质量的好坏、价格的高低、库存量的多少、新产品的种类等。通过网络，企业交流买卖的信息和经验，以便最大限度地占领市场，降低生产成本，提高劳动生产率。人们对于这方面信息的需求永远是无止境的。这就是电子商务出现之后能迅速发展的根本原因。

（三）网络消费心理与行为的特征

由于电子商务的出现，消费观念、消费方式和消费者的地位正在发生着重要的变化。电子商务的发展使商品生产者、供给者与消费者的距离消失了，加之消费的信息极为丰富和极易传播，促进了消费者主权地位的提高。在互联网上，消费者极易掌握丰富的信息，并且快速、低成本地挑选极为方便，这使得消费行为有充分的信息依据，消费质量大大提高。而且，在电子商务的推动下，企业极为快速地感知市场和消费者的反应。虚拟商店的无库存低或库存经营，以及中间环节的减少，使消费者与生产者能够直接交流与互动。消费观念、消费方式和消费者地位的转变，使得当今的企业面临着前所未有的激烈竞争，市场正由卖方市场向买方市场转变，消费者主导的营销时代已经来临。在买方市场上，消费者面对更为繁杂的商品和品牌选择，这一变化使网络消费呈现出新的特点和趋势。

1. 消费者消费个性回归

消费随着技术、社会的发展经历了一系列的演变。首先是前大众传媒、大众营销时代的个性化消费。此时的销售形式多为一个区域内的消费者均在一个零售店购买所需的日常用品。由于顾客少、购买地点集中，零售店店主比较熟悉各位顾客的消费习惯和偏好，因此，他在组织货源时，不会引入人们不需要的商品；在顾客购买时，他也会根据不同顾客的偏好向他们推荐商品。总之，此时此刻的零售店店主自发地进行着较低级的个性化顾客服务。

接下来是大众营销时代的消费。在20世纪50年代，国外大众市场营销借助于电视广告、购物商城、超级市场、大规模生产的工厂以及适合大批量消费的市场环境，开始改变人们的消费方式。大众市场营销使公司失去了和顾客亲密的关系，它仅仅将顾客看成是统计报表中的数字，而不是有需求差别的人。大家都会记得福特公司那句傲慢的话："不管顾客需要什么颜色，我的汽车就是黑色这一种。"这就是那个年代市场营销的真实写照。

但当市场经济发展到今天，多数产品无论在数量上还是在品种上都已极为丰富，消费者能够以个人愿望为基础，挑选和购买商品或服务，消费回归个性化。更进一步来看，他们不仅能作出选择，而且还渴望选择。他们的需求量更大了，需求的变化也更多了。从理论上看，每个消费者的心理是不完全一样的，每一个消费者都是一个细分市场。心理上的认同感已成为消费者作出购买决策的先决条件，个性化消费正在也必将成为消费的主流。个性化消费使网络消费需求呈现出差异性：不同的网络消费者因所处的时间、环境不同而会产生不同的需求，不同的网络消费者在同一需求层次上的需求也会有所不同。这是因为网络消费者来自世界各地，国别不同，民族不同，信仰不同，生活习惯也不同，因而产生了明显的需求差异性。这种差异性导致商务活动的差异。所以，从事网络营销的厂商要想取得成功，必须在整个生产过程中，从产品的构思、设计、制造到产品的包装、运输、销售，都认真思考这种差异性，并针对不同的消费者的特点，采取有针对性的方法和措施。

2.需求产品的层次具有逆向扩展性和交叉性

在传统的商业模式下，人们的需求一般是由低层次向高层次逐步延伸发展的，只有当低层次的需求满足之后，才会产生高一层次的需求。而在网络消费中，人们的需求具有逆向扩展性，即由高层次向低层次的扩展。在网络消费的开始阶段，消费者侧重于精神产品的消费，如通过网络书店购书，通过网络光盘商店购买光盘。到了网络消费的成熟阶段，消费者在完全掌握了网络消费的规律，并且对网络购物有了一定的信任感后，才会从侧重于精神消费品的购买转向日用物质消费品的购买。

网络消费需求产品的层次还具有交叉性。在网络消费中，各个层次的消费不是相互排斥的，而是具有紧密联系的，需求产品层次之间广泛存在交叉现象。例如，在同一张购货单上，消费者可以同时购买最普通的生活用品和昂贵的饰品，以满足生理的需求和尊重的需要。这种情况的出现是因为网络虚拟商店可以囊括几乎所有的商品，人们可以在较短的时间里浏览多种商品，因此产生交叉性的购买需求。

3.需求产品的更新速度加快

现代社会的发展和变化速度加快，新生事物不断涌现，网络消费者的主体是具有一定超前意识的中青年，他们对新生事物反应灵敏，接受速度很快。网络营销构造了一个世界性的虚拟大市场，在这个市场中，最先进和最时髦的产品会以最快的速度与消费者见面。具有创新意识的网络消费者必然很快地接受这些新的产品(包括国内的和国外的)，从而带动新一轮消费热潮。过去一种产品流行许多年的现象已极为罕见，需求产品的更新速度加快，品种、花色层出不穷。产品寿命周期的缩短，反过来又会促使消费者心理转换速度进一步加快，消费者求新、求变的需求进一步加强。从事网络营销的厂商应当充分发挥自身的优势，采用多种营销方法，启发、刺激网络消费者新的需求，唤起他们的购买兴趣，诱导他们将潜在的需求转变为现实的需求。

4.消费行为的理性化

尽管需求产品的更新速度加快，但网络消费者的消费行为却是理性的。这是由于在网络环境条件下，消费者面对的是网络系统，商品选择的范围可以不受地域和其他条件的约束。理性的消费行为主要表现在以下三个方面。

(1)大范围的选择、比较。对个体消费者来说，购买往往会“货比多家”，精心挑选。那种因受信息来源和地理环境所限，不得已而为之的“屈尊”购物现象将不复存在。对单位采购、进货人员来说，其进货渠道和视野也不会再局限于少数几个定时定点的订货会议或几个固定的供货厂家，而是会大范围地选择质量好、价格合理、信用条件佳的厂家和产品。

(2)理智的价格选择。虽然营销工作者倾向于以各种差别来减弱消费者对价格的敏感度，避免恶性削价竞争，但价格始终对消费心理有重要影响。对个体消费者来说，他们不再被那些先高位出价，然后再没完没了的讨价还价的价格游戏弄得晕头转向，他们会利用手头的计算机快速算出商品的实际价格，然后再作横向的综合比较，以决定是否购买。对单位采购、进货人员来说，他们会利用预先设计好了的计算程序，迅速地比较进货价格、运输费用、优惠折扣、时间、效率等综合指标，最终选择最有利的进货渠道和途径。也就是说，在网络环境条件下，人们必然会更充分地利用各种定量化的分析模型，更理智地进行购买决策。另外，消费者可以通过网络联合起来向厂商讨价还价，具有过去单独个体不具有的要价能力，使定价从企业定价转为消费者引导定价。

(3)消费主动性增强。在网络环境下，消费者不再在被动的方式下接受厂家或商家提供的产品或服务，而是根据自己的需要主动地通过各种可能的途径获取与产品有关的信息并进行分析比较，去寻找适合的产品。如果找不到，消费者则会通过网络系统向厂家或商家主动表达自己对某种产品的欲望和要求，其结果是使消费者实际参与和影响企业的生产和经营过程。在社会分工日益细化和专业化的趋势下，即使在许多日常生活用品的购买中，大多数消费者也缺乏足够的专业知识对产品进行鉴别和评估，但他们对获取与产品有关的信息和知识的需求却并未因此而消失，反而逐渐增强。这是因为消费者对购买的风险感随着选择的增多而上升，而且对单向的“填鸭式”营销沟通感到厌倦和不信任。消费者自己的主动分析也许不够充分和准确，但他们却可以从中获得心理上的平衡，以减轻风险感或减少购买后产生后悔感的可能，增加对产品的信任和心理上的满足感。消费主动性的增加来源于现代社会不确定性的增加和人类对心理稳定与平衡的追求。

5.对购买方便性的需求与购物乐趣的追求并存

一部分工作压力较大、紧张度高的消费者会以购物的方便性为目标，尽量追求时间、精力和劳动成本的节省，特别是对于需求和选择都相对稳定的日常消费品来说，这一点尤为突出。然而另一些消费者则恰恰相反，由于劳动生产率的提高，人们可供自由支配时间的增加，一些自由职业者或家庭主妇希望通过购物打发时间，寻找生活乐趣，保持与社会的联系，减少孤独感。因此他们愿意多花时间和精力去购物，而前提是购物能给他们带来乐趣，能满足他们的心理需求。这两种相反的心理将在今后较长的时间内并存和发展。

【典型案例】

社区的力量

2003年3月下旬，北大未名BBS(论坛)的“BEAUTY美丽时尚”版爆发了空前的讨论。导火线就是日本高丝化妆品公司的明星产品雪肌精。此产品自问世已畅销30年，很多杂志和论坛都将它评为最佳美白化妆水。以北京当代商城为例，其配套产品清肌晶和纯肌萃也都经常脱销。

这次的促销活动是272元的雪肌精套装，内含一瓶清肌精(10g)、6片纸膜、一瓶雪肌精乳液(20ml)、一瓶雪肌精化妆水(200ml)。

消息一出，真如一石激起千层浪。有的人回想起自己去年买360ml的雪肌精要480元，一分也没便宜；有的人称再便宜也坚决不“败”(败：意为败家，即花钱购买)；还有相当多的人已经嚷嚷着第二天一大早就要去当代商城抢购。从有人在版上公布促销消息，一两天时间，当代商城的30套产品就售罄了。

“BEAUTY美丽时尚”版上的跟风之所以如此强烈，一个重要原因就是，在普通消费领域，人们更倾向于从熟人那里获取信息，更倾向于相信熟人。相对于播出了10次的广告，人们更容易被一个朋友实际使用后的评语所影响。很多人会想当然地认为，既然雪肌精受到这么多人的追捧，而且他们和自己一样都是普通的消费者而非厂商，那说明该产品肯定是个值得尝试的好产品，因此蜂拥而上。再有一个原因就是，人们对于他们亲身积极参与而形成的观点，要比他们被动地从别人那里听到的观点容易接受得多，而且不易改变并乐于向他人传播。

问题：结合自身经历，谈谈你对这种消费跟风现象的理解。

【本章小结】

群体具有较强的整体性，对个体具有很大的支配力。一般来讲，要改变个体首先可使其所属的群体发生变化，这要比直接改变个体更容易且更迅速。因此在本章我们讨论了群体和消费者群体的概念，了解了消费者群体在多大程度上影响了消费者的消费心理和行为，分析了消费者群体的成因及其细分，重点研究了几类主要消费者群体的心理与行为特征，对消费流行与习俗对消费者心理与行为的影响进行了探讨，分析了在当前的网络环境下，网络消费者的消费特征和行为以及网络消费需求动机。

【思考练习】

1. 试述消费者群体存在的意义。
2. 结合所在城市的实际情况，试描述都市中产阶层消费者的特征。
3. 什么是消费习俗？企业如何利用消费习俗制定自己的营销策略？
4. 为什么大多数消费者倾向于寻找自己的归属群体？
5. 分析都市女性白领消费心理和行为的特征。
6. 举例说明某地的消费习俗对当地消费者的消费理念和消费行为的影响。
7. 试述网络消费者的消费特征和行为与传统消费者的区别。
8. 试分析在当前的网络环境下，网络消费环境与传统消费环境相比所具有的优势和劣势。
9. 举例说明网络消费需求动机。
10. 在网络环境下，消费者将会逐渐地熟悉不同的营销方式。试结合市场营销的4ps(产品、价格、渠道、宣传、策略)理论，讨论网络营销方式给消费者消费行为模式带来的影响。

第八章　影响消费者心理的因素

【导入语】

近几年来，消费者的消费行为已变得更丰富多彩而个性。那么，是什么影响着消费者消费行为及其变化？是什么影响着消费者的消费心理？

本章将对影响消费者心理的环境因素展开讨论，主要讨论社会文化环境中的文化及亚文化、社会阶层、参照群体、家庭等对消费者心理的影响和商家营销中的商品因素及价格因素。

【学习目标】

- 掌握社会文化、亚文化和社会阶层的含义及对消费者心理的影响。
- 了解参照群体和家庭对消费者心理的影响。
- 了解产品及产品定位与消费者心理的关系。
- 掌握商品名称、商标、包装对消费者心理的影响。
- 掌握产品定价的意义与策略。

【关键词】

文化 culture
亚文化 sub-culture
社会价值观 social value
社会阶层 social class
参照群体 referential group
家庭生命周期 life circle of family
家庭购买决策 purchase strategy of family
产品 product
产品定位 product orientation
商标 mark
品牌 brand
价格心理功能 psychological function in price
价格心理 psychology in price

一、社会环境因素

人具有社会性，人在促使社会发展的同时也受社会诸多因素的制约。作为社会成员之一，每个消费者都生活在一定的社会环境中，并与其他社会成员、群体和组织发生直接或间接的联系。因此，社会环境中的文化及亚文化、社会阶层、参照群体、家庭等都会影响消费者的心理，影响他们的购买意图和选择，影响他们的购买行为和产品使用。

(一)文化及亚文化

文化是一种社会现象。每一个社会都有与之相适应的文化，并随着社会物质生产的发展而发展。在影响消费者心理的各种社会环境因素中，文化有极为重要的地位。

1. 文化

文化指的是人类在社会历史发展过程中所创造、积累起来的一切成就，包括一切物质财产和精神财富。文化可分成以下三类：①物质文化。它是通过物质生活和各种具体的实物表现出来的，如建筑物、交通工具、通信工具、衣服、装饰等。②精神文化。它是通过精神活动和精神产品表现出来的，如文学艺术、科学、哲学等。③行为文化。它是通过社会成员共同遵守的社会规范和行为规范表现出来的，如道德、风俗、信仰、价值观等。文化是一个范围很广的概念。介绍本部分内容的目的是理解文化对消费者心理的影响，因此，这里使用的文化概念指的是人们在社会发展过程中形成并经世代流传下来的风俗习惯、价值观念、行为规范、态度体系、生活方式等。

文化具有规范性。文化为人们的行为提供了秩序、方向和指导。例如，文化提供了如下标准和“规则”：什么时间吃饭和吃什么；在什么场合着什么装；什么是生活必需的，什么是“奢侈的”；等等。同时也为人们的行为设置了“边界”，也就是我们通常所说的规范。规范就是关于特定情况下人们应当或不应当作出某些行为的规则。当人们违背文化规范时将会受到惩罚。如图 8-1 所示，文化价值观导致一定的社会规范以及不遵守这些规范要受到的惩罚，而规范或惩罚则最终影响人们的消费模式。

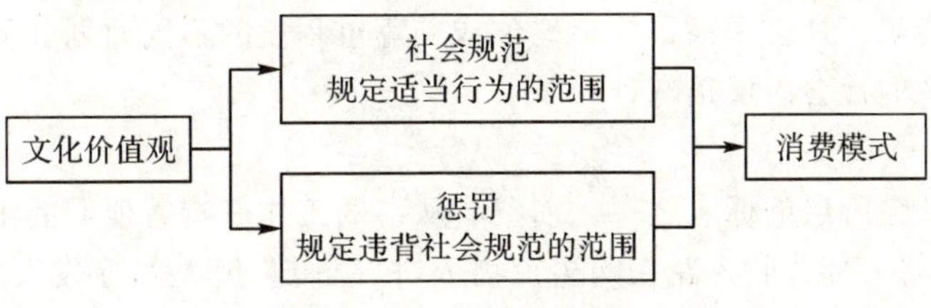

图 8-1　文化与消费模式

文化是动态的。文化的存在是为了满足社会中人们的需要，因此，随着社会的发展和人们需要的变化，文化也将不断地演变。与之相适应，人们的价值观、习惯、生活方式等也随之变化和调整。

2. 亚文化

亚文化是文化的细分和组成部分。通常，对一个国家来说，风俗习惯、宗教信仰、价值观等文化要素对人们的影响，会因民族、地区、年龄、性别等的不同而表现出不同的特点。民族、地区、年龄、性别等具体方面的文化特征称为亚文化，具有这种亚文化特征的群体称为亚文化群。社会上有各种各样的亚文化群。一个人可以属于一个亚文化群，也可以同时是几个亚文化群的成员。例如，一位中年男士，同时是汉族人、佛教徒、会计等。

3.文化对消费者心理的影响

文化对人的影响是全方位的，当然也包括对人的消费心理的影响。这里我们主要分析的是风俗习惯、宗教信仰、民族性格等对消费者心理的影响。

(1)风俗习惯

风俗习惯反映了一个国家、地区或民族在物质生活、文化生活、家庭生活等方面的传统，具体表现在服饰、饮食、居住、婚丧嫁娶、待人接物、文娱活动、节日和禁忌等方面。风俗习惯在消费方式上的表现称为消费习俗，主要有喜庆性消费习俗、纪念性消费习俗、信仰性消费习俗、政治性消费习俗、民族性消费习俗、地域性消费习俗等。这些消费习俗是一个国家、地区或民族约定俗成的习惯，在不同国家、地区或民族有不同表现。但生活在其中的人们都要受到它的影响，他们的消费心理不可避免地受制于风俗习惯。

(2)宗教信仰

世界上的宗教种类很多，其中比较著名的世界三大宗教是佛教、基督教和伊斯兰教。这几种宗教各自又分为几种教派，例如基督教就分为东正教、天主教和新教。

各种宗教对于教徒的婚丧嫁娶、饮食等方面都有规定，而教徒一般都必须严格遵守。

很多节日都与宗教信仰有关。例如，开斋节、吉尔邦节是伊斯兰教的盛大节日，圣诞节是基督教的盛大节日。又如傣族的泼水节、白族和彝族的火把节等也都是和宗教信仰有关的节日。节日常常是消费者消费的旺季、厂商销售产品的黄金季节。

(3)民族性格

民族性格是指一个民族大多数成员都具有的、反复出现的心理特征和性格特点的总和。每个民族都有自己的民族性格。不同的民族性格自然会反映到消费者的心理和行为上。例如，对多数中国人来说勤劳、节俭是一种美德，反映在消费心理上就是重积蓄，重计划，追求商品的实用、耐用。

(二)社会阶层

社会阶层是指某一社会中根据社会地位或受尊重程度的不同而划分的社会等级。以下因素对理解消费者的社会阶层很有帮助。

1.职业

职业是划分社会阶层的标志之一。消费者从事的工作影响着他们的生活方式和消费方式。例如，工人会将大部分收入花在购买食物上，白领们会把大部分收入用于着装、外出吃饭上。有时，人们会错误地把收入与社会阶层画等号。虽然收入与社会阶层有一定的关系，但是社会阶层并不完全由收入决定。例如，在农贸市场卖甲鱼的小贩的收入可能会比大学教授高，但通常人们认为教授的社会阶层比小贩的高。

2.个人表现

一个人的地位可能受其个人表现影响。反映个人表现的指标之一是一定职业范围内的收入，也包括与工作无关的追求。例如，一个人尽管从事低收入工作，但如果被认为是乐于助人的、和蔼的、可以依赖的，仍可能达到较高的社会层次。

3. 相互作用

人所处的社会阶层也可能由人所在的群体关系以及相互作用决定。个人威望、人际关系和社会中的相互作用是社会阶层的核心概念。人总是愿意与自己有相似价值观和行为的人在一起，由此区分社会阶层。

4. 财产

财产是社会阶层的标志。它可以帮助人们分析为什么不同社会阶层的消费者购买不同商品；也有利于人们理解某些产品的象征意义。比如，对那些努力进入高社会阶层的人或者想和高社会阶层的人搭上关系的人来说，购买某些品牌的产品可能部分出于显示身份、地位的愿望。

5. 阶层意识

这是一个人对自己所处的拥有共同的政治经济利益的社会阶层与众不同的认识。在某种程度上，一个人所处的社会阶层由其对社会阶层的认识来决定。低社会阶层的人可能会意识到社会阶层的事实，但可能不会对社会阶层之间的某种不同之处非常敏感。因此，针对高社会阶层的广告经常由于阶层的标识而显得与众不同，但针对中、低社会阶层的广告如果使用另外社会阶层诱惑的方法可能不会有效。

(三)参照群体

群体由两个或两个以上具有一套共同的规范、价值观或信念的个人组成，他们彼此之间存在着隐含的或明确的关系，其行为相互依赖。参照群体是指用作评价人物或事件标准的群体，这个群体对个人的行为、态度、价值观等有很大影响，在某种特定情况中，这个群体常常被作为个人的行为向导。

大多数人都会选择一些群体作为参照群体。参照群体主要以三种方式影响消费者的认知、情感和行为。

1. 信息性影响

这类影响发生在消费者把参照群体成员的行为和观念当作有用信息加以参考时，其影响程度取决于消费者与群体成员的相似性以及施加影响的群体成员的专长。例如，某人发现参照群体中有好几个人都购买了某种品牌的家用电器，于是他也决定买这个品牌，因为有证据(它被参照群体中的人使用)证明它是一个好的品牌。又如，某人决定在某处买计算机，因为他的一位精通计算机的朋友在那儿买了一台。

2. 规范性影响

规范性影响又叫功利性影响，它指个人为了获得赞赏或避免惩罚而满足群体的期望。当消费者认为参照群体能够控制奖励和惩罚而且他们本人也希望得到相应的奖励或避免某种惩罚的时候，这种影响就出现了。例如，为了得到同事们的赞赏，某人专门购买某一品牌的化妆品或服装。又如，宣称如果不使用某种产品就得不到群体认可的广告，利用的就是群体对个体的规范性影响。

3. 价值表现上的影响

这类影响表现在它能影响人们的自我认同感，它的产生以个人对参照群体价值观和参照群体规范的内化为前提。在内化的情况下，即使没有外在的奖励与惩罚，个体也会依据参照群体的价值观与规范行事，因为群体的价值观已经成了个体自身的价值观，个体已经完全接受了群体的规范。例如，某人的很多朋友都在服用保健食品并坚信保健食品有用，他也逐渐相信保健食品是有益的，并开始有规律地服用。

参照群体对消费者购买行为的影响程度是不一样的。在某一特定情况下，参照群体可能对购买行为的影响很小，也可能会影响到消费者对某类产品的使用及对产品类型或品牌的选择等。影响参照群体影响力发挥的因素主要有以下几个。

(1)产品与品牌。参照群体对不同产品与品牌的影响力主要体现在两个方面：一是产品与品牌的使用可见性。使用可见性是指某产品与品牌在使用时被他人认知、关注的程度。例如，运动鞋的产品种类、型号和品牌都是可见的；衣服的种类和款式是可见的，但品牌则较不明显。当产品与品牌的使用可见性很高时，产业群体影响力大；反之产品与品牌在使用时是隐蔽的，则参照群体影响力小。二是产品的必需程度。这种产品是必需品还是非必需品，参照群体影响力不一样。必需品是每个人都必须拥有的东西，非必需品是特定阶层的人或在特定的情况下才拥有的东西。一件产品的必需程度越低，参照群体影响力越大。表 8-1 展示了参照群体发挥影响力的程度。

表 8-1　参照群体发挥影响力的程度

可见性	必需品	非必需品
可见	公共必需品 参照群体对产品购买的影响力：弱 参照群体对品牌选择的影响力：强	公共奢侈品 参照群体对产品购买的影响力：强 参照群体对品牌选择的影响力：强
隐蔽	私人必需品 参照群体对产品购买的影响力：弱 参照群体对品牌选择的影响力：弱	私人奢侈品 参照群体对产品购买的影响力：弱 参照群体对品牌选择的影响力：强

(2)个人与参照群体的关系。一般来说，个人对参照群体越忠诚，就越会遵守参照群体的规范，参照群体对他的影响就越大。例如，当一个人参加一个参照群体的晚宴时，在衣服选择上，他可能更多地考虑参照群体的期望，而参加非参照群体的晚宴时，这种考虑可能少得多。

(3)个人特征。个人在购买中的自信程度是影响参照群体作用力的又一个因素。个人在购买中的自信程度越低，越容易受参照群体影响，特别是在购买他不太熟悉的产品或重要产品(如汽车、保险、房子)时。但自信程度并不一定与产品知识成正比。例如，知识丰富的汽车购买者比那些购买新手更容易在信息层面受到参照群体的影响，而新手更容易受广告和推销人员的影响。

(4)消费行为与参照群体的相关性。某些活动与参照群体的功能越有关系，个人在该活动中就越遵守参照群体的规范。例如，装束对于一个经常在豪华餐厅用餐的群体来说很重要，而对于只在周末一起打篮球的参照群体成员来说，其重要性就小得多。

(四)价值观

价值观集中体现在主体对其所反映的客体进行的评价或看法上。这里所指的主体，是作为评价者的人。而客体，不仅包括主体周围存在的自然现象、社会现象及各种观念性的事物，还包括主体所需要的、希望的或理想的东西，主体自身已采取的或将要采取的行动，等等。

人对客体进行评价时，总抱有一定的态度，产生一定的观念，这种态度和观念便是人的价值观。而社会价值观是指人对社会文化这种客体进行评价时，所抱有的一定态度和产生的一定的观念。人的价值观既有社会性或为一定群体所共有的，也有具体个人所独有的。在人类社会文化发展的过程中，社会价值观和个人价值观不断激励着人们主动地适应环境或发展社会关系，接受现有文化或创造新的文化。

以下是几种核心的价值观。

(1)中庸。大理学家朱熹认为，中庸就是"不偏之谓中，不易之谓庸"。通俗地说，中庸的主要含义是：事物的发展过程都有一定的标准(常规)，超过或者未能达到这个标准都不利于事物本身的发展，最理想的结局就是遵守这一标准，做到不偏不倚，不走极端，在两个极端中寻求规律的重心。中庸是中国人的一个重要的价值观，几千年来一直深刻地制约着我们的思想和行为。凡事讲究"度"，反对超越"常规"的思想和行为，反对根本性的变革，强调持续和稳定。这种价值观反映在消费行为中，就是与他人看齐，强调保持一致的重要性；反对超前消费，将节约、精打细算视为一种美德。

(2)重人伦。中国文化以重人伦为其特色，而西方文化则以重自由为主要特色。核心价值观的这一差异直接导致了东西方文化在很多方面有不同表现。中国文化非常重视人与人的关系、人与群体的关系，强调血缘关系和以血缘为基础派生出来的人际关系；而西方文化则重视人与自然的关系，强调个人获取自由。这种价值观反映在消费行为中，就是中国人非常重视以家庭为主的消费准则，强调消费者个人对其家庭成员的义务和责任。进行决策时，不仅要考虑自己的需要，还要考虑家庭其他成员的需要，这就导致其消费行为具有某种沿袭性。

(3)讲究脸面。中国文化的一大特色是人际交往中讲究自己的"形象"和自己在他人心目中的地位，即重视"脸面"。所谓的"脸面"是指社会对个人的道德品质所具有的信心，以及由此给个人带来的名声。中国人尤其注重通过形象修饰和角色扮演在他人心目中形成一个好的形象，获得一个众口赞誉的好名声。所以，中国人特别注重给别人、给自己留"面子"。反映在消费行为中，中国消费者过于看重"体面"的消费，过于看重与自己的身份、地位相一致，与周围人相一致的求同消费和人情消费，在许多时候出现了"死要面子活受罪"的不良消费行为。

(4)重义轻利。中国传统文化的主要特征之一，就是注重情义和精神价值，轻视物质利益，强调人与人之间的人情交往和情感维系，这也是东方文化与西方文化的主要差异之一。西方人更多的是注重于个人的能力与价值。中国文化的这种重义轻利传统主要表现在：在正常的工作关系中过于重视超越规则的感情交流，结果导致了非正式的人情关系干预或影响正式的组织行为。同时，在人际交往中热衷于互相馈赠各种礼品甚至金钱，以强化相互的关系。重义轻利在消费行为中具体表现为：一是克己。中国的一些消费者对自己多近乎苛刻，而对亲朋好友却十分大方。二是注重应酬性消费。消费结构中应酬性消费占较大的比例。为了显示自己重义轻利，在应酬性消费中，消费水平往往高于实际支付能力。

(5)节制欲望。在中国古代自然经济条件、长期的封建社会专制下，小农经济使得中国人的不可避免地滋生出一种节制欲望的心态。中国传统文化崇尚节俭，以节制个人欲望为美德，视放纵个人欲望为道德败坏，甚至与祸国殃民联系在一起。节制欲望反映在消费领域就是花钱较为慎重，不尚奢华，重视计划和积累，主张生活开支要"精打细算，细水长流"，以做到"年年有余"；用于购置生活必需品方面的消费较多，而用于享受方面的奢侈品消费较少,这种自我压抑的消费特征尤为明显地表现在我国中老年人身上。总而言之,大多数中国消费者都具有崇尚实惠、耐用的消费观念。

不同历史阶段、不同社会制度下的社会,都有自己独特的文化价值观念,这种社会文化价值观念又往往渗透在大多数人的社会生活中,从各个方面影响着人们的态度和行为。而我们每天都在进行着消费活动,社会文化价值观念反映在人们的消费过程中,就形成了不同的消费价值观。消费价值观是指消费者群体对消费对象整体化的价值取向或评价。通俗地说,消费价值观是指消费者崇尚什么、鄙视什么。不同国家、地域、民族的消费者在不同的时期对同一商品与服务会有完全不同的评价。因而营销人员必须把握各个时期人的价值观的变化及不同人的不同价值观,以便有目的地进行营销活动。

以下是几种常见的消费价值观。

(1)实用型消费观。具有此类消费观的消费者在购买商品时十分注重商品的实用价值。他们购买商品不一定是受经济能力的限制,而是长期生活的经验使其形成了较为实际的消费行为。商品的实用性是其最基本的消费动机,而款式、时尚等不是他追求的目标。

(2)炫耀型消费观。具有此类消费观的消费者十分注重消费商品时别人的赞美性评价和良好反应,以期通过某种商品的消费引起他人的注意和羡慕。一般来说,如果所购商品达不到这种目的和效果,他们就很难作出购买决策和购买行为。

(3)追求个性消费观。具有此类消费观的消费者十分注重所购商品的独特性,以显示其个性。他们在商品的选择上较注意新奇独特,并且对各种商品的特性,特别是消费效果有独到的看法,以图通过商品显示自己的个性,此类消费者大多数是有鲜明个性、敢于率先使用新产品的人。

(五)家庭

家庭是指居住在一起,由拥有血缘、婚姻或者领养关系的两个人或更多人组成的群体。家庭对消费的影响,主要取决于家庭结构、家庭生命周期和家庭购买决策。

1. 家庭结构

家庭结构是指家庭由哪些成员组成。一般来说,主要有三种类型的家庭结构:夫妻家庭、核心家庭、扩展家庭。夫妻家庭是家庭结构中最简单的类型,其家庭成员就是丈夫和妻子。核心家庭由丈夫、妻子和一个或更多的孩子组成。这类家庭又称为两代人家庭。单亲家庭也属于这类家庭。扩展家庭是指核心家庭再加上至少一位祖父母的家庭,一般是三代或更多代同堂的家庭。家庭结构不同,消费行为显现出差异。

2. 家庭生命周期

家庭生命周期是一个家庭在建立、发展过程中经历的阶段。它是由家庭主人的婚姻状态、家庭成员的年龄、家庭规模、家庭主人的工作状况等因素综合而形成的。传统的家庭生命周期是许多家庭都经过的阶段系列,分为单身、新婚、满巢、空巢和解体等阶段。

(1)单身阶段

单身阶段主要指已经成年但尚未结婚者所处的阶段。西方许多国家,孩子到了青年期以后都要脱离家庭而独立生活。我国随着大学生就业和进城打工的人数增多,这部分人数在逐渐增多。单身青年一般没有什么经济负担,他们的收入都归他们自己,因此,他们的购买力较强,他们倾向于把钱花在服装、音乐、餐饮、度假、约会等方面。在单身后期,如果准备结婚的话,他们的消费集中于购买结婚用品、房子、家具、服装以及举行结婚仪式、蜜月旅行。

(2)新婚阶段

这一阶段指的是结婚后还没生育的这一段时间。随着人们工作、生活节奏的加快以及人们观念的改变,这个阶段的时间在延长。由于夫妻双方都有工作,又没有孩子的负担,因此这一阶段的消费者相对比较富裕,又由于他们是新婚,并有充足的业余活动时间,所以他们愿意去体验快乐的生活方式。这一阶段,他们会进行浪漫的休闲、度假,也会对家庭进行美化。

(3)满巢阶段

这是一个比较长的阶段,是从第一个孩子出生到最小的孩子长大成人的阶段。在这一阶段,家庭成员的相互关系和家庭结构发生了变化,也导致家庭可支配收入的变化和家庭如何支配收入的改变。这一阶段的早期,孩子处于婴幼儿期,家庭消费主要是为孩子购买食品、衣服、玩具及孩子用的家具。孩子到了上学的年龄,家庭收入可能会有所提高,但消费量增加了。各种教育费用会随着孩子年级的升高而越来越高。消费形式很大程度上受孩子影响,会买些孩子所需的物品:衣物、食品、自行车、电脑等。孩子到了青年期,教育支出会更大,其他家庭消费仍以孩子为中心。如果经济收入得到改善和提高,家庭会更换住所、更换家具、购买昂贵的用品。

(4)空巢阶段

这一阶段,子女离开了家庭并且经济独立,家庭又剩下父母二人,属于空巢阶段。这一阶段,家庭可支配的收入增多了,也不必更多地考虑孩子的开销,因此,父母开始注意自身的消费、自身的吃住用,会花钱修缮住房,购买保健品、体育用品,外出用餐、旅游、度假,购买另外的房屋,等等。已退休的父母,还需要获得进一步教育的机会,上老年大学。

(5)解体阶段

这一阶段是从丧偶以后开始的,这个阶段尚存的一个人在情感、生活习惯、经济条件上都会发生一定的变化。有些人可能适应这种变化健康地生活下去,有些人则因不适应这种变化,难以调整自己的生活习惯而严重地影响了健康和生活的情趣。这一阶段的人花费在衣服和食品上的钱会减少,花在健康护理和疾病治疗、旅游、娱乐、服务上的钱会增加,并且对于受关注、感情、安全有特殊的需要。

3. 家庭购买决策

家庭购买决策是指由两个或两个以上家庭成员直接或间接作出购买决策的过程。家庭作出决策的过程,在很多方面不同于由个人作出决策的过程。家庭购买决策将影响买什么、买多少、到哪儿买、什么时候买、买什么样式和什么档次的商品、由谁来决定等。家庭决策具有感情色彩,会影响家庭成员之间的关系,家庭购买决策的程序和结果,对于家庭中的成员以及家庭本身的健康发展都具有重要的作用。

在家庭决策中有5种常见的角色。

(1)信息搜集者:指对某项购买具有专长和兴趣的人。不同的信息搜集者搜集信息的时间和角度都不同。

(2)影响者:指对价值选择、制定购买标准和作出最终选择有影响力的人。

(3)决策制定者:作出最后决定的人,当然,也可能出现联合决策的情况。

(4)购买者:指实际购买产品的家庭成员,一般是成年人或青少年。

(5)使用者:指产品的使用者,许多产品都有多个使用者。

一个家庭成员在一项购买中可以充当几个角色,有时一个角色也可以由几个人同时来承担,这随家庭和产品的不同而不同。例如,儿童穿的服装,母亲常常是信息搜集者、决策制定者和购买者,有时也是影响者。又如,父亲购买电脑,可能家庭所有成员都充当了信息搜集者、影响者、决策制定者和使用者。

家庭购买决策可以分为丈夫主导型、妻子主导型、孩子主导型、联合型和个人型。丈夫主导型决策一般出现于汽车、家具、家电等大件商品的购买中;妻子主导型决策则普遍存在于食品、化妆品、服装、日常用品等商品的购买中;孩子主导型决策更多地出现于学习用品、服饰、零食等儿童产品的购买中(见图 8-2);联合型决策最常出现于购买房屋、家具和度假时。

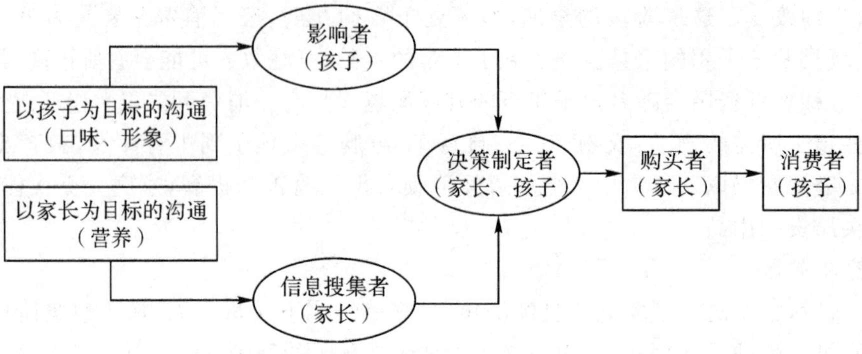

图 8-2 儿童产品的家庭购买决策过程

因此,对于大多数消费品来说,要制定有效的营销策略,就需要详细地了解目标市场中相关产品的家庭决策程序。

二、商品因素

商品是消费者购买活动的对象,其本身的各种特征将对消费者心理活动产生影响,进而导致消费者的消费行为。也就是说,企业根据消费者心理研制新产品,对产品进行定位、命名及包装的同时,也通过产品的特点、名称、商标、包装、装潢、品牌策略等方面对消费者的消费心理和行为施加影响。

(一)产品及其特征和产品定位

1. 产品

所谓产品,指的是提供给市场的能满足消费者某种需求或欲望的任何有形产品和无形服务。有形产品主要包括产品实体及其品质、特色、式样、品牌和包装;无形服务包括可以给消费者带来附加利益和心理上的满足感及信任感的售后服务,保证产品形象、销售者声誉等。产品与商品有时混用,但这两者概念并不完全相同。一般情况下,我们称生产出来尚未通过市场交换的物品为产品,而通过市场买卖的产品才是商品。

产品由三个基本层次组成:核心产品、形式产品、扩大产品。如图 8-3 所示。

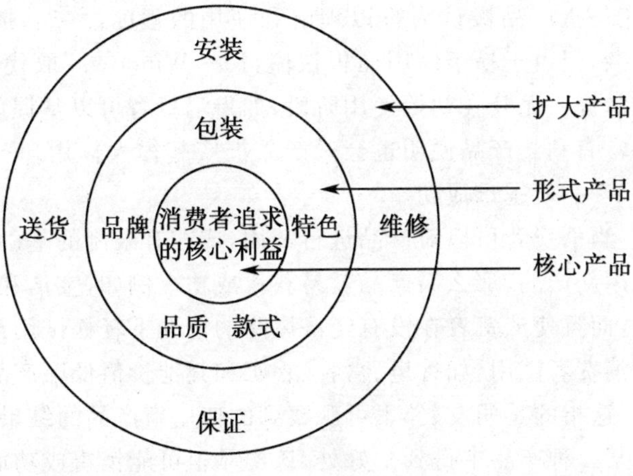

图 8-3　产品层次示意

(1)核心产品

核心产品,是消费者需求的中心内容,它为消费者提供最基本的效用和利益。消费者购买某种产品不是为了获得构成某种产品的各种材料,而是为了满足某种特定的需求。当然服务也是产品,这种产品的实质是通过某种特定的服务来满足某种特定的需求。例如,理发是为了满足人们清洁、卫生、美容的需要。核心产品向人们说明了产品的实质。因此,核心产品的创新或新产品的问世,常常能激发消费者潜在的需要,给消费者带来新的利益和心理上的满足感,因而对消费者心理的影响较大。

(2)形式产品

形式产品,指产品的形体,即消费者需要的不同满足形式或服务的不同质量和方式。产品形式一般通过不同的侧面反映出来,如质量水平、产品特色、产品款式以及产品包装和品牌等。例如,消费者购买冰箱时,不仅需要它的制冷功能(核心产品),还要考虑它的品质、造型、颜色、品牌等因素。服务产品也有产品形式,例如人们在理发时,不仅要求洗发、修剪,而且还要求获得满意的发型,同一发型也有质量高低之分。因此,产品形式向人们展示的是核心产品的外部特征,它能满足同类消费者的不同需要。

(3)扩大产品

扩大产品即产品的附加利益。通常指各种售后服务,如提供产品使用说明书、保证、安装、维修、送货、技术培训等,这给消费者带来更多需要的满足。

2.产品特征

产品投放市场,能否被消费者接受,影响消费者的心理和购买行为,取决于产品的五种主要特征。

(1)相对先进性。这是指与现在使用的产品相比,在多大程度上消费者认为“新产品”提供了更多实质性的功能与好处。成功的产品常常是那些适应消费需求的产品。

(2)兼容性。这是指一种新产品与个人已有的经验、价值观、需求相符合的程度。例如,佳洁士新款增白牙膏受到希望增白牙齿的消费者的热烈欢迎。新牙膏不需要任何新的装置,也不需要消费者进行新的学习,它只是与人们的价值观——牙齿增白相兼容。又如,许多软件、硬件产品就是基于兼容性而生产的。

(3)复杂性。它是指产品被认为难以理解和使用的程度。产品越复杂就越难被接受。微波炉虽然原理复杂,但由于易于使用而很快流行。"Windows"取代"DOS"就是在于它的操作直观、简单、易掌握。尤其在初始使用阶段,如果消费者可以掌握如何使用产品,那么对产品进一步推广非常有利。产品说明也会对产品推广起很大作用。产品越复杂,产品组装说明越多越有难度,产品就越难成功。

(4)可试用性。当消费者可以对产品进行试用,或在有限制的基础上且不造成消费者财务损失的前提下试用新产品,那么新产品就易获得成功。例如,宝洁和通用食品每年分发上百万份免费新产品,而且使消费者在没有经济风险的情况下轻松试用产品。奖券、有限型号的试用品都能吸引消费者试用,如香皂、食物、香水和其他价值低廉产品、便捷小包装产品。

(5)可观察性。这指的是朋友、邻里可观察到的使用新产品的结果的程度。如果消费者看到其他人从使用某一种产品中得到了好处,该产品很可能销售成功而且飞速流行。例如,当一个人穿了一件时尚的衣服,剪了一个新发型,用了一个新品牌,涂了一种新香水,年轻人看到他的这位同龄人得到了社会的认可甚至赞美,为了得到同样的好处,他也会购买这种产品。同时,利用名人效应也经常会提高产品的可观察性。

3. 产品定位

产品定位就是在消费者头脑中为产品确定某种地位或树立某种形象,使其与同类其他竞争产品相区别。企业进行产品定位的目的是让目标消费者以某种方式来看待和感觉某个商品,使目标消费者意识到该商品更能满足自己的需要,与目标消费者的自我形象更吻合。

在实际的营销活动中,企业可以根据很多标准对产品进行定位,常见的有:

(1)根据产品的属性定位。这是指根据产品本身的特性或能给消费者带来的利益进行定位。大部分产品都是据此进行定位的。

(2)根据产品的质量和价格定位。有些产品以高价为信号,针对要求高质量的消费者。一般来说,质量和价位是对应的,因而优质优价也被人们认为是合理的。

(3)根据产品的用途定位。强调产品的特殊用途是企业在消费者中进行产品定位的一种有效手段。例如,在牙膏市场上,佳洁士因其能防蛀牙的定位而成为主导品牌,并且以医学组织的认同来支持其定位。

(4)根据产品的使用者定位。这种定位是以使用者的个性或类型为中心的。例如,"金利来——男人的世界",就是以成功的男人为目标市场的。

有时,不管产品定位方式多好,面对市场的变化,企业仍将被迫面对再定位问题,如市场需求发生了变化或竞争对手侵占企业产品的市场份额。例如,一些有好品牌产品的企业宁愿重新定位于价位高而质量好的产品,大力宣传以前被忽略的商品特征,而不愿去参与高质低价产品的竞争。

[实例]

"万宝路"的再定位

世界级品牌"万宝路"是在再定位后走向辉煌的。"万宝路"厂家原来生产的香烟烟味淡,没有滤嘴,白色包装,品牌定位消费者以女性为主,市场占有份额极低。1954 年重新界定市场、突出个性,重新定位的"万宝路"属重口味香烟,主要针对男性。它的定位原则是强调万宝路的男性特征，代表人物以牛仔形象出现，其个性突出，不仅受到男性的认同，同时也受到女性的青睐。

(二)商品的特点

商品的特点，如商品名称、商标、商品包装等，不仅可起到认识、识别以及保护商品的作用，还能刺激或抑制消费者的购买欲望。

1. 商品名称

商品名称就是企业为商品取的名字，是借用语言文字对商品的主要特性概括反映的称号。由于商品种类繁多，形态和功能各异，因此，商品的名字也千差万别，多种多样。在消费市场中，很多情况下消费者尚未接触到商品之前会通过商品名称来判断商品的性质、用途和品质。一个好的名称，可以吸引消费者的注意，加深消费者对商品的喜爱，还会影响消费者理解商品特征。

［实例］

美国 Coca Cola 在 20 世纪 20 年代初首次进入中国市场时，根据 Coca Cola 的英语发音，译成中文名字为“口渴口蜡”，投放市场后销量极低。因为很多人将“口渴口蜡”理解为“口渴时喝一口蜡”而不予购买。Coca Cola 公司发现这一情况后，马上组织人员对产品进行更名，他们在研究了 4 万个汉字的基础上，最后确定了发音相近、读音悦耳、寓意精妙的“可口可乐”这四个汉字，结果，取得了巨大的成功。

给商品取个好名称，已引起企业的高度重视。一般来说，在商品命名时，应注意以下几个原则：

(1)名实相符。商品的名称应该与商品本身的主要性能、特点相一致，能反映出商品的基本用途，使消费者只要间接地看到或听到商品的名称，便可知道是何种商品。例如“龙井茶”“北京烤鸭”等。

(2)便于记忆。商品的名称主要用来吸引消费者，加深消费者对商品的印象，所以商品的名称应简洁易懂、易读易记，以降低记忆难度。

(3)引人注意。这是商品命名最主要的目标，也是最重要的要求。为此，商品名称应生动形象、新颖别致，并考虑不同目标消费者的特点、爱好。

(4)激发联想。通过名称的文字和发音使消费者产生恰当、良好的联想，引发消费者正面的心理感受，引起消费者的兴趣。

(5)避免禁忌。不同国家、民族的社会文化传统不同，使得消费者的习惯、偏好、禁忌也有所不同，因此，商品命名时应避免禁忌。

2. 商标

商标是商品的标记。它是企业为使本企业的商品与其他企业的商品相区别而采取的一种标记，它表示了商品独特的性质、质量、规格和特征。商标一般由文字、字母、图形、数字、线条、颜色及其组合构成。商标经过工商管理部门注册登记后，具有专利，并受到法律保护，假冒、伪造商标要受到法律制裁。

在市场经济中商标已是极其重要的无形资产。因为商标已在消费者的心目中形成了某种价值：一是商标所代表的商品已在消费者心目中树立了稳固持久的良好形象。例如，“可口可乐”“娃哈哈”“海尔”“联想”等知名商标。二是商标的创制蕴含了某种特殊的社会意义。

商标也对消费者的心理活动产生影响，商标的心理功能主要有以下三个方面。

(1)识别功能

商标是商品的一种特定标志。它有助于消费者在购买商品的过程中辨认出他们所需要的商品，并便于消费者了解、记忆商品的生产经营单位，对同类商品进行比较，确定商品的质量、性能。在现实购买活动中，许多消费者都是根据商标购买商品的。商标已成为消费者识别商品、制定购买决策的重要依据。

(2)保护功能

商标一经注册登记，就有了法律保护的专利权，这就可以防止其他制造商或经销商生产或经营同种产品。这样不仅可以保护企业的合法权益，还可以使消费者免受假冒商品的损害。

(3)强化功能

商标对消费者心理的强化作用体现在两个方面：一个形象鲜明、富于想象力、声誉卓越的商标能够吸引消费者，促使其产生购买欲望；一个与消费者心理不符甚至相悖的商标，会强化消费者对商品的摒弃心理。

3.商品包装

商品包装包括包装与装潢两部分。包装泛指用于盛装、裹束、保护货物的容器或包扎物，使商品不致损坏、散落、溢出、变质。装潢是商品外表的装饰，它通过绘画、文字等设计附着于包装外表，起美化商品的作用。随着市场竞争的日趋激烈、消费者生活方式和生活习惯的变化以及包扎新工艺、新材料的应用和包扎技术的提高，商品包装的重要性越来越突出，包装已不仅能保护商品质量，减少商品损耗，便于运输、储存、计量，更能美化商品，诱导消费欲望，促进商品销售。

商品包装对消费者消费心理的影响，主要表现出以下几方面的功能。

(1)指示功能

商品包装的文字或图案等向消费者传递了有关信息，如商品的性质、质量、用途、成分、生产厂家、保质期、使用方法以及注意事项等，这使消费者根据包装就能判定商品的功能、用途。

(2)便利功能

商品的包装方便了消费者的携带和使用。在现代市场营销中，企业为赢得市场份额，常根据产品的性质、形状和用途等设计包装的结构、形状、材料、规格以及开启方式等，以通过方便消费者选购、携带、运输、保管和使用来促进消费。

(3)美化功能

这是通过包装的造型、色彩的搭配等给消费者以美的享受，使消费者产生积极心理，引起消费者的兴趣与偏爱。在现实生活中，常常有一些审美观较强的消费者，为精美的包装所吸引而购买商品。

(4)联想功能

消费者在看到商品的包装后，会联想到商品的种种特点，产生一定的感受，设计成功的包装常促使消费者对商品特点的美好联想。例如，有些商品进行华贵精美的包装后，显示出高雅名贵、非同凡响的品位特点，既利于提高商品的价值，也利于显示购买者的身份。

(三)品牌

品牌是一种名称、名词、标记、符号、图案以及它们的组合，其作用是识别某个生产者的产品或服务,并使之同竞争对手的产品或服务区别开来。就企业与消费者的关系来说,品牌含有两层内容:有形的内容和无形的内容。有形的内容是指品牌的功能,即品牌产品或服务满足消费者功能性需要的能力,例如,洗衣机具有减轻家庭负担的能力,照相机具有留住人们美好的瞬间的能力,等等。这是品牌的基础。无形的内容主要指品牌的独特魅力,即品牌的象征意义,反映了人们的情感需求,显示了人们的身份、地位、心理等个性化需求。

随着社会经济的发展、商品的丰富,人们的消费水平、消费需求也不断提高,人们对商品的要求不仅包括商品本身的功能等有形特点,也包括商品带来的无形感受、精神寄托。消费者的品牌意识逐渐增强,品牌对消费者的购买行为的影响也越来越大。首先,品牌产品更能引起消费者的注意,例如,人们在购买手机时,大多会从华为、苹果、三星等品牌中选择;在购买彩电时,会选择海信、TCL、东芝、松下等品牌的不同种类、款式、价格的彩电。其次,品牌指引消费者选择所需的商品。品牌的个性特征及象征意义常常成为消费者个性的外化,这有助于消费者对各个竞争产品加以比较,选择适合自我意向的商品。再次,品牌可强化消费者的购后行为。

在现实生活中,各类商品都会有许多品牌,今日的市场已进入了品牌竞争的时代。品牌对消费者的影响取决于消费者对品牌的认识、品牌在消费者心中的形象。一旦某个品牌给消费者留下良好的印象,就会使消费者产生积极的心理效应,有助于消费者对产品产生偏好和更高的评价,有利于消费者形成对该品牌的忠诚和认牌购买倾向。

一个富有声誉或具有良好形象的品牌,实质上就是企业的一份巨大的无形资产。

三、价格因素

商品价格是商品价值的货币表现。在现代市场经济条件下,价格也是市场机制的主要作用形式之一。价格的制定、调整和价格总水平的涨落,调节着市场供求和企业的经营活动,同时也影响和制约着消费者的消费活动。

(一)价格的心理功能

商品价格是消费者购买活动中最重要、最敏感的因素。消费者在购买活动中的各种心理反应,都与商品价格密切相关。在现实生活中,会出现这种情况,某商品在某个价位时少有人问津,企业提高该商品的价格后,反而打开了销路;也会出现相反的情况,企业为了打开某种贵重商品的销路,提高商品的销售额,对该商品降价销售,结果消费者反而减少。这些现象产生的原因在于价格的心理功能。价格的心理功能可以概括如下。

1. 衡量商品价值的功能

根据经济学原理,商品价格是价值的货币表现,商品价值是价格的内在尺度,价格以价值为中心上下波动。商品价值凝聚了生产过程和流通过程中物化劳动和活劳动的耗费。商品价值越大,商品价格也就越高;反之,价值越小,价格就越低。但在现实生活中,由于科学技术的迅猛发展、生产技术和方法的日新月异,新产品层出不穷,商品种类急剧增加,商品品质日益提高,一般消费者难以了解商品的真正价值。他们在选购商品时,总是自觉或不自觉地把价格同商品品质和商品价值联系起来,将价格作为衡量商品价值大小和品质高低的标准。

2. 自我意识比拟功能

商品的价格不仅表现着商品的价值,而且在消费者的自我意识中还具有反映自身社会地位以及经济地位高低的社会象征意义。消费者在购买商品的过程中,通过联想和想象等心理活动,把商品价格的高低与个人的格调、偏好、情趣、个性心理特征等联系起来,通过价格的比拟来满足其心理需要。

3. 调节需求功能

商品价格对消费需求量有巨大影响。一般来讲,在其他条件不变的情况下,当市场上某种商品的价格下降时,其消费需求量会增加;反之,价格上涨,需求量会减少。也就是说,价格的变动与消费需求量的变动呈相反的方向。这是由不同消费心理反应决定的。消费者会认为,商品价格上涨意味着购买这种商品会给他带来损失,而价格下降则意味着购买这种商品会给他带来更多利益。价格对需求的影响和调节能力的大小,因商品种类而异。例如:非生活必需品如奢侈品,价格稍有变动,需求量就发生较大的变动;生活日用品,价格变动很小,需求量变化很小,需求对价格变化的反应较弱;生活必需品如粮、食盐等,需求对价格变动无反应。

价格对需求的调节,还与消费者需要强度和预期心理有关。消费者对某种商品的需求越强烈、越迫切,对价格的变动就越敏感;反之,则相反。还有一种情况,当某种商品价格上涨时,消费者认为其价格还会上涨,他就会去抢购,这就是生活中常见的"越涨越买""买涨不买跌"的现象。

(二)消费者价格心理

消费者价格心理是指消费者在购买过程中对价格刺激的各种心理反应及其表现。它是由消费者自身的个性心理和对价格的知觉形成的。消费者价格心理主要包括以下内容。

1. 习惯心理

这种心理是消费者长期、多次购买某些商品,通过对某些商品价格反复感知而形成的。在实际生活中,由于多种条件的限制,消费者很难弄清楚价格是否合理,也不去了解制定商品价格所依据的标准,而是将自身反复多次购买体验形成的价格习惯作为判断商品价格是否合理的标准。这种习惯一旦形成,就会对消费者的购买行为产生直接的影响,会成为其衡量商品价格的一个心理尺度。

2. 敏感心理

敏感心理是指消费者对商品价格变动的反应程度。消费者对价格变动的敏感心理,既有一定的客观标准,又有多年购买实践中形成的一种心理价格尺度,具有一定的主观性。在这两者共同作用下,形成了消费者对不同种类商品价格变动的敏感性。一些与消费者日常生活密切相关的商品,消费者的价格敏感性较高,如食品、蔬菜、肉类等,这类商品的价格略有变动,消费者会马上作出反应。而那些高档生活用品,如彩电、电脑、家具等,即使价格上调几百元,也不会引起消费者强烈的反应,消费者对这类商品的价格敏感性较低。

不过,消费者对价格变动的反应程度,会随着对价格变动的适应程度的提高而降低。

3. 心理倾向

心理倾向是指消费者在购买过程中,对商品价格选择所表现出的倾向。商品价格有高、中、低档的区别。一般来说,价格高的商品品质优异,价格低的商品品质较差。由于消费者的社会地位、经济收入、文化水平、个性特点、价值观念等方面存在差异，因此不同类型的消费者在购买商品时会表现出不同的倾向。现阶段，我国消费者的消费心理呈现多元化特征，既有追求商品款式新颖、功能先进、高档名贵的倾向，又有讲究经济实惠、价格低廉的倾向，还有居于两者之间的要求商品功能适用、价格适中的倾向。

4. 感受性

价格感受性是指消费者对商品价格及其变动的感知强弱程度。消费者对商品价格的高与低的认识，不完全基于某种商品是否超过或低于他们认定的价格尺度，他们还将其与同类商品、购买现场的不同种类商品的价格进行比较。这种受环境因素的影响而导致价格在感受上的差异，就形成了消费者对价格高低的不同感受性。这种感受性会直接影响消费者的价格判断。

(三)价格制定的心理策略

制定合理的商品价格，是商品成功走向市场、取悦消费者的重要前提。在商品定价时，企业通常要考虑三个基本因素：成本、需求和竞争。鉴于商品价格的高低主要受这三大因素的影响，各种定价方法可归纳为成本导向定价法、需求导向定价法和竞争导向定价法三大类。但是任何一种商品价格的推出，必须得到消费者的承认并使其接受，才可称为成功的定价。因此，仅以上述三个因素为依据是不够的，还必须考虑消费者的价格心理，针对消费者的价格心理表现，采用适当的心理定价策略，制定出令企业满意、让消费者易于接受的合理价格。

【典型案例】

欧莱雅

法国欧莱雅创立于1908年，《财富》500强企业之一。多年来，欧莱雅创造了销售业绩连续以两位数增长的纪录。如今欧莱雅已拥有巴黎欧莱雅、美宝莲、兰蔻等500多个品牌，以其卓越品质令全球女性为之倾倒。

欧莱雅一直十分看好亚洲市场，中国已成为欧莱雅在全球销售增长最快的市场之一。自1997年正式进入中国以来，欧莱雅为中国消费者带来了许许多多高科技创新、优质的化妆品，如巴黎欧莱雅、美宝莲、兰蔻、薇姿、卡诗和赫莲娜等，已为广大中国女性熟悉并喜爱，为她们的生活增姿添彩，给她们带来了美好的希望。

欧莱雅是如何占领中国化妆品市场的？

● 本土文化

欧莱雅根据当地的人文特点，将其品牌既注入了本土文化品位，又融合了欧莱雅自身所抹不掉的异域情调。例如，欧莱雅收购美宝莲后，在上海设立了化妆品研究部，专门从事化妆品的公众测试与研究，开发出完全适合中国人肤色、肤质及品位的产品，极具亲和力，并将其特有的纽约时尚及多姿多彩的魅力带给中国女性，让东方女性领略到异域风情。

● 市场定位

欧莱雅集团引入中国的品牌定位于中高档，主要分为大众品牌和高档品牌。随着竞争的加剧，欧莱雅集团开始有意识地下调大众品牌的价格，使得大众品牌又分为不同档次，其最低价格已经接近国内品牌化妆品的价格，从而开始争夺中低市场。高档品牌则继续高品位策略。

● 细分市场

第一,按照产品的使用对象进行细分,有普通消费者使用的化妆品、专业使用的化妆品。专业使用的化妆品主要是指美容院等专业经营场所使用的产品。

第二,按照产品的品种进行细分,有彩妆、护肤、染发护发等产品,并进一步按照化妆部位、颜色等对每一品种进行细分。基本保持每1～2个月就推出新的款式。

第三,按照地区进行细分。不同地区气候、习俗、文化等的差异,使人们对化妆品的偏好具有明显的差异,欧莱雅集团敏锐地意识到了这一点,按照地区推出不同的主打产品。

第四,其他细分标准。如按照原材料、年龄的不同细分等。

● 品牌

欧莱雅集团引进中国了多个主要品牌,分布于不同的市场,且对品牌的延展性、内涵性、兼容性作出了精确的定位和培养。

● 广告与公共沟通

欧莱雅集团针对每一品牌的不同定位和内涵,有区别地进行宣传,分别请法国名模莱狄提雅·卡斯塔、国际影星巩俐与章子怡、"香港小姐"李嘉欣为其形象代言人,以达到最佳的宣传效果。

欧莱雅在运用广告之余,还充分把握和利用一些公共沟通方式。例如,利用文艺、选美、模特赛事、体育等活动,展现产品的特点,宣传品牌;通过与权威机构合作办理公益事项,扩大品牌效应;利用社会焦点,吸引消费者的注意;参与权威机构的评选,提高产品的知名度。

问题:

1.欧莱雅进入中国后,在产品定位上采取了什么措施?

2.欧莱雅化妆品适用于哪些社会阶层?

3.欧莱雅集团在中国的品牌主要有大众品牌(巴黎欧莱雅、美宝莲、卡尼尔)、高档品牌(兰蔻、赫莲娜)、专业美发产品(卡诗、欧莱雅)以及活性健康化妆品(薇姿、理肤泉)。这对营销或消费有利还是不利?为什么?

4.化妆品市场的一个特点就是变化,每年都有不同的流行,随时都有新的美容概念。欧莱雅是怎么面对的?你呢?请你提些建议。

【本章小结】

影响消费者心理的因素有社会文化环境、商家的营销行为等方面。本章着重讨论社会环境因素、商品因素及价格因素。其中,社会环境因素包括文化及亚文化、社会阶层、参照群体、家庭等。

文化指的是人类在社会历史发展过程中所创造、积累起来的一切成就,包括一切物质财产和精神财富。亚文化是文化的细分和组成部分。文化对人的影响是全方位的。对消费者心理的影响主要体现在风俗习惯、宗教信仰、民族性格等方面。

社会阶层是指某一社会中根据社会地位或受尊重程度的不同而划分的社会等级。不同的社会阶层有不同的消费态度、休闲活动和消费习惯。

参照群体是指用作评价人物或事件标准的群体。参照群体主要以信息性影响、规范性影响、价值表现上的影响等三种方式影响消费者的认知、情感和行为,其影响程度取决于产品与品牌、个人与参照群体的关系、个人特征以及消费行为与群体的相关程度等。

家庭是指居住在一起，由拥有血缘、婚姻或者领养关系的两个人或更多人组成的群体。家庭对消费的影响，主要取决于家庭结构、家庭生命周期和家庭购买决策。

商品是消费者购买活动的对象，是企业营销行为的组成部分。它通过产品定位、名称、商标、包装、品牌等方面对消费者的消费心理和行为施加影响。

商品价格是消费者购买活动中最重要、最敏感的因素。消费者在购买活动中的各种心理反应，都与商品价格密切相关。价格的心理功能主要有：衡量商品价值的功能、自我意识比拟功能、调节需求功能。消费者价格心理主要有：习惯心理、敏感心理、心理倾向、感受性。

【思考练习】

1. 描述一个节日，说明文化对消费者心理的影响。

2. 观察周围，看看哪些消费行为受西方文化的影响。

3. 你认为大学生应属于哪个社会阶层。分析一下大学生的消费特点。

4. 描述你所属的一个群体，各举一个对你施加信息性影响、规范性影响、价值表现上的影响的例子。

5. 在中国家庭中，谁对购买决策有更重要的影响？请表述你的观点及其依据。

6. 如果你想购买一台电脑（或其他商品），你会受到文化、参照群体、家庭等的影响吗？影响表现在哪些方面？影响的程度如何？

7. 利用文化、参照群体、家庭等对消费者心理的影响，为瓶装水（或其他商品）作推销。

8. 列举几个知名品牌，分析其产品定位情况。

9. 列举一个商标，分析其功效的发挥情况。

10. 比较几个品牌的手机，分析其定价策略。

第九章　商业广告与消费心理

【导入语】

广告不仅是一门艺术，而且是一门科学，一门综合性的边缘科学。

消费者是广告作用的对象。广告欲想获得成功，必须符合消费者心理和行为特点。广告界的一句名言说得好："科学的广告术语是依照心理学法则的。"

消费者有了一定的需要或指向某种产品或服务之后，便产生了如何获得满足的问题，这就是获取信息阶段。一般来说，消费者首先会以自身的经验，从记忆中获取有关商品的信息。但是，记忆中的经验和知识毕竟有限，特别是对于满足需要的大件贵重物品来说，更有求于各种信息源。广告便是提供商品信息的重要途径。

【学习目标】

- 了解广告的基础知识。
- 了解商业广告与消费心理之间的关系。
- 掌握商业广告的心理功能、广告媒体的心理策略、广告效果及广告心理效果测定方法。
- 学会制定基本的广告心理策略及广告心理效果测定。

【关键词】

广告 advertisement
广告媒体 advertisement media
心理策略 psychological tactics
广告效果 advertisement effect

一、广告应遵循的心理原则与广告的心理功能

(一)广告应遵循的心理原则

科学的广告诉求应该符合心理学的法则。在广告策划时，要注意心理因素，动之以情。一个成功的广告，在于积极地利用有针对性的诉求，把广告主所需传播的信息进行加强，传递给消费者，从而引起消费者的注意，使消费者对广告主的产品产生兴趣，并进而刺激消费

者的欲求,促使其产生购买行为。由此可以看出,广告发生作用的机制和过程完全是心理性的,而广告也是针对消费者的物质欲求而发的。这就是所谓的广告心理功效,一般可以概括为 AIDMA,即注意(attention)、兴趣(interest)、欲望(desire)、记忆(memory)、行为(action)。它是广告宣传通过刺激消费者的感觉和知觉从而激发消费者的认识过程的结果。广告策划不能与心理原则相违背,而只能遵循心理原则,因势利导,把人们心理活动的各个阶段统一在一个广告之中。

1.广告对消费者的影响过程

(1)AIDMA 模式

AIDMA 模式认为,广告要影响消费行为,必须经历以上五个阶段,每进行到下一阶段,都是广告影响的深入,这是个层级递进过程。该模式尤其强调了引起注意对广告的重要性,认为这是取得效果的前提。在广告影响的层级递进过程中,受影响的消费者则呈层级减少的形态。譬如某个广告,假设有 80%的人注意到,而注意到的人中又只有 80%的人感兴趣,感兴趣的人中有 80%产生了欲望,有购买欲望的人中有 80%的人记住了品牌,记住品牌的人中有 80%的人产生了实际购买行为,那么,全体消费者中就有约 33%的人受到该广告的影响而购买。

(2)四阶段模式

即接触—接受信息—态度变化—行动变化的四阶段模式。类似的四阶段模式还有很多,但该模式比较明晰和直观。

接触指消费者从媒体中接触到广告信息;接受信息指消费者对广告内容的注意、理解和记忆;态度变化指消费者对广告诉求点的态度向有利于购买的方向变化;行动变化则指消费者受广告影响最终产生购买行为。

该模式所强调的是:广告诉求重点不一定直接放在消费者对商品品牌的态度变化和行动变化上,广告可以引起同广告中特定表现相关联的态度和行动。

2.运用心理原则

具体策划一则广告时,应处理好心理与事实的关系。美国 P&G(宝洁)公司为将其产品"海飞丝"洗发水打进中国市场,在设计广告时就运用心理与事实相结合的手法:天真无邪的孩子在大庭广众之下揭了母亲的心病——"妈妈,你的肩膀上有一点点白点"。头发屑使年轻的母亲十分难堪,怎么办呢?话外音响起了母亲的内心独白:"还好,我看到了海飞丝的广告。"——这是心理部分,悬念把观众自然地引入正题。一位有头发屑的"苦主"向人们介绍她亲身经历的故事,从而引起人们的注意,激发其购买欲望。接着是画外音的继续:"四个星期后,用普通洗发水这边还有头皮屑,用海飞丝这边就完全没有了。"至此,悬念解除,答案告知:"用海飞丝洗发水加护发素,护发去头皮屑,更胜一筹。"——这是事实部分,介绍产品功能,促使人们作出购买选择。最后,强化公司形象——"P&G,世界一流产品,美化你的生活"。这则广告用不到 100 字的篇幅,向消费者叙述了一个关于"海飞丝"功效的故事,情节合理,有效地达到了宣传的目的。

运用心理原则,在广告内容编排上应体现心理规律。有时可以运用正程序,有时也可以用逆程序。一般人们认识事物的规律总是从感性到理性,但有时也从理性到感性。先摆出结果,后提出原因,给人的印象更深,效果更好。当然,逆程序并不是违背认识程序的杂乱编排,而是对认识程序的一种主动的应用,仍然是一种有序的活动,只不过复杂一些,更注意人们的认识程序中的细节和要点，给予突出和强化。

［实例］

百威广告在表现上运用了扣人心弦的创意策略，将百威啤酒融于美洲或美国的环境中，如辽阔的大地、奔腾的海洋或宽广的荒漠，使观众面对奇特的景象，产生一种震撼感，留下深刻的印象。这种策略在第一个阶段里被运用得非常有技巧。在第二个阶段里，创意方向则针对美国风味加以渲染，以造成产品强大而新鲜的感觉，以勾起目标对象心里的渴望。

在第一阶段里，广告主题是“第一的啤酒，百威”，动人的标题是“我们爱第一”。到了第二阶段，广告的主题改为“百威是全世界最大、最有名的美国啤酒”，广告标题则变成“这是最出名的百威”，并将标题并印在啤酒罐上，人们只要拿起罐子就可看到。

问题：广告的成功是因为运用了哪些心理原则？对消费者可能产生哪些影响？

（二）广告的心理功能

广告心理学的基本任务就是研究广告的心理功能以及发挥广告心理功能的作用。广告的心理功能是指广告在满足广告接受者生理需要和心理需要两方面所起的作用，它侧重于对受众的宣传、诱导和说服。

1.广告宣传的心理功能

广告是一种信息传递，宣传是作用于人们心理的一种活动。广告宣传的心理功能，就是广告宣传在接受者心理上所起的作用。

(1)真实性广告宣传的心理功能

广告宣传要在接受者心理上产生良好的影响，使人信服，就必须坚持真实性。坚持广告宣传的真实性同广告宣传的心理功能的效果成正比。广告宣传愈是坚持讲真话，广告宣传的心理功能发挥得愈好。

如德国金龟汽车的一则广告词是：“1970 年型的金龟车一直是丑陋的。”这则别出心裁的广告，不仅坚持了广告宣传的真实性原则，而且妙在以揭过去的丑承认金龟车过去的不足，反衬出现在金龟车的优越性，变被动为主动，对用户的心理产生了积极的作用。

(2)直观性广告宣传的心理功能

心理学认为，人们感觉到的信息，有 80%～90%是靠视觉得到的。直观性广告宣传的特点之一，正是利用这种视觉心理的作用，吸引注意，使广告受众对看到的广告内容能够迅速而容易地接受。直观性广告宣传的心理功能主要表现在以下两个方面：一是直观性广告宣传可以影响受众的潜意识，使受众在主观上并无有意识的努力，就能产生某种激动情绪，形成某种判断。二是直观性广告宣传具有明显的情绪感染力，它所激起的情感是一种高级情感。

(3)象征性广告宣传的心理功能

象征是指运用具体的事物表现某种特殊性。象征具有特别的宣传功能，能引起人们的联想，激发人们的情绪。

事物、符号、颜色、地点以及人物等，只要能引起与时间、行动、感情相联系的强烈的情绪上的联想，都能够成为象征。

2.广告诱导的心理功能

广告诱导的心理功能是在广告宣传心理功能的基础上，沟通产销，引导消费，促使人们对某一事物产生兴趣的心理功能。它包括唤起注意、引起兴趣、启发欲望、刺激行动等心理功能。

(1)唤起注意的心理功能

注意是人们心理活动的一种普遍现象。唤起注意是广告诱导心理功能的起点。广告只有能够唤起人们的注意，才能够产生作用。

(2)引起兴趣的心理功能

兴趣是需要的一种表现形式。唤起注意是引起兴趣的基础，引起兴趣是唤起注意的延伸和结果。一则广告能否引起受众的兴趣，取决于这则广告是否能满足受众的心理需要。

(3)启发欲望的心理功能

欲望是想得到某种东西或想达到某种目的的一种心理活动。从广告心理学的角度来研究，人们对某种产品的欲望，是在人们对该产品发生兴趣的基础上产生的。但有兴趣并不一定就会有购买的欲望。因此，启发欲望的心理功能，就是使人们在对某一产品产生兴趣的基础上，了解该产品所带来的实际利益和好处，从而产生购买欲望。如香港某商店做过一则这样的广告："一元钱买一个冰柜。"原来这家商店的冰柜可在两年内分期付款，而冰柜的实际价格是700多元。广告的意思为每天节省一元钱，就可以买一个冰柜。这句广告词巧妙地通过淡化价格使顾客体验到实际利益和好处，从而产生购买欲望。

(4)刺激行为的心理功能

行为是人在环境影响下所产生的内在生理和心理变化的外在反映。购买需要是导致购买行为的前提，购买行为是购买需要的结果。然而，消费者从产生购买需要到采取购买行为还有一段距离。广告刺激行为的心理功能，就是尽可能地缩短这一距离，促使顾客购买行为的实施。

[实例]

有比脸更重要的吗？(痤疮平广告词)

反正要买，何必再熬上一个酷夏？(空调广告词)

如果佩利纳还不能使您的鸡下蛋，那它们一定是公鸡。(美国佩利纳饲料公司广告词)

永生永生，信誉永存。(永生金笔广告词)

"尿不湿"，就是尿不湿！(尿布广告词)

只要你走进京都，保你样样都想品味。为什么？太优雅了。为什么？太好吃了。为什么？太好的服务了。再问一个为什么？太便宜了！（酒家广告词）

问题：你觉得以上这些广告词成功吗？谈谈你的认识和感想。

3. 广告说服的心理功能

一切广告的目的，都在于增强广告表现的心理冲击力，增强广告说服心理机制的作用，让消费者更好地接受广告诉求重点，激发其对广告商品的需求与兴趣、欲望与行为。

(1)决定广告说服心理功能的因素

决定广告说服心理功能的因素包括三个方面：一是权威作用的心理因素；二是翔实的资料和数据加以证明的心理因素；三是实物样品作用的心理因素。

(2)广告说服心理功能的类型与内容

广告说服的心理功能包括两种类型：一是产品广告说服的心理功能。产品广告说服心理功能发挥的前提是，产品确实具有某一方面优势，真正经得住考验，这样才能取信于消费者。如美国帅牌制锁公司邀请著名专业射手杰姆·贝尔所做的一则电视广告。在广告中，杰姆用步枪射击 40 把帅牌挂锁，每把锁被射击两枪后锁中心出现两个半英寸的洞眼，除了有一把锁在被打了第一枪跳开外，其余的 39 把仍然锁口紧闭，未丧失保护功能。帅牌制锁公司在广告里宣称美国电影中警察可以用枪击开挂锁，但他们绝对击不开一把帅牌挂锁。这则广告播出后，引起了两名记者的怀疑，也激怒了田纳西州的警察，他们均不相信帅牌挂锁有如此坚固的效能，于是各自进行了射击试验，结果证实确如广告中所说的那样坚不可摧。于是更加增强了广告的说服力。二是公关广告说服的心理功能。公关广告通常以新闻报道、专题报道或报告文学等形式出现，内容一般是介绍社会组织的历史、现状以及为社会所作的贡献，似乎在叙述一个动人的故事。如美国最大的飞机制造公司——波音公司(Boeing Co.)在中国刊登了一则广告，标题为“腾飞的中国航空业走向世界”。内容如下：

3 月 21 日，波音公司接收了中国为波音 737 客机制造的第一个垂直尾翼，这是中国航空工业史上一个重要的里程碑。

垂直尾翼是波音公司委托其他厂商承造的最大的 737 客机部件，其质量要求非常严格。西安飞机公司的工人和技术人员出色地完成了任务，工作质量和工作标准在世界上只有少数公司可以比拟。

按计划规定，在 1990 年以前，中国每日向波音公司交付 6 个尾翼，共 200 个尾翼。波音 737 客机是历来最受欢迎的民用客机。目前全球共 140 多家航空公司配置了波音 737 客机，数目超过 2000 架之多。波音公司为能协同中国民用航空工业走向世界感到荣幸。

这则公关广告的说服心理功能，是让人们在潜移默化的过程中去体会波音飞机的优势。

二、广告媒体的心理策略

广告要想获得成功，必须符合消费者的心理和行为特点。选择何种媒体做广告，对于广告的宣传效果起着重要的作用。因此，选择媒体时要了解、掌握各种媒体的特征，然后，根据媒体的特征和广告的内容，综合考虑哪种媒体最适合所要做的广告的特点。这样，选择出的媒体最易于将广告信息传递给消费者，否则，便会是徒劳无益的。

(一)广告媒体选择的心理因素

广告媒体选择的心理因素是指广告主在选择媒体时的心理状态以及影响消费者心理的因素。决定广告主选择广告媒体的心理状态以及影响消费者心理的因素是多方面的。

1. 目标心理因素

目标心理因素是指广告主做广告所确立的目标。广告的最终目的是促进产品销售。因此从心理因素看，广告宣传范围应该与产品经营范围一致。一般来说，产品销售是面向一定地区的，应选择省、市级广告媒体；如果是面向全国市场的产品，就应依据企业的财务情况，尽可能选择影响大的全国性的广告媒体。如在第十一届亚运会上，江苏省某县面粉厂在北京工人体育场买了一块广告牌，同时又买了一套场馆广告，加上赞助的实物，耗资 20 万元。选择的广告媒体对于一个县办面粉厂来说，显然是不合适的，其广告的心理效果也是不好的，在一定程度上也反映出广告主的心理素质问题。同时，还要注意，选择什么样的媒体，在什么场合做广告，应与赞助区分开来，因为两者的目的和意义完全不同。

2. 产品心理因素

产品质量是广告的物质承担者，也是满足消费者生理需要和心理需要以及促使其作出购买行为的前提，产品本身的性质、特点也是选择广告媒体的重要依据。产品按其用途可分为生产资料和生活资料两大类；按其消费水平，它们又可分为高、中、低三个档次。从广告的心理效果来研究，生产资料和生活资料应选择不同的广告媒体：第一，生产资料一般宜选用图文并茂的印刷广告媒体，如报纸、杂志和产品说明书等。因为生产资料一般都具有技术性强、结构复杂等特点，采用印刷广告媒体能够较为详尽地说明产品的结构、性能、保养和维修方法。第二，生活资料最好采用形、声、色兼备的电视广告媒体或互联网，因为这种媒体可以呈现生动的形象，能够较好地作用于消费者的视觉和听觉，诱发消费者的购买欲望。

3. 时效心理因素

时效心理因素是指广告媒体选择时必须考虑商品信息的时效要求。商品信息的时效要求大体上有三种情况：第一，取得市场竞争优势。一般选择传播快速、覆盖面广的媒体，有利于及时、迅速地传播商品信息，从而取得市场竞争优势。第二，争取最佳经济利益。如经营鲜活易腐、容易变质的商品，为了避免经济损失，必须尽快发布广告信息，就应该选择传播迅速的广告媒体。第三，着眼于长远销售目标。如经营高档商品、家用电器、文化用品等，可以考虑制作时间较长的电影、电视、期刊等广告媒体。

4. 费用心理因素

费用心理因素是指做广告所花费用与选择媒体时所产生的心理矛盾。费用是选择广告媒体的一个重要的制约因素，因此，在选择广告媒体时必须注意两点：第一，经济承受能力。选择何种广告媒体，必须以企业的经济实力作为基础。第二，广告的心理效果与经济效果的统一。如果选择的媒体与企业经营范围相一致，所取得的心理效果与经济效果就成正比；反之也许能取得最佳的心理效果，但却未必能取得最佳的经济效果。因此，当选择的广告媒体与企业经营范围不一致时，心理效果与经济效果就会不一致。

5. 最大效应心理因素

最大效应心理因素是指广告媒体引起消费者心理反应的程度。由于消费者能力上的差异，接受广告媒体的效应也就不同。因此，要使广告媒体在消费者的心理上产生最大效应，就必须根据消费者的接受能力来选择媒体。如在文盲率较高的地区，印刷媒体广告的效应就低；在经济十分落后的地区，电视广告媒体的效应不会高；在偏僻的农村，使用路牌广告也不会引起太大的效应。那么，在这些情况下，如果选择广播、广告画等媒体，效应就会相对高得多。

（二）不同广告媒体的心理策略

报纸、杂志、广播和电视被称为“四大广告媒体”。

1. 报刊

报纸和杂志中的广告，统称报刊广告。它们是印刷广告中最重要的部分，其印刷数量多、读者广。它们均以文字和图画为主要视觉刺激（信息的吸收大体为直线式的，眼睛从左到右、从上到下扫视），不像其他广告媒体如电视广告与广播广告那样受时间的限制。观看者可以反复阅读，也易保存。在通常的情况下，当报刊广告介绍商品信息时，观看者往往先看里面的插图，然后才去阅读文字内容。所以，图画或照片要有吸引力，或者先提出问题，吸引读者去阅读内容。对于文字内容，读者往往不一定从第一行读起，而是先停留在那些大字和黑体字上。只是引起他们的兴趣时，他们才从头读起。这就要求标题醒目、新颖，字体、字号选择恰当。

美术字的运用，必须有利于内容的理解，防止单纯追求字体美，而造成辨识的困难。此外，版面的安排应当协调，要留出一定的空白。

2. 广播

广播广告以语言、音乐和音响作为要素。语言为其主体，通过它反映商品的具体信息。这种媒体的广告效果在很大程度上依赖于听众对其理解的情况。为此，应力求语言清晰、明了、准确地表达广告内容；在商标、品名、生产厂家及销售地址、电话号码等重要内容的播放上，速度应稍慢，并且加以重复，以期加深听众印象；话语要中肯、自然，犹如同各位听众单独谈话一样亲切。切忌装腔作势和无边地吹捧，也不宜使用过多的感叹词和插入语。不和谐的音乐和刺耳的音响会容易引起听众反感。

与报刊广告、电视广告相比，广播媒体的广告费用是最低廉的，因此，它非常符合广告客户的求廉心理，尤其对一些经济实力尚不雄厚、又急于做广告的企业来说，它能满足其花钱不多，又做了宣传的要求。所以，广告客户一般也乐意选择广播媒体做广告，特别是需要多次地向消费者或公众传递广告信息的时候，或广告信息的受众是广大农村地区、山区、林区、高原的居民时，广播就成了广告最理想的媒体。第一，广播广告总的费用低，可为广告客户节约资金；第二，一定程度上来说，广播媒体中信息的传播在地理上不受交通、地域的限制；第三，广播设备花钱不多，一个数十元的半导体收音机可以收到几个台，很适合于经济尚不富裕的地区和居民；第四，广播的覆盖面特别广，它可以把信息传到偏远、荒僻地区的居民和消费者；第五，广播适合不同年龄段、不同文化层次的消费者或公众。

3. 电视

从广告角度看，电视是比较理想的广告媒体，它既可以详尽地介绍产品的性能，又能形象地将产品呈现于观众面前，可以最大限度地起到诱导购买的作用。作为视听综合媒体，电视从其诞生起就受到人们的欢迎，也受到了广告主的欢迎。在今天电视普及率很高的背景下，电视在广告媒体中尤其显得举足轻重。

（1）电视媒体具有增强观众兴趣的心理功能

电视广告媒体可以运用各种表现艺术，使广告内容富有情趣。

如获得第三届全国广告作品展一等奖的电视广告《南方牌黑芝麻糊》，从感情诉求入手，通过平淡无奇的商品，使人进入芝麻糊香甜可口的回忆之中。广告主题鲜明，视听配合完美，在表现上采取统一的暖色调，配合演员的真诚表演，强化了情感诉求效果。小孩舍不得放碗而不断舔碗的镜头用大特写，令人十分动情。担芝麻糊的大婶给小孩添半勺芝麻糊的镜头进一步强化了感情诉求，也深深地反映了中华民族"尊老爱幼"的内涵，使广告更为感人，让人们在寻常的回忆中愉悦地接受了广告的信息。

(2)电视媒体能引起人们强烈的心理活动

电视广告媒体可综合运用声音、文字、图形、绘画、摄影、人物活动等因素，电视广告往往选用古代民间传说的孙悟空、哪吒、观世音等非凡人物或历史典故来表现广告内容，因此能够引起观众比较强烈的心理活动，使其聚精会神，注意力相当集中。

电视广告属于"闯入型"大众媒体传播方式，一经播放，不管视听者是否喜欢，都会不停地传递信息，闯入人们的耳目，引起人们强烈的心理反应。"抓住"消费者的眼睛和耳朵，是广告的第一个作用，也是广告成功的基础。

4.其他媒体

当然除了报纸、杂志、广播、电视四大媒体以外，还有一些媒体也是广告中常用的，但目前对它们的重视还不够，跟四大媒体比起来，有点受到冷落。其实，直接媒体、售点媒体、户外媒体等，只要充分运用，其效果也是很好的。在我国，除户外媒体尚受青睐外，直接媒体、售点媒体等广告媒体的运用是非常不够的，其所占的比重也很小。其中的原因就在于重视大众媒体而忽视小众媒体。然而，随着社会的发展，人们越来越强调个性化，大众媒体的"分众化"趋势开始出现，即大众媒体的信息接受者已从原来不确定的多数，逐渐分流为许多特征相似的"小众"，不同的小众分别从大众媒体中获得自己需要的不同信息。这一趋势表明，原先的广告观念，即大众媒体必定拥有大量的受众的观念，应该有所改变，以适应新的发展情况。不难看出，在今后的广告发展中，直接媒体、售点媒体等小众媒体必将发挥更大的作用。

三、广告效果测定

对广告效果进行测定，是确保广告能够达到预期目标的重要措施，也是支付了巨大广告费用的广告主最为关心的问题。

所有广告主对广告的效果都十分关心，但是他们判断广告是否有效的标准往往过于简单，即以广告期间创下的产品销售额来评估，这种做法是不科学的。由于广告大多是通过影响人的心理而产生效果，所以心理效果是广告效果测定的一个非常重要的方面。

（一）广告效果

1. 含义

广告效果是指广告传播过程中信息刺激所引起的直接或间接效果的总和。广告主利用媒体传播广告信息，会给公众带来各种心理变化，也会给企业带来一定经济效益，还会给社会环境带来文化上的影响，等等，所有这些变化都可称为广告效果。

2. 分类

（1）从宏观角度分

①经济效果。即广告对社会经济生活，包括生产、流通、分配、消费产生的影响。

②社会效果。社会效果指广告不仅对人们的消费行为、消费观念的变化起作用，也会对整个社会的文化、道德伦理等方面造成影响。

例如，美国的可口可乐，经过长时间的、跨越不同历史时期的各次广告活动（许多是与竞争对手的广告大战），它的商标、包装、品牌形象已为广大美国人民所接受，并同苹果馅饼、热狗、星条旗一样，已成为美国文化象征的一部分了。现代广告借助于大众传播媒体，在其传达商品信息的同时，也将渗透在其中的消费观念、文化时尚、消费风尚等社会文化思潮一并传达给接受者。

（2）根据表现形式分

①销售效果。即广告对销售的影响及影响程度。

②广告自身效果。即广告本身对公众的影响，如广告诉求是否准确、表现手法能否切合公众习惯、广告目的是否达到等。

③心理效果。即广告发布后，能促使消费者对广告产生注意、记忆、兴趣、欲望和行动的程度。现代广告学认为，消费者购买行为的实现，取决于消费者的心理状态。换言之，广告效果的产生，主要看广告对人们心理的刺激与影响。

［实例］

刊载于我国台湾《广告》杂志上的左岸咖啡广告：

走出芙伊昂丁花园
我闻到他带着花香、果香
他说着：我们是花，是枝，是光
直走进咖啡馆寻找一种灌溉
谁渴了，就来饮；谁倦了，就来沐浴其双翼……
他啜饮了一口芙朵奶茶
那浪漫的念头轻易地结束了古典主义
使他说出的字都溢着蓝莓味与蔷薇香
这种种气息与味觉都记忆在1840年的光影集里
他是雨果。我们都是旅人，相遇在左岸咖啡馆

问题：你认为这则左岸咖啡的广告效果如何？请评价这则广告。

(3)从时间角度分

①即时效果。即指广告活动在广告传播地区所引起的即时性的反应，主要是指即时的促销效果。

②延时效果，也称潜在效果。即广告对受众的观念上的冲击，如消费者对产品及企业的印象的变化。这些观念上的影响可能一时难以看出，但经过广告活动的重复、巩固、加强之后，便会逐渐表现出来。

3.特征

要掌握广告效果的特征，就必须了解广告效果的产生过程。通常，广告发布就是一个信息传播的过程，它可以分为四个阶段：到达(reach)、认知(cognition)、态度(attitude)、行动(action)。实际上，广告发布的过程也是广告通过媒体与消费者接触，影响消费者的知觉、记忆和情感倾向，改变其对企业产品、服务或形象的认知和态度，使其产生购买欲望并付诸行动的过程。概括起来，广告效果主要有以下特征。

(1)复合性

广告是现代企业市场营销体系中的重要一环。广告活动最终产生的效果，离不开企业的产品开发策略、定价策略、销售策略、营业推广等促销策略以及消费者的消费习惯和购买力。另外，企业在开展广告活动的同时，往往还会进行一些新闻宣传、公关活动等，这些既可以为促销活动推波助澜，更可在树立企业形象、影响社会舆论等方面产生积极作用。这样，在考虑广告的经济和社会效果时，就更能判断其究竟是某类活动的功能还是各类活动的综合效果了。

(2)累积性

消费者采取购买行为，不是某一媒体一次广告的结果，而是多种媒体广告综合影响的结果，是多次广告印象积累的结果，这就是广告效果的累积性。

(3)即效性

即效性是指广告作品对接受者即时的心理影响，之后可看到消费者行为的变化。

(4)迟效性

广告活动对消费者的心理产生了影响，但销售效果在一段时间后才表现出来，比如，虽然消费者看到洗发水的广告，但要等家里现有的洗发水用完了以后再去买广告中的洗发水。

在广告调查的某个阶段，很难判断广告对需求和购买的影响程度。广告的效果随时间推移而显现。这就是广告的迟效性。在测定广告效果时，注意区别广告的即效性和迟效性，不能简单地从短期内的销售效果去推断。

(5)直接效果性

广告促进消费者认知、理解或态度的改变，最终实施购买，使企业获得经济效益。

(6)间接效果性

消费者在听了或看了广告之后，自己并不购买，却劝说他人购买，此人在其劝说和鼓励下，采取购买行为，这就是广告的间接效果性。一个购买行为的完成，并不是单一因素作用的结果。这一点可以从儿童用品及其他特定年龄用品的销售情况中得到说明。商品的使用者未必就是决定购买者或实际购买者。广告要考虑到在购买使用过程中诉求对象的责任分担。这中间有提倡者、影响者、决定购买者、实际购买者和使用者。广告的间接效果性告诫广告策划者，要选择对他人购买使用有影响力的人作为广告的直接对象。

(7)损耗性

现代市场竞争极为激烈，众多同类产品为占领市场，都纷纷开展大规模的广告活动。同类商品的广告战，既有提升各自地位的作用，也往往会互相产生对抗；由于信息量的膨胀，消费者对广告信息也会产生一定程度的排斥心理。这些都会使广告效果产生损耗。如美国百事可乐和可口可乐的广告争夺战造成广告效果的削弱就充分说明了这一点。

从总体上看，百事可乐的销售一直位于可口可乐之后，但有时候，由于它举措得当，抵消了一部分可口可乐的广告效果，竟也能居可口可乐之先。百事公司在第二十二届夏季奥运会开幕前的两个月，便在各赛场竖起了大面积的广告宣传牌，并在多处设点推销，散发赠饮券，举行酒会、招待会。结果在这次竞争中，百事可乐的盈利超过了可口可乐约1/3，如果没有可口可乐与之打广告战，百事可乐的广告效果将会更好。

广告效果的损耗性，是现代广告竞争条件下的特有现象，也使广告效果更难判定。

(8)两面性

两面性指的是广告效果不仅有促进商品销售的一面，也有延缓商品销售量下降的一面。当经济萧条时，通过广告能阻止商品销售量的急剧滑坡；当产品进入衰退期，通过广告促销手段，能延长老产品在市场上的消亡时间，使老产品维持一定的销量。因此，仅仅从提高销售量方面去评估广告效果是不全面的。

(二)广告效果测定的基本要求

广告效果测定是一项复杂的科学活动，事关广告活动的总体评价和广告投资的效益。完成好广告效果测定的基本要求如下。

1.精心准备，精心计划

广告效果测定涉及多方面的因素，意义重大，实施起来较为复杂。因此首先要精心准备，精心计划，拟定全面的测定方案，确定测定步骤，这样才可能使广告效果的测定工作顺利进行。

2.用多种测定手段，坚持定量与定性分析相结合

要根据测定的目的和要求，运用多种手段进行测定，并在定量分析的基础上，根据专业人员的经验作定性分析，这样才可能从数据中找到事物的真谛，使广告效果测定反映事物的本来面目。

3.考虑多方面因素，确定广告的实际效果

任何一次广告活动，都不是在真空中进行的。影响广告活动效果的因素是多方面的，要充分重视广告活动之外的各方面因素的积极和消极的影响，确定广告的实际效果。

4.听取多方面意见，以大多数人的意见为准

广告活动的目的就是对大多数人产生影响，因此，广告效果的测定要听取多方面的意见，并以大多数人的意见为准，这样的广告效果测定才能符合实际，真正反映问题。

5.选取目标对象

广告活动的目标对象是特定的，它是建立在产品分析、消费者分析的基础上，根据企业营销策略确定的。因此，广告效果测定应主要听取目标对象的意见，以求广告活动真正有的放矢。

6.忌以偏概全

广告效果测定的结论来自对各种资料的全面分析，切忌以偏概全。在测定过程中，要注

意搜集多方面资料，并作全面、客观的分析，力求使广告效果测定反映全局情况。

7. 建立可比体系

广告效果测定贯穿广告活动始终。对一次广告活动而言，广告效果测定不是简单的一次或两次，而是根据测定内容，反复进行多次。要使多次测定结果有机结合、互相联系、互为补充，就必须建立可比体系，在样本的选定、问卷的设计、统计方法的运用上要考虑前后的联系，以利于企业和广告人掌握多方面资料。

(三)广告效果测定的常见方法

广告效果测定的方法有很多种，这里我们主要介绍日记法、访问法、观察法、实验法、统计法。

1. 日记法

即事先选择某些消费者，让其每天以记日记的方式记录自己接触广告的情况，然后检查这些日记，获得广告效果的数据。

日记的内容包括：所买的品牌、经常接触的媒体，使用促销活动所赠的折价券情况、品牌转换等。

2. 访问法

访问包括电话访问和入户访，可设计不同的问题了解消费者接触、理解、确信广告的程度以及受广告影响作出购买行为的具体情况。

3. 观察法

观察法是指广告效果测定人员通过直接或间接的观察对调查对象的情况进行记录而取得第一手资料的方法。观察法在广告效果测定中主要用于对广告作品的评价。观察包括对调查对象在接受广告作品时的行为的观察和对非行为的客观事物的观察。观察法虽然具有测定结果直观、可靠的优点，但不便于了解、解释调查对象行为背后的深层原因，因而，观察法常与访问法结合使用。观察法可以分为直接观察法、痕迹观察法和机械观察法。

4. 实验法

实验法是指在给定的条件下，通过实验对比，对广告活动中的各种因素及其关系进行测量的一种方法，主要用于广告作品评价。实验法源于自然科学的实验求证法。其优点在于广告效果测定人员可以有控制地观察、分析某些广告要素之间的关系，从而获取比较准确的对广告作品的评价。缺点是实验时间较长，成本较高，受场所影响较大，对实验室的条件要求比较苛刻。具体做法可分为实验室实验和发布区域实验。

5. 统计法

统计法是指运用统计理论及方法对已掌握的资料进行分析，从而全面把握广告效果的一种方法。统计法根据各种资料进行分析，因此，其结论往往更全面。统计法具体包括趋势分析法和相关分析法。

以上仅对几种最常用、最基本的方法作了介绍。随着广告效果测定范围的扩大和要求的提高，测定方法呈多样化态势。

(四)广告心理效果的测定

从广告主的角度来说，最关心的是广告达到的销售效果。在实际的广告活动中，它也经常地被测定，但我们已经知道，由于广告效果的复杂性，我们必须从广告的传播角度入手测定广告的传播效果，更确切地说，就是测定广告的心理效果，这样才能更客观地把握、衡量广告效果。

广告的心理效果测定，包括消费者对广告信息的注意、兴趣、情绪、记忆、理解、信任、欲望、行为等不同侧面，概括起来说，就是要了解消费者的态度、行为反应。测定的主要项目有：注意度、知名度、记忆度、理解度、信任度、购买动机、视听率、行动率等。实际上，对广告心理效果的测定，在事前、事中、事后都要涉及，这也反映出它在广告效果测定中的重要地位。这里我们重点讨论一下广告心理效果的事后测定。

广告心理效果的事后测定主要采用调查法，即通过书面、电话或访谈的方式，调查消费者对广告的态度、行为反应，并与事前、事中的同类测定相对照，综合评价广告的真实效果。

1. 认知测定

认知测定主要是测定广告的知名度，即消费者对广告商品、品牌、企业标志等的认知程度。其中又需区分出不同认知程度的消费者并按注目率、阅读率、精读率将读者的认知程度划分出不同的层次。

注目指的是只看到过该广告，但不曾留心看过广告的具体内容。

阅读指的是充分看过该广告，大概知道该广告商的名称、企业标志等，但对具体内容不甚了解。

精读指的是认真看过该广告，详细了解该广告内容，至少浏览过该广告 50%以上的内容。

对上述三类读者进行人数统计，计算出各自的百分比，就可得到广告阅读效率：

$$广告阅读效率=\frac{杂志(报纸)销量\times 每类读者的百分比}{所付的广告费用}$$

这样分别求出广告注目率、阅读率、精读率的数据，就可以对广告设计与媒体运用的效果作评估和总结。同样，通过类似调查，我们可以统计并计算出电视、广播广告的收视接触率和了解率(相当于前面的阅读率和精读率)。

2. 回忆测定

回忆测定主要用于测定消费者对广告的理解和记忆程度。广告效果迟效性与延续性要求广告能够给人留下印象并长久保持。测定的内容主要是消费者对商品、企业标志、广告创意等的理解、记忆、联想的情况。测定方法可分为自由回忆和提示回忆两大类，具体有盖洛普-鲁滨孙事后效果测验、广告样品测验、广告样品混合测验、电话回忆测验、相关测验等。可依测定的项目选择不同的方法。

3. 态度测定

态度测定主要用于测定消费者对产品的喜好程度、信任程度、购买动机以及品牌倾向性等。对消费者态度的测定很难应用观察法，主要是采取访谈调查的方式，可运用态度量表测验和投射法。

(1)态度量表测验。通常是列出所要测试的项目，每项目对应一个多级量表，由消费者根据自己情况，选择合适的等级。

例如，常见的五等级态度量表中的选项如图 9-1 所示。

消费者可以选择某一数字代表自己的意见。

此外，还可采用三等级、七等级、十等级量表等。如三等级量表分“赞成”“无所谓”“不赞成”三个层次。

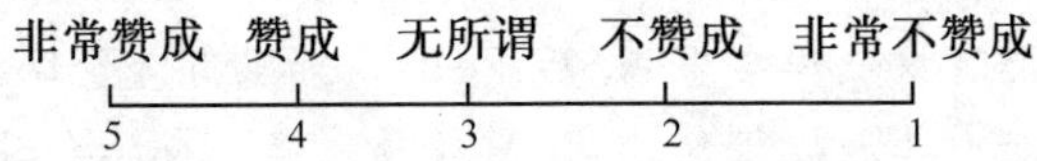

图 9-1　五等级态度量表中的选项示意

(2)投射法。如果直接调查消费者的态度,可能因为被测者的害羞、掩饰、敷衍、紧张等而不能了解到真实情况,或是因为其自身态度本来就不明朗、未条理化而不能作答,这时候就可采用投射法,间接地使被测者在不知不觉中表露出自己的真实想法。

①文字联想法。将与调查内容相关的词、句或摘要列出,由被测者自由联想或在一定范围内联想,加以回答,有心情联想、动作联想、场所联想、要素联想、印象联想等多类。这类方法较多地用于商品、企业等命名调查方面。

②语句完成法。结合调查项目,设置一些未完成的文句,由被测者完成,从中分析被测者的本来感受、态度或特殊反应等。

③绘画测验。一般是画出几个人物,将其中一个的讲话内容设置为空白,由被测者加以填充。

④主题统觉测验。可用一幅画或一段简短(含义模糊)的文字,由被测者想象、描述、解释其中的情景、人物关系及心理等。

⑤形容词选择法。由被测者从形容词列表中选择符合自身感受的特定形容词,并标注在调查项目旁边。

由于投射法的这种间接性和隐蔽性,其常被用于测定被测者的深层动机和欲望。

总的来说,广告心理效果的事后测试,仍以问卷调查为主要的方式,因为它更易广泛而深入地了解被测者心理活动的各个方面,操作也比较简单。

【典型案例】

英国伊丽莎白Ⅱ号游轮的广告文稿

用最快的方法去欧洲未必最好。乘坐伊丽莎白Ⅱ号实际上就是度假。当您抵达目的地时,您并不会感到疲惫不堪,不会比您出发时更为疲劳。当您到达目的地,您应该是精神振奋,有了新朋友,还有了新的旅游经历。

在伊丽莎白Ⅱ号上,您能看到很多景致,又有大量的娱乐设施,为大多数欧洲城镇所不及。它的排水量为 65000 吨,有 13 层楼高,比 3 个足球场长。伊丽莎白Ⅱ号是欧洲胜景之一。

飞机为每个乘客仅提供一个座位,而伊丽莎白Ⅱ号为您提供一个舱房,欧洲大多数旅馆的房间要比之逊色。以房间而论,它的舱房、衣柜、化妆室和卫生间较任何一艘航船都大。

赌场:736 号运动员俱乐部的赌台犹如电力场一样产生着激动的情绪。该赌场是伦敦一个入会限制严格的运动员俱乐部的分会,由女赌台主执掌其事。离港后在外洋行驶过程中,赌场为您提供轮盘赌、21 点赌和掷骰赌。

伊丽莎白Ⅱ号拥有 900 多个工作人员。这意味着每两位旅客就有 1 个服务员侍候。当您按铃叫男女服务员时,他们即来。他们就如出色的英国男仆女佣,招之即来,挥之即去。

伊丽莎白Ⅱ号载着大量乘客,您一定会遇到很多您所喜欢的、所爱的人。您要是碰巧遇上一个不喜欢的人，您可在船上玩捉迷藏游戏，这游戏可一直玩到南安普敦。

假如乘坐头等舱，您有权使用全甲板(后甲板)。那里有哥伦比亚餐馆，不论从哪一方面讲，它都是一流的。游船中部酒吧供您使用，它亦属一流。夜总会设在0～4房间；弹子房设在皇后房间。外面还有1个游泳池等您去游泳呢！

乘机旅行，携带行李不得超过44磅。乘坐伊丽莎白Ⅱ号可携带275磅行李。要是您从欧洲买回来一辆汽车，则可停放在船上汽车间。该汽车间可停放80辆汽车。船上专用货舱可供您存放大量古玩珍品。

一天46美元，包括舱房、伙食、娱乐。当然，您一天也可花上193美元。价格根据舱房大小、所处部位、家具陈设和航行季节而定。以一天46美元计算，总航程共收费321美元。该费用比飞机单程经济舱的票价仅贵5美元。

多数客船只有2个游泳池，而伊丽莎白Ⅱ号有4个，2个在室外，2个在室内。船上有1个室内体育场，还设有芬兰式热气浴室和蒸汽浴室。

船上装有4个最新式的平衡器，如果遇上风浪，可确保航行平稳。船上的机器均为有效地消除震动而设计。

伊朗白鲸鱼子酱，要吃多少就吃多少，什么时候吃都可以，不用花钱。一份这样的鱼子酱，在纽约上等餐馆里就要12美元50美分。

在海上航行了几天以后，您照照镜子，您会喜欢镜中人，您的爱人也会喜欢。

可能永远不会再造出第二艘像伊丽莎白Ⅱ号这样的船了。

问题：广告的整个创意没有直接谈论伊丽莎白女王，也没有利用“女王效应”，但却很成功，为什么？

【本章小结】

一个好的广告，是经济、科学、文化和艺术的结晶，是推进生产、开拓市场、扩大流通、引导消费和促进社会文明的工具。在市场经济条件下，广告又是商品竞争的一个重要方面。

广告要素可归纳为以下五点：广告主、广告信息、广告媒体、广告对象、广告效果。广告五要素必须紧密配合，才能使广告获得成功。

广告发生作用的机制和过程完全是心理性的，而广告也是针对消费者的物质欲求而发的。这就是所谓的广告心理功效，一般可以概括为AIDMA，即注意(attention)、兴趣(interest)、欲望(desire)、记忆(memory)、行为(action)，它是广告宣传通过刺激消费者的感觉和知觉从而激发消费者的认识过程的结果。

广告可以分为商业广告和非商业广告两类。

商业广告是占主导地位的广告形式，其最终目的是营利。非商业广告是指不以营利为目的，旨在说服公众关注某一社会问题、公益事业或者政治问题等的广告。

广告的心理功能是指广告在满足广告接受者生理需要和心理需要两方面所起的作用，它侧重于对受众的宣传、诱导和说服。

广告效果是指广告传播过程中信息刺激所引起的直接或间接效果的总和。从表现形式上可将广告效果分为销售效果、广告自身效果、心理效果。从时间角度可将广告效果分为即时效果、延时效果。广告的特征有：复合性、累积性、即效性、迟效性、直接效果性、间接效果性、损耗性、两面性。广告效果测定的基本要求是：精心准备，精心计划；用多种测定手段，坚持定量与定性分析相结合；考虑多方面因素，确定广告的实际效果；听取多方面意见，以大多数人的意见为准；选取目标对象；忌以偏概全；建立可比体系。

【思考练习】

1. 什么是广告？广告可能对消费者发挥哪些积极作用？
2. 广告应遵循的心理原则是什么？
3. 广告的心理功能包括哪几种类型？举例说明。
4. 联系实际谈谈广告的心理功能。
5. 广告与媒体有什么样的关系？谈谈你的认识。
6. 分析广告媒体选择的心理因素。
7. 什么是广告效果？怎样评价广告效果？

第十章　商品销售与消费者心理

【导入语】

广州“中华百货”按消费者类别划分商品进行布局，受到不少市民的欢迎。据《羊城晚报》报道，“中华百货”针对女性、男性、老人、儿童以及喜欢休闲运动的年轻人的购物特点，把购物区划分为5个专区，在每个专区里，都是根据某类消费对象的需求，将吃、穿、用、玩等商品放到了一起。据介绍，传统的商品分区方式，更多地强调商品的功能，而根据不同消费者群体设立购物专区的办法，则试图突出从消费者角度出发，满足消费者的个性化需求。

商品是消费者行为的客体，消费者需要的满足和动机的实现，离不开一定的销售环境。在购买过程中，销售的物理环境、心理环境直接作用于消费者的感觉器官，使消费者受到深刻刺激，影响其消费行为。此外，销售人员的服务理念、客户满意度管理以及与消费者的沟通意识和心理互动因素，在现代激烈的市场竞争中成了企业赢得消费者认同的核心因素。

【学习目标】

- 了解销售环境及其与消费者心理之间的关系。
- 明确销售服务及其所产生的心理效应。
- 了解和掌握销售人员与消费者心理互动的相关内容。

【关键词】

销售环境 environment of marketing
客户满意度 satisfaction of customer
心理状态 psychological state
社交风格 interpersonal style

一、销售环境与消费者心理

销售环境是指营销者向消费者提供的购物环境（包括服务环境）以及激发消费者购买心理、使消费者产生购买动机的一种特定场景。这种环境往往包括两个方面：销售的物理环境和销售的心理环境。

(一)销售物理环境分析

销售物理环境是指影响消费行为的客观因素,包括商店招牌、店内装饰、橱窗设计、商品陈列等,这些因素会对消费者产生不同的心理效果。好的销售物理环境会促进商品的销售。

[实例]

星巴克经营之道

20世纪90年代,星巴克已经逐渐成为商业奇迹,在美国和加拿大共开了4247家分店,而且还在继续高速扩张。据说,星巴克每8个小时就会新开张一家咖啡店。然而,星巴克咖啡店开得过多过密,大有自己和自己斗的架势。要想继续发展,星巴克只有向其他市场扩张。于是,1996年,星巴克开始开垦北美洲以外的新天地。

星巴克首先针对亚洲的传统和特点,成功地打入了亚洲市场。为迎合亚洲人的口味,星巴克推出了绿茶口味的咖啡。亚洲的夏天气温很高,不适合喝热咖啡,星巴克就推出冰咖啡,使问题迎刃而解。星巴克在登陆日本之前,日本已经有了几家大型的连锁咖啡店,但主要是供那些上了年纪的顾客在下午消闲。这些日式咖啡店里大多光线昏暗,烟雾缭绕。星巴克曾被咨询公司告知,如果坚持禁止在室内吸烟,就会失败。而且,日本人没有在路上边吃边走的习惯,外带咖啡与日本的传统格格不入。可是,星巴克在日本坚持了自己的做法,并且获得了成功。除了咖啡好、服务佳,星巴克店内装饰优雅大方,不卖酒精饮料,禁止客人吞云吐雾。很多日本女性因为讨厌烟味而止步于日式咖啡店,却成为星巴克的忠实顾客。她们结伴而来,人数日增,渐渐发展为"星巴克一族",形成一种新的时尚。此外,外带咖啡方便卫生,也很受欢迎。这样,日本就成为星巴克最成功的市场之一。

1.商店招牌、店内装饰对消费心理的影响

(1)商店招牌与消费心理。商店招牌即商店的名称,是用以招徕消费者的牌号或标记。一个具有高度概括力与强烈吸引力的商店招牌往往能激发消费者的想象,引起消费者的注意和喜欢。

消费者总是通过浏览各种招牌寻找理想的购物场所。商店招牌的设计,除了应注意在构图、造型、色彩等方面给顾客以良好心理感受外,在命名方面也应充分考虑对顾客心理的影响。招牌命名有很强的心理效果,好的招牌应精心构思,符合商店特色,风趣易记。另外,商店招牌是一种无须更换的广告,因此商店招牌应以商业性为主。招牌命名的常见方法有:①根据经营特色或主营商品命名;②根据服务精神或美好愿望命名;③以名人、名牌商标或象征高贵事物的词语命名,满足消费者求名求奢心理;④以意境命名。如上海一家饭店起名"徐来",有人讲这是"宾客徐来"之意,也有人认为是"财源徐来"之意。该店因为店名意境朦胧,并与其较高的经营档次相符,因而生意兴隆。

(2)店内装饰与消费心理。店内装饰的心理作用不仅在于促进现场消费者的购买行为,还在于它对消费者完成购买后的情绪体验产生积极的影响,使其对商店产生好感,甚至产生一种长时间的惠顾心理。同时,良好的店内环境能令销售人员保持积极情绪,提高销售效率。常见的增强店内装饰心理效果的方法包括:

①装饰的美感与健康。店内装饰涉及墙壁、地板、门厅、货柜、楼梯等,要符合当地消费者的审美要求,给消费者和谐自然的美感,并有利于人体健康。

②色彩的合理使用与搭配。人们对不同的色彩会产生不同的感受,店内装饰应根据营

业场所的结构、商品特点、季节变化等因素进行色彩调配，为商品的目标消费者创造幽雅、舒适、和谐的环境。

③灯光照明的科学配置。商店内除了有自然光源外，很多时候还需采用人工照明。人工照明按其作用可分为基本照明、特殊照明和装饰照明。基本照明通常是在天花板上配置日光灯等光源照明，亮度取决于经营的商品。特殊照明是为了增加柜台、货架上商品亮度而配置的，同时为了增强金银首饰等特殊商品对顾客的吸引力，方便顾客观赏和选购。装饰照明大多用彩灯、壁灯、闪烁灯和霓虹灯等照明设备，其主要作用在于美化商店环境，烘托营业气氛。

④自然条件的适宜。声响、空气、温度、湿度等自然条件是创造良好营业环境的重要因素。商店是人流集中的公共场所，必须具备良好的通风条件，保持店内空气清新宜人。尽量降低各种噪声，并选择优美轻柔的背景音乐。

2. 橱窗设计、商品陈列对消费心理的影响

(1)橱窗设计与消费心理

橱窗是商店借以展示商品的窗口。它是以商品为主体，通过布置、道具以及装饰画面背景的衬托，配合灯光、文字说明，向顾客传递商品信息的一种广告形式。橱窗设计应做到：

①突出商品，激发消费者的购买欲望。消费者观赏橱窗不仅是一种美的享受，而且还可以从中获得流行和时尚信息，指导消费者的购买行为。因此，橱窗设计应突出商品这个主题，激发消费者的购买欲望。

②主次分明，适应消费者求实心理的要求。橱窗陈列不是商品的简单罗列、堆放，在布局上通常可用对称均衡、不对称均衡、重复均衡、主次对比、远近对比等手法，使橱窗主题突出、层次分明，适应消费者求实心理的要求。

③模拟情景，诱发消费者的联想心理。实践证明，利用模拟情景来烘托主题，诱发消费者的联想心理是行之有效的方法。单独地陈设一件商品，不易使人感受到它的价值，难以激发人们的购买欲望。

④常变常新，引起消费者的好奇心理。构思新颖的橱窗布置能引起消费者的注意和兴趣。并且，橱窗还要适时变换陈列，给予消费者最新信息和新鲜感。

(2)商品陈列与消费心理

通常情况下，商品陈列应满足以下要求：①商品归类，设有专柜；②适应消费者习惯，合理排列；③要讲究方法和艺术处理。

(二)销售心理环境分析

销售心理环境是指消费者在购买过程中与销售人员交往的心理氛围，包括销售人员仪表风度、商业交际能力以及对待顾客的态度与方法。良好的销售心理环境不仅能满足消费者的购买需要，还能满足其高层次的精神需要，包括审美需要、尊重需要等。

1. 销售人员的仪表风度与消费心理

所谓仪表风度泛指人的外表，一般包括容貌、服饰、发型、姿态等。仪表风度不仅是个人的表面特征，其实质是以外在形式反映出人的精神面貌、教养和品格等内在特征。由于心理的“首因效应”和“晕轮效应”，消费者对销售人员服务状况的评价，往往是从第一印象即销售人员的仪表风度开始的。销售人员的仪表风度要求如下：

(1)身体健康、精神饱满。身体健康、精神饱满给消费者安全、愉快的感觉，使消费者乐

意与之交换意见，并放心购买其出售的商品。

(2)服饰舒适得体。舒适端庄的服饰会产生语言所不能替代的心理暗示效应，消费者由此对销售人员的工作作风、服务精神、商店的经营成就以及商品质量产生良好的联想和信任感，从而促进购买行为的发生。

(3)行为风度亲切文雅。行为风度最能体现人的性格，反映人的文明程度和心理状态。文明的行为风度建立在注重品德规范与经商道德以及关心与尊重消费者的基础上。销售人员应提高思想觉悟，加强个人修养，充分发挥仪表风度的影响力。

2.销售人员的商业交际能力与消费心理

销售人员的仪表风度只是给消费者以最初的视觉印象和形式感，要真正持久地获得消费者的喜爱，销售人员还应当具备良好的商业交际能力，给消费者以积极的情绪体验和心理满足。商业交际能力包括以下几个方面。

(1)敏锐的观察力和准确的判断力。观察力和判断力是销售人员在商业交际活动中应具备的内在能力，要求销售人员在与消费者的短暂接触中，通过消费者的言行举止来观察和判断消费者的心理，有的放矢地做好销售工作。

(2)快速的反应能力。反应能力是指包括思维、联想能力及行为的敏捷性。要求销售人员能够“接一，问二，关系三”，对消费者的不同要求作出迅速、准确的反应，理解和领会其购买意图，提供适当的服务。

(3)良好的口头表达能力。语言是交际的主要工具，是提供信息、交流情感的重要手段。销售人员是消费者在消费过程中的主要交际对象，应掌握好四个方面的语言表达技巧：用语准确规范，态度亲切诚恳，音量适中，语速与热情程度要因人而异。

(4)较好的情绪控制能力。销售人员的情绪控制能力应表现为使自己的情绪经常处于积极状态，当与消费者发生冲突时，能抑制自己的消极情绪，使矛盾向积极方面转化。

二、销售服务与消费者购买心理

销售服务是有形的物与无形的服务的综合体。良好的销售服务会对消费者的心理和行为产生重要的影响。随着经济发展水平和市场化程度的不断提高，特别是各类商品市场由卖方市场向买方市场的转变，消费者对销售服务的要求越来越高，消费者与工商企业的关系远远超出了单纯的买卖关系，服务已成为企业在营销活动过程中获取市场竞争优势的关键因素。因此，研究消费者在接受商品销售服务过程中的心理现象和心理活动规律，对优化企业服务质量、提高企业竞争能力具有十分重要的意义。

(一)销售服务及其核心理念

1.销售服务

销售服务是指销售者在销售商品前后为最大限度地满足消费者需要而采取的各种措施，是伴随商品流通而提供的服务。销售服务主要包括以下三方面内容。

(1)与变换商品的价值形式有关的服务。例如，在装卸、运输过程中提供的服务。通过这种附加服务，商品的价值形式得到了变换。

(2)与增加商品价值有关的物质补充加工和其他形式的生产性服务。例如,商品分装、冷藏、防火等,这是一种加工性质的服务,是生产过程在流通领域的继续。通过这种加工,或是增加了商品价值,或是使商品免受损失,保持商品的原有价值。

(3)为消费者提供内容复杂的服务。如按不同消费者的不同要求,安排商品的流通渠道、商品分配和网点,开展赊销、分期付款、退货、免费送货、电话订货等活动。

2.销售服务的核心理念

在买方市场条件下,销售服务的核心理念应该是顾客满意(customer satisfaction)。菲利普·科特勒认为,顾客满意是指一个人通过将一个产品的可感知效果(或结果)与他的期望值相比较后,所形成的愉悦或失望的感觉。顾客的满意是一种心理接受状态,任何企业的成长和发展都离不开顾客的接受。

"如果您满意,请告诉您的朋友;如果您不满意,请告诉我们。"顾客满意营销理论已经成为目前众多企业的营销利器。顾客满意对销售服务的指导思想是企业的整个经营活动要以顾客满意为指针,要从顾客的角度出发,用顾客的观点而非自身的观点来分析、考虑顾客的需求。这其中有以下几点基本理念。

(1)顾客至上。企业要把顾客放在经营管理体系中的第一位,站在顾客立场上研究、开发产品,预先把顾客的"不满意"从设计、制造和供应过程中剔除,使顾客在心理上对企业产生认同感和归属感,进而产生顾客满意的群体网络效应。

(2)顾客永远是对的。这是顾客满意营销战略的重要表现,其中包括三层意思:第一,顾客是商品的购买者,不是麻烦制造者;第二,顾客最了解自己的需求、爱好,这恰恰是企业需要搜集的信息;第三,由于顾客有"天然一致性",同一个顾客争吵就是同所有顾客争吵。

(3)一切为了顾客。"一切为了顾客"要求一切从顾客的角度考虑,想顾客之所想,急顾客之所急,顾客的需要就是企业的需要。因此,企业首先要知道顾客需要的是什么,重视顾客意见,让用户参与决策,不断完善产品服务体系,最大限度地使顾客满意。

从"购买"开始到"重复购买"再到"反复购买",从"顾客"到"回头顾客"再到"顾客忠诚"。让顾客满意的最终目的是培养顾客忠诚度。一个成功的企业要发展就必须拥有大量的高度满意的顾客和忠诚的顾客。

(二)销售服务的心理策略

通常,由于有顾客的需求存在,在顾客接触销售人员之前,在他的心里已经有了他所要购买产品的期望值。这个期望值是顾客根据以往的经历、经验以及所获得的信息而建立的,是顾客主观建立的。在顾客购买产品时,这个期望值就成了顾客满不满意的参照系。顾客期望值的建立过程如图10-1所示。

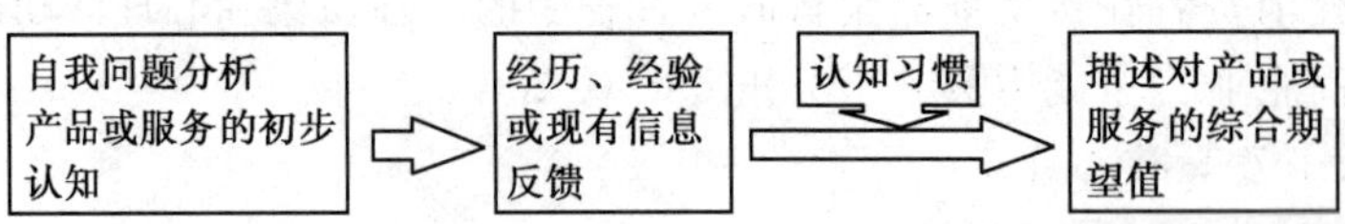

图10-1 顾客期望值的建立过程

顾客期望值建立的基础包括两个方面:一是指顾客价值;二是顾客成本。顾客价值指顾客从给定的产品中获得的全部利益或满足。顾客价值分为使用价值和精神价值。顾客价值来源主要有产品、服务、人员、形象等。顾客成本指顾客为获得这种产品所支出的总和,包括货币成本、时间成本、精力成本、心理成本等。所以顾客的期望值不是由单一成分构成的，而是由多因素组合而成的，比如顾客可能同时在产品的价格、质量、款式、付款时间、交货时间、售后服务等多方面建立自己的期望值。而且由于期望值是顾客根据以往的经历、经验等信息主观建立的，受个人认知习惯影响，所以是不确定的。在这多个期望值因素组合中，顾客对不同因素的关注度也就是所分配的权重是不一样的，有的学者将顾客最关注的那个因素称为最大优势面。满足最大优势面是使顾客满意的关键。

如果我们把顾客实际可能要得到的产品或服务称为感受值的话，我们可以用如下一个公式来表达顾客的满意程度(满意度)：

满意度＝感受值÷期望值

从以上公式中我们可以知道要提高顾客的满意度有两个途径：提高感受值和降低期望值。

以上分析为我们提供了有效提高顾客满意度的基本思路：一是分析顾客需求，发现顾客最大优势面(有时顾客最大优势面由几项构成)；二是针对顾客最大优势面降低顾客的期望值或提高顾客的感受值。

1.发现顾客最大优势面

顾客最大优势面是顾客最关注的，可能是解决顾客问题的关键点，也可能是顾客顾忌的地方。所以我们可以通过如下两个步骤去发现顾客最大优势面：①系统分析顾客所处的情境、所拥有的资源、本次购买的产品或服务的战略地位和用途、顾客历史购买状况、顾客习惯、顾客购买决策构成、竞争者影响力等因素，然后通过自己的经验初步确定顾客可能的最大优势面。②与顾客接触，通过提问及聆听等沟通技术验证和调整第一步的分析结论。以上可以用图 10-2 描述。

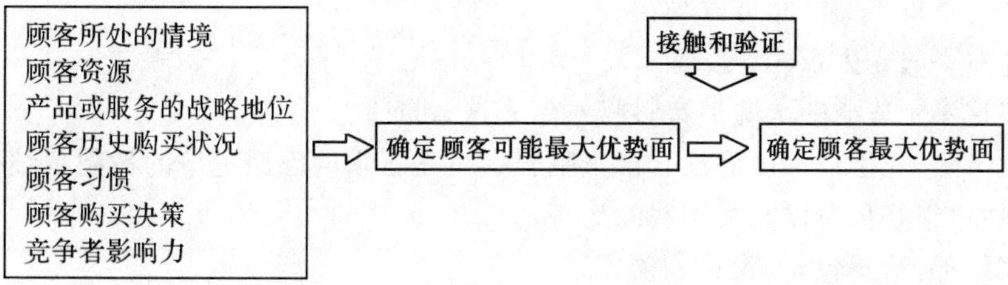

图 10-2　顾客最大优势面分析步骤

2.降低顾客的期望值

由于顾客的期望值是顾客通过自己的认知习惯结合以往的经历、经验和其他信息对现有产品或服务主观建立的，所以顾客的期望值是可以改变的。我们可以通过以下方式来实现。

(1)改变顾客已知的信息。请看如下一段对话：

“上个月我朋友在另外一家买只花了 60 元!”

“噢，先生，您说得很对，我相信，但是那时这个产品刚上市，还没有人知道，所以是按成本销售，当时我们也是卖 60 元的。”

从以上对话中，我们可以看到顾客虽然用自己现有的信息去描述期望值。但销售人员可以善意地去修正顾客已知的信息从而改变顾客的期望值。

(2)通过改变顾客对某一事物的认知习惯,从而改变顾客的期望值。让我们看一看下面这段对话:

“我上次给我弟弟买的一条裤子比这条大多了,布料、做工都一样,但是只要 100 元,怎么这款童装这么小也要这么多钱?”

“噢,先生,因为服装都是批量生产的,童装虽然用料少,但做工要求更高,所以价格更高。”

这位顾客认为用料少的衣服会便宜一点,所以销售人员会让他明白实际上不是这样的话,他自然会重新建立自己的期望值。

(3)顾客根据以往的经验或已知的信息初步建立起来的期望值是相对脆弱且不稳定的,这时如果抓住时机给顾客描绘出另外一个期望值,也可以降低顾客的期望值,这就是我们通常说的“喊价要高”。请看下面这个实例。

小张走进一家服装店被一条休闲裤吸引住了,他摸摸布料认为 120 元比较合适。

店员:“要不要试试?”

小张:“多少钱一条?”

店员:“680 元。”

小张此时心想:“680 元,怎么这么高的价?是不是有什么特别之处?或是名牌……”这时小张起初的 120 元期望价位已经被打破,他甚至有意识地去寻找这条裤子的与众不同之处。

(4)顾客如果是初次接触产品或服务,由于对产品或服务理解不全面,所以容易低估产品或服务的价值,从而期望值相对于实际销售会偏高,这时销售人员可以向顾客展示不被发现的地方,从而协助顾客去建立正确的期望值。

顾客:“这条裤子 200 元可以吗?”

店员:“对不起先生,200 元太低了,一定要 450 元!”

顾客:“这不是普通的水洗棉布料吗?怎么这么贵呀?”

店员:“哈哈,先生!你可能没看出来吧?这可是正宗的巴西进口的精制精细棉料,不会起皱,透气性也很好!所以要贵一些的!”

顾客:“好吧,给我包好,我买一条!”

如此既降低了顾客的期望值,又用恰当的语言提高了顾客的满意度。

3.提高顾客的感受值

提高顾客的感受值是实现顾客满意的最务实的做法,顾客会由此得到更多的好处。前面我们已经了解了顾客期望值的建立过程。我们知道期望值是依据顾客既有的经历、经验或信息而建立的,而顾客上一次所体验的感受值是下一次购买建立期望值的最重要的一个依据。一项跨行业的顾客满意度比较报告指出了一条重要的经验:某一行业的顾客期望值受其他行业设定的标准影响。依据上文的分析,在提高顾客感受值的时候我们必须遵循如下原则:

(1)不要让他得不到,也不要让他太容易得到。因为顾客的期望值是建立在上一次感受值基础上的,所以这一次如果非常容易地实现顾客的期望的话,那下一次顾客建立期望值时就会参照这一次的容易指数标准,真是这样的话,那企业就不堪重负了。但顾客非常难实现期望也不行,顾客就会失去希望转而购买其他企业的产品。

(2)认清保健因素与激励因素。激励和保健因素是管理学上的概念,最早由美国心理学家费雷德里克提出的。保健因素是指那些造成不满意的因素,如果不提供,则会引起不满意,但是提供了却不容易造成满意的效果。激励因素是指那些造成满意的因素,如果不提供不会引起不满意,但是提供了则会产生满意的效果。比如发给员工的工资很多时候就是保健因素,而发给员工的奖金很多时候就是激励因素。激励因素有向保健因素转化的趋势,例如当初某企业率先推出上门安装服务时,这是很好的实现顾客满意的激励因素,但是当其他企业纷纷效仿推出这项服务时,它便成了保健因素,成为行业必要的一项服务标准。对于一个企业来说,资源是有限的,所以,企业必须让有限的资源发挥最大的效用,从而达到让顾客满意的效果。要做好这一点,企业必须认清自己提供给顾客的服务哪些是保健因素,哪些是激励因素。对于保健因素,投入过大的资源会是事倍功半的。对于激励因素,也应注意特色和创新。对于一种没有创新的服务,比如让利,也许起初会有一定的效果,但如果做过头了,它又受到经济学上收益递减规律的作用,仍然是花大钱办小事。所以企业只有将精力用在自己有特色的激励因素上来,才有可能保持顾客长期满意。

(3)关注顾客最大优势面。顾客最大优势面是顾客最关注的要素,实现了它所产生的效果要远大于其他项要素。甚至有时实现了顾客最大优势面的几项要素后,顾客愿意放弃其他项起初的要求。所以要真正认清顾客的最大优势面,并且努力实现它。在实际销售中,业务人员更应该重点研究顾客的最大优势面,因为很多时候最大优势面是双方共同的战略要点。

三、销售人员与消费者心理互动

在销售过程中,销售人员与消费者作为商品的卖方和买方,相互之间必然会发生交往。若交往顺利,会有助于促成商品的销售;反之,则有可能成为阻碍销售的因素。因此,协调销售人员和消费者之间的关系,对销售过程的顺利实现具有重要作用。那么,销售人员如何有效地实现与消费者之间良好的心理互动呢?

(一)消费者的心理状态

下面我们借助两种心理学理论对消费者的心理状态进行分析。

1. 交互分析

交互分析,亦可译作交流或沟通过程分析,它是理解沟通双方行为状态的一个模型。从心理学角度来讨论和分析有效的交流过程,可以帮助销售人员更科学地了解顾客的心理状态,从而更有针对性地调整自己的方式,促进更有效的交流。根据国外推销专家多年的研究,所有的人在交流过程中都有三种自我状态:父母状态、儿童状态及成人状态。一个人所处的自我状态在很大程度上影响他的行为方式。

在一定的时间范围内,三种自我状态中通常有一种处于主导地位。但是,在外界条件的影响下,这种自我状态可以向其他自我状态转换。各种自我状态主导下的行为方式各不相同。

(1)父母状态——倾向于权威性、严厉、支配性。在这种状态下,人们的行为类似于父母在孩子面前的表现。偏激的表现是态度专横，摆出一副权威的样子，吹毛求疵，甚至责骂与其交流的对象。处于这种自我状态的人认为自己对事情的对错有先见之明。以父母状态为主导的顾客常挂在嘴边的话有：

- 我们一直这么做。
- 为这样一个产品花这么多钱根本不值得。
- 我们从来不买这样的产品。
- 如果我是你，我肯定会……做。
- 我不依靠任何人。
- 我知道我该做什么。
- 你的公司最好有所发展，否则我们将另觅供应商。

而且在讲这些话时，他们还常伴随一些非语言动作。如提高声调、用手指指点点等。父母状态的主要表现是：好为人师；惯于斥责谈话对象，谈话时常处于居高临下的姿态；认为自己的是非判断是正确的，自以为是；不善于倾听对方的话。

销售人员如果处在父母状态，会缺乏耐心，讲话时常常滔滔不绝，而且语气专断，听不进顾客的意见。而处于父母状态的顾客则不停地提出各种质疑，对销售人员的所作所为指手画脚。

(2)儿童状态——倾向于依赖，变化无常。父母状态代表个人意识，而儿童状态则代表个人情感。我们不会不承认这样一个事实：孩子的表现要么非常好要么非常糟。当人们处于儿童状态时，他们可能是乐观好奇的，也可能表现为自私自利或脾气反复无常，没有责任心。下面是典型的以儿童状态为主导的人所经常使用的语言：

- 我就是只要一件。
- 要卖给我东西，没门。
- 我对你们的产品根本不感兴趣。

在这种状态下，非语言交流是非常重要的。正像儿童在没有完全掌握所有语言技能之前，他们往往借助于非语言交流方式表明意图。处于儿童状态下的人更倾向于情绪多变，爱嘲笑他人，不停地抱怨或神情局促不安。

(3)成人状态——倾向于稳重和理智。处于成人状态的人能正视现实，富有理性。他们三思而后行，并且有自己的观点，对交流的信息有兴趣，但也不乏感情色彩。处在成人状态的顾客常常使用类似于下面列出的语句：

- 看来你们的产品能满足我们的要求。
- 我认为在作出最后决策之前，有必要把你们公司的产品与其他公司的产品作一些比较。
- 现在有多少公司使用你们的产品呢？

处在成人状态的人善于倾听，注意与交流的对象进行眼神的交流，说话的语气平和、沉稳。

消费者和销售人员所处的自我状态对他们的交流效果有重大的影响。当消费者处在儿童或父母状态时，销售人员是很难与他们讨论有关产品价值、产品利益等问题的，这会使销售人员的推销计划受阻。处于这两种状态的消费者对销售人员持戒备心理或怀疑态度，不能积极地进行交流。由于人们的自我状态在外界影响下是可以改变的，所以销售人员应该尽可能利用一切机会引导消费者进入成人状态。倾听和表示理解是帮助消费者回到成人状态的最好方法。受父母或儿童状态支配的人易受感情影响，所以应当鼓励他们充分表达他们的情感。此外，销售人员还应表示理解，争取与他们获得情感上的共鸣。当消费者有机会倾吐他们的情感时，他们才有机会意识到他们的情感沟通的确是非理性的。认识到这一点，有助于他们回到成人状态。

2. 社交风格与消费者沟通

由于个性的差异，人们待人接物的方式往往是不同的，这会影响到人们之间的有效沟通。我们必须明白这样一个事实：即使在企业采购中，产品与服务的直接购买者仍然是人，他们不过是以企业的名义在实施购买行为。销售人员往往发现，有些消费者不那么容易相处，但既然销售人员的职责是赢得消费者的认同，所以只能调整自己的社交风格以适应对方。这就要求销售人员必须了解自己的个性类型和优缺点，以及自己被各种不同个性的消费者接纳的程度。我们可以根据消费者的交流方式或社交风格把他们分成不同的类型，并在此基础上找出相应的推销原则（见图 10-3）。

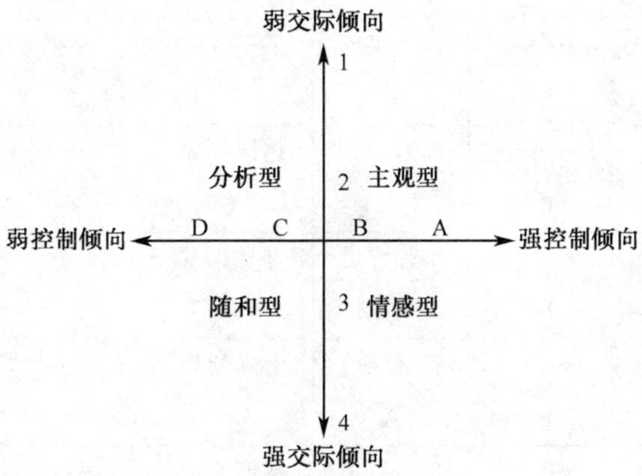

注：A 表示有强烈的控制欲望，D 表示毫无控制欲望，选 A 得 1 分，选 B 得 2 分，依此类推

图 10-3 “控制倾向”与“交际倾向”数轴

［相关链接］

如何测评你的个性

你可以借助“控制倾向”与“交际倾向”两个尺度测定自己的个性类型（见表 10-1）。在有关“控制倾向”的选项中，A 表示有强烈的控制欲望，D 表示毫无控制欲望，选 A 得 1 分，选 B 得 2 分，依此类推。请计算出你的所有选项的平均得分，并将其重新转换成字母等级，然后即可在图 10-3 中表示“控制倾向”的数轴上找到你的相应位置。

表 10-1　个性类型测试

"控制倾向"选项 你认为自己是怎样的人？				"交际倾向"选项 你认为自己是怎样的人？			
沉默寡言	……	……	能说会道	感情外露	……	……	感情含蓄
D	C	B	A	4	3	2	1
犹豫不决	……	……	当机立断	行为冲动	……	……	理智谨慎
D	C	B	A	4	3	2	1
从众随流	……	……	敢于争先	注重判断	……	……	注重事实
D	C	B	A	4	3	2	1
附和顺从	……	……	质疑对抗	不拘小节	……	……	循规蹈矩
D	C	B	A	4	3	2	1
受制于人	……	……	支配他人	情绪波动	……	……	冷静理性
D	C	B	A	4	3	2	1
遇事谨慎	……	……	遇事果断	乐于表白	……	……	难以捉摸
D	C	B	A	4	3	2	1
听命行事	……	……	发号施令	热情待人	……	……	淡然处世
D	C	B	A	4	3	2	1
友善协作	……	……	争强好胜	容易兴奋	……	……	平静稳重
D	C	B	A	4	3	2	1
规避风险	……	……	甘冒风险	生气勃勃	……	……	面无表情
D	C	B	A	4	3	2	1
深思熟虑	……	……	急于行事	感情为重	……	……	任务为重
D	C	B	A	4	3	2	1
谨小慎微	……	……	无所顾忌	积极主动	……	……	交往谨慎
D	C	B	A	4	3	2	1
立场不稳	……	……	坚定顽固	易于感动	……	……	冷峻漠然
D	C	B	A	4	3	2	1
缺乏主见	……	……	独断专行	幽默诙谐	……	……	不苟言笑
D	C	B	A	4	3	2	1
随和迁就	……	……	固执呆板	行事莽撞	……	……	有条不紊
D	C	B	A	4	3	2	1
缄默内向	……	……	善于交际	无忧无虑	……	……	精神紧张
D	C	B	A	4	3	2	1

在有关"交际倾向"的选项中，1 表示严格的自我约束，4 表示不加节制的感情流露。请直接计算出你的平均得分，并在图 10-3 中找出你在垂直数轴上的位置。现在，你在矩阵中所处的特定区域便代表你的个性类型。

你的个性属于分析型、主观型、情感型还是随和型呢？为定义以上四种个性类型，有必要在这里描述一下衡量个性倾向的两种尺度。交际倾向是指个人情感外露及开展对外交往的主动程度。交际性倾向强的人情绪和感情都比较外露，他们通常比较友好，性情温和，不拘小节。交际性倾向弱的人则通常能较好地控制自己的情感，因此他们往往表现为彬彬有礼，有时态度偏于冷漠。控制倾向则指个人期望向他人及形势施加影响的迫切程度。控制倾向强的人通常很直率，他们直抒己见，态度果断坚决，不容置疑。而控制倾向弱的人则通常较随和，易与他人相处，而且易受他人观点的影响。

根据人们在交际倾向与控制倾向方面的不同特征，划分出典型的个性类型，即分析型、主观型、情感型和随和型。虽然对大多数人而言这四种类型的特征都兼而有之，但其中必有一种类型占主导地位。我们不能说哪种个性最适合销售人员，事实上，每种个性都有自己的独特优势，而最终能否与消费者形成相互感应，则在很大程度上取决于对方的个性类型。下面我们来看看不同类型的消费者都有哪些特征，销售人员应该采取什么样的方式来增强与不同类型消费者的沟通效果。

(1)分析型消费者

他们类似于技术专家，习惯以一种经久不变的精心筹划的方式处理问题。他们善于捕捉产品性能方面的每一个细节，并尽其所能搜集详尽的产品信息，以期在排除个人因素和感情因素的前提下作出决策。由于分析型消费者全神贯注于自己的采购任务，故常被认为是沉默寡言、感情冷淡的消费者群体。他们更喜欢以书面协议和承诺的方式将各种细节确定下来，并希望有足够的时间仔细权衡其购买决策。总之，分析型消费者的购买决策和购买行为通常极为谨慎、迟缓。当他们就某一问题提出异议时，亦希望销售人员能够依据事实给予答复，此时，他们很乐于倾听销售人员就事实情况所作的解释。

(2)主观型消费者

他们以完成采购任务为目标，其行为特征可以用“高效”二字概括。主观型消费者总是力图支配周围的人和事。他们很难对他人表现出一种热情、关切的态度；对旁人的思想情感也常常视而不见，从而使人联想起“冷漠”“专制”“咄咄逼人”等字眼。与分析型消费者相似，主观型消费者也十分注重事实。两者的区别在于，关注的事实类型不同。主观型消费者关注产品能否满足其最低要求，他们无暇顾及产品的技术性能表现，感兴趣的是该产品能否为其降低成本、增加收入、加快生产进度、缩短投资回收期等。由于主观型消费者愿意独立工作，因而那些有助于他们加强对下属部门控制力的产品、设备，往往对其独具吸引力。主观型消费者还有很强的升职愿望，如果某些产品能够帮助他们改善自己在公司的业绩表现，肯定会备受其青睐。

与主观型消费者开展业务时，销售人员务必言简意赅、切中要点，因为主观型消费者往往惜时如金。若要与他们闲聊，只能是事倍功半；同样，销售人员试图改变其意愿的努力也常常适得其反。当主观型消费者就某一问题提出质疑时，他们期望立即得到答复，以便尽快作出购买决策，因此，他们又被认为是“缺乏耐心”的消费者群体。当销售人员向其推销产品时，他们希望销售人员能够提供一个简明扼要且条理清楚的购买方案，并在此基础上提供其他各种备选方案。

(3)情感型消费者

情感型消费者总是显得坦荡直率和朝气蓬勃，擅长与人交往，行为举止不拘小节，对人则常常直呼其名。即使与你相识不久,他们也会直接地向你倾诉自己的想法。情感型消费者与分析型消费者截然相反,他们对产品本身的特性丝毫不感兴趣,只把它们视作体现自己身份或地位的一种方式。情感型消费者绝无兴趣聆听关于产品的技术性介绍,他们更愿意接受以图形、影像和商业宣传形式出现的产品展示活动。另外,向他们列举一些已经选购该产品的客户也不失为一种良策。当然,所介绍的客户越是著名,营销效果越好。情感型消费者希望自己提出的所有问题都能尽快解决,而且销售人员的答复应尽可能同他们的购买愿望、观点和个人利益一致。通常,情感型消费者更喜欢销售人员以轻松愉快的方式对其开展推销。

(4)随和型消费者

随和型消费者待人接物极为温和亲切,并且颇具合作精神,极易与之相处。他们总是尽可能避免与人发生冲突,以致在言谈中常常掩饰自己的真实想法而去竭力迎合对方。就购买行为而言,随和型消费者主要考虑人际交往方面,他们期望销售人员首先能够与自己建立起良好的个人关系;在产品方面他们则更关心新购设备给其家人或员工带来的各种影响。对销售人员来说,以个人担保的方式就产品品质作出承诺,并由此逐步展开营销不失为一种良策。考虑到随和型消费者的购买决策较为迟缓且害怕承担风险,会给交易的最终达成带来一定难度,销售人员必须极富耐心,并应尽可能降低产品风险给消费者造成的心理压力。

(二)在销售服务过程中影响销售人员服务行为的心理状态

社会学认为行为是社会环境和生物影响的结果。影响销售人员心理状态的因素很多,有主观因素,也有客观因素,并且主、客观因素既互相制约,又互相影响。在不同的情况下,销售人员的心理状态有许多类型,其中,按人的不同性格,按不同的营业时间、季节和受营业环境、社会环境的影响,可分为个性心态、时间心态、季节心态、忙闲心态、情感心态和防护心态等。

1.个性心态

个性心态就是销售人员在售货服务过程中,由于个性的差异而形成的心理状态。由于各人的具体的物质生活条件不尽相同,各人的社会实践、生活经历也不完全一样,人的性格也就千差万别。由于性格结构的复杂性,性格分类至今还没有一个公认的学说,较为成熟一些的分类方法是按照人的理智、意志、情绪这三种心理机能在性格结构中所占比重的情况来进行性格分类,我们可以根据这种分类方法来观察销售人员的心理状态。

凡是惯用理智的尺度来衡量一切,被称为理智型性格。具有理智型性格的人,言行举止不容易冲动。具有这种性格的销售人员沉着冷静,注意力稳定,情感不外露,接待顾客时耐心周到,善于透过顾客的言谈举止、表情神态等表象去推测其心理活动,为其提供周到的服务;对顾客的态度反应敏感,能适时适当地与顾客交谈,一旦与顾客发生矛盾,能持克制态度,正确处置。

凡是行为举止容易受情绪影响,具有浓厚的情感色彩,被称为情绪型性格。具有情绪型性格的人,对于各种刺激都表露出过高的兴奋情绪,往往以过分的情感体验来代替对周围现实对象的理智的反应。具有这种性格的销售人员情感外露,并容易随各种心理背景的变化而转变,性情急躁,注意力分散;接待顾客时动作迅速,但缺乏耐心,急于完成售货过程,与顾客发生矛盾时容易激动、暴躁,服务质量往往受情绪状态影响。

凡是意志因素在性格结构中占主导地位,被称为意志型性格。具有意志型性格的人,意志坚定,积极主动,根据明确的目标来支配、调节自己的行动。具有这种性格的销售人员情感显露，性格外向，接受能力强，精力旺盛，决断能力较好，处理问题果断，肯负责任，有较强的责任心与进取心；在接待顾客时能主动迎候，精神集中，态度良好，善于根据顾客的心理需求，发表自己的见解，积极诱导顾客采取购买行动，并能熟练、迅速地完成商品出售过程中的技术操作，在主动与顾客交流经验的过程中，能注意研究购买行为等问题。

2.时间心态

时间心态就是销售人员在售货服务过程中，在不同时间影响下而产生的心理状态。昼夜时间变化对销售人员的服务行为产生影响：早上，销售人员心情愉快，精神振作，头脑清醒，手脚麻利，服务热情高，工作努力，处于一天工作时间中的情绪最高点；中午及午后，身体逐渐疲乏，情绪不振，表现为表情冷淡，消极被动，行动迟缓，接待顾客不耐烦，甚至会出现一些失态行为、差错，这时的服务情绪降到最低点；到了晚上，情绪又逐渐活跃起来，工作热情又回到最高点。

3.季节心态

季节心态就是销售人员在售货服务过程中，由于不同季节的影响而形成的心理状态。

心理学家认为，一年四季对人的情绪是有影响的。在春季，人的情绪舒畅，富于爱心，这时，销售人员对顾客比较宽容，即使有些口角也不过分计较；冬季由于寒冷，销售人员对顾客的态度也会冷淡一些，加之着装多，动作也迟缓一些，在条件、设备差的营业场所，销售人员多数要戴手套，或把手插在衣服兜里，这样难免影响服务效果；夏秋季节，特别是夏季，随着气温的升高，烦躁感增加，身体不适，销售人员往往容易激动，好挑衅，这种状态下最不利于销售人员与顾客的双向沟通。

4.忙闲心态

忙闲心态就是销售人员在服务过程中，由于接待顾客的人数和次数的不同而产生的心理状态。由于时间、季节等因素的影响，商店里往往存在着顾客时多时少的情形。一般来说，销售人员不可能整天都如流水般不停地进行售货服务，这是因为售货服务工作具有间歇性。当顾客比较少时，销售人员的心得就比较好，招呼顾客时有可能做到耐心、细致和周到，做好售前、售中和售后服务，但也容易因此而偷闲，或擅离岗位，或看书报，或闲聊天，这样也就怠慢了顾客；忙的时候，客流量大，人声嘈杂，音调也随之升高，在这样的环境里，销售人员的情绪波动较大，由于招呼不过来，或听不清顾客的话，或使早来的顾客久等，这些都会引起顾客的不满，从而发生矛盾。

5.情感心态

情感心态就是销售人员在服务过程中，受情感的影响而产生的心理状态。情感是人对客观事物的一种态度，是人对客观事物的一种好恶的倾向。情感的外部表现就是情绪，情绪对人的行为有着直接的、重要的影响，但这并不等于说每个人完全受情感支配，因为认识、品质和意志能够控制情绪。当然，不同的情感状态对销售人员的服务态度是有一定影响的。

6.防护心态

防护心态是指销售人员在售货服务过程中，为了减轻和避免心理挫折而产生的自我保护性的情绪反应。

许多商业交往只是一次性的。因此，销售人员与顾客的交往活动，和其他类型的人际交往不同，双方对交往不重视，只有物的关系，不重视人的关系，是一种典型的买卖关系，还容易引起不信任感，买卖之间固有的矛盾是不信任感的起因，销售人员由此产生了防护心态。

防护心态包括自我防护和群体防护。也就是说，当同事与顾客发生纠纷时，其他销售人员往往不问青红皂白地作出激烈的防护反应，群起而攻之，使事态扩大和恶化。

(三)销售人员应具备的心态

自从“神奇教练”米卢登陆中国后，“态度决定一切”这句话就常常出现在我们的耳边。态度决定人们如何对待事物，不同的态度会产生不同的驱动作用。好的态度产生好的驱动力，会得到好的结果；而不好的态度也会产生不好的驱动力，会得到不好的结果。销售人员应该有什么样的心态呢？

1. 积极的心态

首先销售人员需要具备积极的心态。积极的心态就是把好的、正确的方面扩展开来，同时第一时间投入自己的工作。一个企业、一种产品肯定都有很多好的方面，也有很多不够好的地方，销售人员就需要用积极的心态去对待。

2. 主动的心态

主动是什么？主动就是“没有人告诉你，而你正做着恰当的事情”。在竞争异常激烈的时代，被动就会挨打，主动就可以占据优势地位。我们的事业、我们的人生不是上天安排的，是我们主动去争取的。主动是为了给自己增加机会，增加锻炼自己的机会，增加实现自己价值的机会。社会、企业只能给你提供道具，而舞台需要自己搭建，演出需要自己排练，能带来多么精彩的节目，有什么样的收视率，决定权在你自己。

3. 空杯的心态

人无完人，任何人都有自己的缺陷，有相对较弱的地方。也许你在某个行业已经很有经验，也许你已经具备了丰富的技能，但是你对于新的企业，对于新的经销商，对于新的客户，你仍然是你，没有任何的特别。你需要用空杯的心态重新整理自己的经验，吸收现在的、别人的正确的、优秀的东西。

4. 双赢的心态

销售人员必须以双赢的心态处理自己与企业、企业与商家、企业与消费者的关系，不能为了自身的利益去损害企业的利益。

5. 包容的心态

销售人员会接触到各种各样的经销商，也会接触到各种各样的消费者。这个经销商有这样的爱好，那个消费者有那样的需求。销售人员是为客户提供服务、满足客户需求的，这就要求销售人员学会包容，包容他人的不同喜好，包容他人的挑剔。你的同事也许与你有不同的喜好，有不同的做事风格，你也应该去包容。

6. 自信的心态

自信是一切行动的原动力，没有了自信就没有了行动。销售人员应对自己服务的企业充满自信，对所销售的产品充满自信，对自己的能力充满自信，对同事充满自信，对未来充满自信。自己是将优良的产品推荐给消费者去满足他们的需求，自己的一切活动都是有价值的。很多销售人员自己都不相信自己所销售的产品，又怎么样说服别人相信自己的产品呢？很多销售人员不相信自己的能力，不相信自己所销售的产品，所以在客户的门外犹豫了很久都不敢敲开客户的门。

7. 行动的心态

行动是最有说服力的。销售人员需要用行动去证明自己的存在，证明自己的价值；需要用行动去真正地关怀客户；需要用行动去完成目标。如果一切计划、一切目标、一切愿望都是停留在纸上，不去付诸行动，那计划就不能执行，目标就不能实现，愿望就是肥皂泡。

8. 给予的心态

要索取，首先要学会给予。没有给予，你就不可能索取。销售人员要给同事以关怀，要给经销商以服务，要给消费者以满足其需求的产品。给予是永恒的，因为给予不会受到别人的拒绝，反而会得到别人的感激。

在商业企业管理工作中，管理人员要了解销售人员的心理状态，分析和研究这些心态形成的原因，提出改变消极因素和强化积极因素的措施。如何改善服务态度，提高服务质量，既是长期、普遍存在的问题，又是亟待解决的现实问题，在研究和探讨这个问题时，不仅要研究顾客，研究顾客心理，也应当研究销售人员，研究其售货服务的心理和行为。

【典型案例】

唱片(CD)：包装盒的魅力

理智告诉我们，消费者购买唱片取决于他们是否认为唱片里的音乐是动听的和诱人的，因而在发达国家的许多唱片店早已提供了自助试听服务，即把一些新近上市的和比较重要的唱片装进互动式自动播放器里，顾客可以在自动播放器前戴上耳机，选择试听这些唱片的片段。但是，在一项关于顾客购买唱片过程的研究中，营销专家们在唱片销售柜台前安装了摄像机，记录和研究消费者购买唱片的全过程。专家通过对大量的录像带进行统计，发现消费者在购买一张唱片之前，往往要反复地把这张唱片拿起、放下，再拿起，翻过来看，又翻回去，再放下，甚至走开一会儿，回过头来又再拿起那张唱片……如此反反复复，平均触摸它多达 11 次，才下决心买。按照一般理解，唱片是买来听的，不是买来摸的。顾客若想知道唱片的品质，应该试听，而不是反复触摸。

“平均触摸它多达 11 次”这个事实使营销专家们恍然大悟——影响顾客选购唱片的因素远不止于音乐本身的品质那么简单，更包括了许多与听觉无关的东西，如唱片封面的照片、色调、文字说明以及唱片的外包装盒的质地。唱片包装的封面设计的重要性早已为唱片公司所认识，但在包装盒的质地上搞差异化的公司还很少。一家唱片公司根据以上这项研究的启示，重新设计、制作了几款与众不同的唱片包装盒，包括：

一款钛白色的，摸上去略带金属的冰凉感，用以包装爵士乐唱片。

一款采用东方琉璃瓦的暗绿色，且有着磨砂玻璃般的触感，用以包装亚洲和阿拉伯音乐的唱片。

一款深蓝色塑料盒，但摸上去却有“起毛”的感觉，让人觉得仿佛那是天鹅绒而不是塑料，用以包装古典音乐唱片。

还有一款海蓝色的，仿佛布满细碎的裂纹，用以包装伤感的情歌唱片。

……

采用新包装之后，虽然该公司音乐的内容并无改进，唱片的销量却大增。

问题：消费者是理性的吗？谈谈你的见解。

【本章小结】

消费者需要的满足和动机的实现，离不开一定的销售环境。在消费者的购买过程中，销售的物理环境、心理环境直接作用于消费者的感觉器官，使消费者受到深刻刺激，影响其消费行为。此外，销售人员的服务理念、客户满意度管理是现代关系营销的核心内容，能否提高客户的满意度成了企业能否获得成功的最重要因素。本章的第二部分着重介绍了提高消费者满意度的做法。再进一步说，要提高消费者满意度，涉及与消费者的良好沟通和心理互动问题。本章的第三部分着重从心理学角度讨论了两种分析消费者心理状态及社交风格的理论，并提出了销售人员应采取什么方式去满足消费者的心理需求。

【思考练习】

1. 试述销售人员在销售过程中积极心态的作用。
2. 结合自己的实际，谈谈什么是保健因素与激励因素。
3. 简述销售服务在现代销售活动中的地位和作用。
4. 结合自己的购物体验谈谈购物环境对购物行为的影响。
5. 试述如何提高消费者的满意度。
6. 试分析你自己的社交风格，并分析要做一个优秀的销售人员，你需要如何调整。

第十一章　绿色消费心理与行为

【导入语】

随着工业化进程的加速和社会经济的发展，人们的生活水平日益提高，人们对自身的生存环境给予了更多的关注，绿色消费、绿色营销、可持续发展等理念逐步深入人心，保护环境、减少污染、节约能源、防止公害的呼声越来越高。绿色消费成为一种时尚的生活方式为人们所拥护，绿色产品也成为消费者新宠，备受青睐。2001 年，中国消费者协会“绿色消费”年主题的确定表明，绿色消费不仅是一种个体行为，更是政府行为，表明中国消费者将同其他国家(地区)消费者并肩为消费环境的改善作斗争；标志着中国的消费者组织将引领着广大消费者科学理性消费，促进国家管理体制的改革。

【学习目标】

- 了解绿色消费兴起的背景、绿色消费的含义。
- 探究绿色消费者的心理与行为。
- 明确绿色产品的概念和绿色产品的开发。

【关键词】

绿色消费 environmental-friendly consumption
绿色消费心理 the psychology of environmental-friendly consumption
绿色消费行为 the conduct of environmental-friendly consumption
绿色产品 non-hazardous product

一、绿色消费的兴起

(一)绿色消费兴起的背景

绿色消费是一种概念，也是一种消费行为，它的形成有一个过程。在 20 世纪 80 年代，现代产业的高速发展和都市规模的不断扩大给人类带来日益丰富的产品和发达的物质文明的同时，环境却遭到了破坏，环保意识开始在消费者心中日益增强，高耗能、高污染的产品不断为消费者拒绝，“绿色”成为一种品质追求。进入 90 年代以来，环境危机和价值观念的变化带来了消费观的进一步变化，消费者越来越关心环境保护问题，具备了“绿色消费观”形成的基础。一项调查显示，75%以上的美国人、67%的荷兰人、80%的德国人在购买商品时考虑环境问题，有40%的欧洲人愿意购买绿色食品。

当前，国际市场上形形色色的绿色产品层出不穷，从“绿色食品”到“绿色产品”，从“绿色汽车”到“生态住宅”等，无所不包，无所不有。绿色观念正激发起世界各国许多有远见的制造商们的热情。绿色产品为地球和人类带来了新生，也向生产商、销售商展示了广阔而诱人的市场前景。国际知名的化妆品公司，如雅诗兰黛、资生堂等，推出的以植物成分代替化学成分的“绿色香水”，成为时尚女性的最爱。雅诗兰黛推出的欢沁香水，灵感来自生活中点点滴滴的环保。英国女王开的一家农产品店，专门出售“绿色商品”，大受欢迎。

在中国，绿色消费观念也逐步被接受，绿色消费开始升温。中国消费者协会以“年主题”形式开展活动，与国际同类组织一样，把“绿色消费”作为共同关心的中心工作，作为协同作战的同一主题。于是根据中国国情，中国消费者协会二届十次理事会确定，2001年在全国范围内开展“绿色消费”年主题活动，2001年的年主题既是新世纪第一年的主题，也是新世纪的主题。以后又开展数次年主题活动。

(二)什么是绿色消费

1.绿色消费的含义与内容

绿色，代表生命，代表健康和活力，是充满希望的颜色。国际上对“绿色”的理解通常包括生命、节能、环保三个方面。一些环保专家把绿色消费概括成5R：节约资源，减少污染(reduce)；绿色生活，环保选购(reevaluate)；重复使用，多次利用(reuse)；分类回收，循环再生(recycle)；保护自然，万物共存(rescue)。绿色消费主要是指在社会消费中，不仅要保证我们这一代人的消费需求和安全、健康，还要保证子孙万代的消费需求和安全、健康需求。

具体地讲，绿色消费包括以下三方面内容：

(1)倡导消费者在消费时选择未被污染或有助于公众健康的绿色产品。

(2)在消费过程中注重对垃圾的处置，不造成环境污染。

(3)引导消费者转变消费观念，崇尚自然、追求健康，在追求生活舒适的同时，注重环保，节约资源和能源，实现可持续消费。

简单地讲，绿色消费不仅体现在消费观念上，更表现在行动中，“脑手”并重。同时，不仅指在选购产品时，注重选择绿色产品，更指在使用中和使用后注重环保，不造成环境污染。

2.有关绿色消费的误解

在生活中，人们是否真正理解绿色消费，是否能科学地进行绿色消费呢？其实，并不是所有的消费者都能准确地理解绿色消费的含义。可能很多消费者一听到绿色消费这个名词，很容易把它与“天然”联系在一起，以为吃天然食品就是绿色消费，如吃野生苦叶菜、水芹菜等。其实，天然食品并非“绿色”的代名词，甚至相当一部分天然食品还有强烈的毒副作用。有的消费者认为穿天然原料的服装就是绿色消费，如穿草裙、树皮衣等；认为用天然材料装饰房间就是绿色消费，摘几束野花，搬来几块石头就很“绿色”了。其实，这是一种很极端、很片面的认识，这样就形成了一个误区，即所谓的“绿色消费”变成了“消费绿色”。有的人非绿色食品不吃，但上馆子却点名要吃娃娃鱼、穿山甲等，认为这是养生之道；有的人非绿色产品不用，也头头是道地大谈垃圾分类，但是一次性塑料袋、快餐盒却随易乱用；有的人家居装修时非绿色建材不用，但是装修起来却热衷于相互攀比，追求奢侈豪华。所以，这些都是对绿色消费的误解，他们所谓的绿色消费行为只是从自身的利益和健康出发，而并不考虑对环境的保护、对自然生态的关爱,违背了绿色消费的初衷。

真正意义上的绿色消费基本要求是在消费过程中注重对垃圾的处理,不造成环境污染;消费者要转变消费观念,在追求舒适生活的同时,注重环保,节约资源,实现可持续消费。

二、绿色消费者的心理与行为

在经济飞速发展的今天,"绿色消费"越来越引起人们的关注,"绿色消费"已经成为一个国家、一个民族综合素质、文明程度的体现。绿色消费者也作为一个新兴的群体茁壮成长和成熟起来。他们的观念体现出较高的环保意识,他们的行为也具有较高的理性特质。

(一)绿色消费者的心理

绿色消费者也可称为环保主义者,他们具有较高的知识文化水平,在日常生活中,对绿色消费的概念理解得全面而透彻,并且自己在行动中体现出绿色消费。简单地讲,他们具有以下认识。

1. 绿色消费就是无污染消费

绿色消费者绝不会到菜场上去挑几根有虫眼的青菜,或是吃几副中药,就认为是绿色消费了。他们对绿色消费有正确的认识,如选择绿色产品,即选择无公害、无污染的安全、健康、优质、科学的产品。同时注意环境保护,在绿色消费过程中不污染环境。

2. 绿色消费就是健康消费

随着人们生活水平的提高,人们越来越关注自己的健康,因此对安全、无污染、高品质绿色产品的需求日益强烈。绿色消费者认为,健康的需要不仅包括物质需要和精神文化需要,同时更应包括生态需要。因此,绿色消费不仅是个人的健康需要,更是整个人类的健康需要,表明人们的消费质量在不断提高。绿色消费也就是要关注生产发展、生活质量提高、生态保护等问题。

3. 绿色消费就是科学消费

绿色消费者是崇尚科学的。他们认为只有当绿色消费是科学消费的时候,才能从科学意义上提升健康消费的水平和档次。所以,绿色产品只有不断提高科技含量,才可能从根本上增强市场竞争力。绿色消费也是一样,是一个系统的消费过程,而不是几句口号就能解决的。因此,绿色消费者非常关注绿色产品的动态和新闻,并在选购产品时尽可能选择绿色产品。

4. 绿色消费要关注消费环境

人们的消费,总是在一定的环境中进行的。任何消费活动,都必须具备三个基本要素,即消费主体(消费者)、消费客体(消费品和服务)和消费环境。这就是说,消费的自然环境好,天蓝水清地绿,生态环境优美,消费质量就高;消费的社会环境好,人文生态上乘,社会治安良好,消费结构得到优化,人人都争当高度文明的人,消费质量就高;消费的文化环境好,文化质量就高。因此,绿色消费者也是环保主义者,在绿色消费的同时,更注重周围的环境。

[实例]

别让“绿色消费”变成“绿色浪费”

为了消除和防止“白色污染”，一些地方发布公告，要求当地不得销售、使用不可降解塑料袋和一次性塑料餐具等用品，大力倡导人们像从前那样使用布袋子、纸盒子、竹篮子。他们将这称作“绿色消费”。

但是，“绿色消费”如果引导得不好，容易变成“绿色消耗”“绿色浪费”。重新制作大量的布袋子、纸盒子、竹篮子，消耗了许多的竹子、木材等自然资源，消耗量远大于再生量，会对环境造成严重破坏。前些年有关部门发出“减卡救树”的倡议，号召人们少寄乃至不寄贺卡，就是因为制作4000张贺卡相当于毁掉一棵生长了10年的大树。而一个纸盒子的用料远比一张贺卡多得多。再者，对布袋子、纸盒子、竹篮子的清洗又要用掉许多的水，消毒则需使用化学用品。因此，这种“绿色消费”实在是得不偿失。还有，对上班族来说，带上布袋子、纸盒子、竹篮子，既不方便，又不美观。

问题：你有没有进行“绿色消费”？有没有造成“绿色浪费”？请谈谈如何解决“绿色消费矛盾”。

(二)绿色消费者的行为

1.绿色消费者的行动纲领

绿色消费者会积极主动地寻求科学权威的知识或信息并将其作为自己绿色消费的观念和行动纲领。如2003年世界地球日(4月22日)，中华环保基金会向全国发出了“绿色志愿者行动”倡议书，提出的五项内容，便成为绿色消费者的行动纲领。

(1)节约资源，减少污染。如节水、节纸、节能、节电、多用节能灯，外出时尽量骑自行车或乘公共汽车，减少尾气排放，等等。

(2)绿色消费，环保选购。选择那些低污染、低消耗的绿色产品，如无磷洗衣粉、生态洗涤剂、环保电池、绿色食品，以扶持绿色市场，支持发展绿色技术。

(3)重复使用，多次利用。尽量自备购物包，自备餐具，尽量少用一次性制品。

(4)垃圾分类，循环回收。在生活中尽量地进行垃圾分类与回收，如废纸、废塑料、废电池等，使它们重新变成资源。

(5)救助物种，保护自然，拒绝食用野生动物和使用野生动物制品，并且制止偷猎和买卖野生动物的行为。

2.绿色消费者的具体行为

绿色消费者的观念会直接体现在日常的具体行为当中，表现出绿色消费的若干特点。

(1)在吃的方面，绿色食品大受绿色消费者欢迎，他们更注重食品的卫生质量。具有品质好、营养价值高、无污染、可健身等多重功效的绿色食品得到绿色消费者的欢迎和喜爱。市场调查资料显示，约有79%～84%的消费者愿意主动购买绿色食品。绿色食品的范围，已包括肉、蛋、奶(包括奶制品)、蔬菜、水果、粮食、饮料、调料等。

(2)在穿的方面，绿色消费者在选择衣物时的自我保健意识也较强。前些年曾在服装市场风靡一时的化纺织品，因其含对人体有害的苯、酚等化学物质，刺激人体皮肤而引起过敏性皮炎、湿疹、丘疹等疾患，故日益受到消费者的冷落。与此同时，曾经不被重视的纯天然纺织品，如丝、棉、麻等织物因其生产工艺的改进而大多免除了洗涤和熨烫方面的麻烦，备受绿色消费者的欢迎。

(3)在住的方面,绿色消费者喜欢天然材料。他们对住房的重视,不仅表现在对扩大居住面积的渴望,也表现在对居室内的装修布置。在装修过程中,他们不仅注重美观、实用,而且越来越重视选择无毒害的建筑装潢材料。安全无毒的石膏板吊顶、石膏浮雕装饰、木制三合板腰墙、水溶性无毒乳胶漆、工艺玻璃点缀等,不仅使居室典雅、舒适,而且没有甲醛、苯、酚、铅等造成的危害。

(4)在用的方面,“绿色产品”层出不穷,绿色消费者出于保护环境、保护资源的目的,会在日常生活的细节中体现出环保意识,有选择地使用绿色产品,如使用无氟冰箱、无毒水溶性涂料、无磷洗衣粉、无污染电池等。

随着绿色消费的兴起和普及,人们的文明程度将会得到不断提高,维护公共卫生环境、注重个人卫生的行为和养生保健的良好习惯亦会逐渐养成。

[相关链接]

绿色技术:当今国际社会发展的趋势,要求企业在选择生产技术和开发新产品的时候,必须作出有利于环境保护和生态平衡的技术选择。目前,以占领世界绿色产品市场为目的、争夺绿色技术制高点为中心的国际竞争已经开始。

绿色设计:设计出的产品可以拆卸、分解,零部件可以翻新和重复使用,既保护了环境,也减少了资源的浪费。

绿色投资:为防治环境污染和生态破坏,政府必须加大扶持力度,规范投资去向。国外企业的投资也已出现了“绿色倾向”。美国政府已公开表示绿色产品享受出口退税,同时给予出口信贷上的优惠。日本政府已提出了“以21世纪新地球为主题的绿色地球百年行动计划”。欧盟也对绿色产品有倾斜政策。

绿色产品:生产、加工、运输、消费对环境无污染或少污染的产品。

绿色包装:法国的很多食品货架上已看不到塑料、玻璃等难以回收的包装。

绿色营销:企业通过绿色促销刺激顾客对绿色商品的购买欲望。

绿色消费:人们崇尚在求得舒适的基础上,大量节约资源和能源的消费。有关资料显示,98%的意大利人表示在选购产品时会考虑绿色因素,德国82%的消费者在超市购物时会考虑环保问题。

绿色文化:把环境保护的理念融于企业的经营管理和活动之中,推行绿色管理,进行绿色教育,生产绿色产品,争取绿色商标,成为绿色企业。

绿色认证:推行统一的绿色产品的环境标准。不符合标准的产品将不受欢迎,并将淘汰出国际市场。美国在1992年已有38个州通过立法,规定哪些产品必须使用可以再生而不会变成垃圾的材料。欧洲已有多个国家开始执行绿色认证制度。日本政府对上千种商品的包装规定了回收要求。

绿色标志:由政府部门或公共、私人团体依据一定的标准,向有关企业颁发证书,证明其产品的生产、使用及处置过程全部符合环保要求。

绿色壁垒:国际贸易保护组织的一种形式,主要有绿色关税、绿色技术、绿色检疫等。绿色关税又称“环境进口附加税”,绿色技术指通过立法手段制定严格的强制性环保标准,限制外国商品进口。

绿色保护：通过各种法律对环境进行保护。目前国际上已签订了150多个多边环保协定，其中约20个含有贸易条款。各国政府尤其是日本、美国、欧盟等国家对食品中的农药残留量和有害物质含量标准的规定到了近乎苛刻的地步。近年各国对纺织品的环保要求也越来越严格，德国制订了保护消费者健康的"一揽子"计划，其中包括禁止一些可能致癌的偶氮染料纺织品进入德国市场。对进口产品的环保要也正波及机电产品。

三、绿色产品的开发与消费

现在的电视、报刊广告上随处可以看见"无磷""无氟""无毒无害""绿色产品""环保"等字样，一些厂家、商家也在"绿色""环保"上下足了功夫，有的企业开始直接对外宣称"绿色公司""环保先锋"等。一时间，从彩电、冰箱、空调、洗衣机到洗衣粉、涂料等，无一不是"绿色产品"。那么究竟什么是绿色产品？有没有统一的标准？是不是像企业那样，自称绿色就绿色了呢？

(一)绿色产品

1.什么是绿色产品

绿色产品是指在生产过程中产品自身没有或较少对环境污染的产品，以及比传统的产品更符合保护生态环境或社会环境要求的产品及服务。

2.绿色产品的分类

现在市场上绿色产品的种类非常繁多，根据它们的一些特点，根据多个标准，对它们进行大致的分类，以便更好地理解和掌握什么是绿色产品。

(1)从概念上分，可分为以下两大类。①绝对绿色产品：指具有改进环境条件的产品，如用于清除污染的设备，以及净化、保健服务等。②相对绿色产品：指那些可以减少对社会和环境损害的产品，如可降解的塑料制品和再生纸等。

(2)从技术标准上分，可分为以下六类：①履行国际条约的；②可回收利用的；③改善区域环境质量的；④改善居室环境质量的；⑤保护人体健康的；⑥提高资源能源利用率的。

(3)从产品种类上分，可分为以下几类，甚至更多。

家用电器：节能的彩电、冰箱、制冷箱、空调、微波炉以及低噪声洗衣机等。

建筑材料：环保涂料、无石棉建筑制品、磷石膏建材、人造木质板材和地板等。

厨房用品：节能低排放燃气灶、低铅陶瓷制品、非铝质压力炊具等。

日用品：无镉铅充电电池、无汞干电池等。

纺织品服装：防虫蛀纺织制品、纯天然纺织品等。

照明用品：节能荧光灯、节能双端荧光灯、节能电子直流器等。

其他生活用品：可降解塑料包装制品等。

办公用品：节能电脑、静电复印机等。

汽车、摩托车：低污染型汽车、低污染型摩托车等。

总之，绿色产品还在不断地研制和开发当中，将会有越来越多的绿色产品在我们生活中出现和使用。

3. 绿色产品的标准

(1)国际标准

为规范绿色产品，全球标准化组织颁布了 ISO14020、ISO14021、ISO14024、ISO14025 等标准，提出了认证、验证、检测产品并授予三种不同形式环境标志的原则。

ISO14020 标准(GB24020)，规定了各国发展环境标志计划必须遵从的自愿、公开、科学、公正和防止贸易壁垒等 9 条基本原则。

ISO14024 标准(GB24024)，规定了按生命周期要求对企业产品和服务进行认证的基本规定，称为Ⅰ型环境标志。

ISO14021 标准(GB24021)，规定了从生产到处置过程中产品原料和过程控制及废弃物处置利用的 12 条自我环境声明，称为Ⅱ型环境标志。

ISO14025 标准(GB24025)，规定了量化环境信息的公告要求，称为Ⅲ型环境标志。

这是全球各国共同遵守的规则。目前世界上主要国家共颁布环境标志产品标准 1000 余个，每 2～3 年修订一次，以适应科技进步和公众对绿色标准不断提高的要求。

(2)生产过程具体标准

绿色产品的第一个环节是设计，如日用陶瓷，要绿色，就必须增加控制铅的设计；又如日用燃气灶，要绿色，就须增加对二氧化氮的控制设计。绿色产品要求产品质量优、环境行为优。

绿色产品的第二个环节是生产。要求实现无废少废、综合利用和采用清洁生产工艺。建立 ISO14001 环境管理体系是国际通行的做法，采用高新科学技术是有效的技术手段。

绿色产品的第三个环节是提高产品本身。比一般产品更体现以人为本、提高舒适度和健康保护及环境保护程度。如要求汽车尾气排放达欧洲Ⅱ号标准，人造木质板材和地板的甲醛挥发量控制在 12 毫克/立方米以下，73 英寸以上彩电辐射量低于 0.07 毫伦/时，等等，这些都需要采用高新技术才能实现。

绿色产品的第四个环节是废弃物便于处置。如对产品的可降解性提出要求，塑料、润滑油、洗涤液等产品要实现绿色，可降解就是指标之一。再如，各企业对自己生产产品的回收、再利用及有效处置都应建立系统，一次性餐具、各类包装、报废汽车及计算机零件的回收及处置则成为考核指标。

上述四个环节的全过程绿色是较难做到的，每一过程都需要高新技术作支撑。

[相关链接]

ISO14000 是国际标准化组织(ISO)第 207 技术委员会(TC207)从 1993 年开始制定的系列环境管理国际标准的总称，它同以往各国自定的环境排放标准和产品的技术标准等不同，是一个国际性标准，对全世界工业、商业、政府等所有组织改善环境管理行为具有统一标准的功能。

它由环境管理体系(EMS)、环境行为评价(EPE)、生命周期评估(LCA)、产品标准中的环境指标(EAPS)等 8 个部分组成。其标准号为 14001～14100，共 100 个。

ISO14000 是一个系列的环境管理标准，它包括了环境管理体系、环境审核、环境标志、生命周期分析等国际环境管理领域内的许多焦点问题，旨在指导各类组织(企业、公司)取得和表现正确的环境行为。

该系列标准共分 7 个系列，具体如表 11-1 所示。

表 11-1 ISO14000 系列标准号分配表

编号	名称	标准号
SC1	环境管理体系(EMS)	14001～14009
SC2	环境审核(EA)	14010～14019
SC3	环境标志(EL)	14020～14029
SC4	环境行为评价(EPE)	14030～14039
SC5	生命周期评估(LCA)	14040～14049
SC6	术语和定义(T&D)	14050～14059
WG1	产品标准中的环境指标(EAPS)	14060
备用		14061～14100

(二)绿色产品开发与消费的具体内容

在绿色消费的浪潮中，绿色产品颇受消费者青睐。为适应这种形势，让自己的产品具有更广大的用户，企业家把生产绿色产品作为企业发展方向。从产品设计，原材料选择、购买和使用，产品生产和产品包装，到产品使用后回收，所有生产环节都要考虑对环境安全、有利，使自己的产品贴上“绿色标志”。同时提高生产过程中物质和能量的利用率，减少废弃物排放，达到节约开支和提高企业的生产效率的目的，从而增强产品在世界市场的竞争力。正是在激烈的市场竞争中，有些厂家提高产品的环保标准，获得提高销售量的优胜因素；有些公司以绿色环保来改变公司的形象，结果大受消费者欢迎。

[相关链接]

绿色食品标志图形由三部分构成：上方的太阳、下方的叶片和蓓蕾，象征自然生态；标志图形为圆形，意为保护、安全；颜色为绿色，象征着生命、农业、环保。AA 级绿色食品标志与字体为绿色，底色为白色，A 级绿色食品标志与字体为白色，底色为绿色。整个图形描绘了一幅明朗阳光照耀下的和谐生机画面，告诉人们绿色食品是出自纯净、良好生态环境的安全、无污染食品，能给人们带来蓬勃的生命力。绿色食品标志还提醒人们要保护环境和防治污染，通过改善人与环境的关系，创造自然界新的和谐。

绿色食品标志有“绿色食品”“Greenfood”、绿色食品标志图形以及这三者的相互组合等四种形式(见图 11-1)，应用在以食品为主的九大类食品上，并扩展到肥料等绿色食品相关产品上。

图 11-1　绿色食品标志

【典型案例】

1. 20 世纪 80 年代，麦当劳因每天都在制造废弃的包装物，逐渐成为环保人士攻击的对象。90 年代初麦当劳推出了“种植一棵树”的绿色公关宣传活动，并着手减少包装，减少使用有损环境的材料。这样使环境污染物减少了 60%，在社会公众面前成功地塑造了“绿色麦当劳”的新形象。同时，在内部重视提高员工素质，加强培训，树立全员绿色营销意识。

2. 据统计，全国每年生产衬衫约 12 亿件，其中 8 亿件要用包装盒，相当于每年要耗用 168 万棵碗口粗的大树。上海华联商厦为此打出“少用一个包装，多留一片森林”的公益广告，鼓励大家购买无盒衬衫。在华联商厦销售衬衫的 20 多家企业，表示赞同这一“绿色消费理念”；而许多消费者也明确表示，自己穿的衬衫，原本并不需要豪华的包装。为了鼓励更多的消费者购买无包装的“环保衬衫”，华联商厦还规定，每购买一件无盒衬衫，即送一瓶“衣领净”。

3. 贵州习州集团投巨资兴建生态园，实现企业与自然的和谐统一，茅台、五粮液、张裕、金威、珠江、金星等著名酒类企业都投入巨额资金进行生态园区生态化建设，如金星啤酒集团在总部建设郑州市最大的面积达5000平方米的盆景园，被郑州市政府命名为“花园式企业”，外地四个分公司均按高标准建成当地最漂亮的“花园式企业”，企业在通过ISO9001：2000质量体系认证之后，正在积极为通过ISO14000国际环境体系认证作准备。许多企业在建设优美的自然环境的同时，不断加强环保工作，如金星啤酒集团提出“既要经济效益，又要碧水蓝天”的口号，完善环保制度，加大环保投资力度，先后投资2000多万元建设三个日处理污水达1万吨的处理站，保证公司所有生产污水达到国家排放二级标准。公司又投资130万元对锅炉烟囱安装了4台水膜条磨石除尘器，减少了烟尘和二氧化硫等有害气体的排放。同时金星啤酒集团加强现场管理，完全实现生产过程的清洁，确保产品质量优级率达90%，公司连续多年被评为省、市级环境保护先进企业和文明生产企业，树立了良好的社会形象，有力地提高了品牌的美誉度。

问题：以上三个个案分别说明了什么问题？它们之间有什么共性？

【本章小结】

绿色是生命的颜色。绿色消费是一种消费观念，更是一种理性的消费行为，随着经济的发展和社会的进步，逐步为人们所接受，并在世界范围内掀起绿色消费的浪潮。5R的绿色消费观合理、全面地解释了什么是绿色消费。绿色消费的三层含义如下：①倡导消费者在消费时选择未被污染或有助于公众健康的绿色产品；②在消费过程中注重对垃圾的处置，不造成环境污染；③引导消费者转变消费观念，崇尚自然，追求健康，在追求生活舒适的同时，注重环保，节约资源和能源，实现可持续消费。同时，绿色消费者作为一个新兴的消费群体体现出较高的环保意识和绿色消费观，他们认为绿色消费不同于消费绿色；绿色消费就是健康消费；绿色消费就是科学消费；绿色消费要关注消费环境。他们在日常的吃、穿、住、用中，表现出科学、理性的消费行为特征。层出不穷的绿色产品也有了统一的标准，进一步规范绿色市场有了制度的保证。“绿色、自然、和谐、健康”的消费，不仅是一种消费行为，更是一种理念与哲学。绿色消费已经成为衡量生活质量的一个重要指标，绿色消费将是21世纪以至更长远的未来的消费主流。

【思考练习】

1.“绿色消费”是如何兴起的？

2.什么是“绿色消费”，什么是“消费绿色”？两者有什么区别和联系？

3.请举例说明身边哪些是“绿色消费”的体现。

4.绿色消费者有哪些心理？具体是如何体现的？

5.如何成为一名绿色消费者？在日常生活中应注意哪些问题？

6.根据学校实际情况，开展一次“绿色消费”主题活动。

7.什么是绿色产品？它等于绿色食品吗？

8.绿色产品必须达到哪些标准？

9.绿色产品如何进行分类？

10.你曾经或正在使用哪些绿色产品？使用绿色产品有哪些好处？

第十二章　顾客满意战略与消费心理

【导入语】

顾客是什么？企业应该怎样对待顾客？顾客能满意吗？满意的顾客会怎么做？这些问题现在已是企业决胜市场竞争必须首先考虑的问题。以下是一个真实的故事，讲述的是一名青年于寒冬清晨寻找咖啡屋的故事。

前几天，刚刚入冬，天气寒冷，难得起了个大早，青年干脆就早一点到公司去。

离上班时间还有一个半小时，再加上当天又特别寒冷，这位青年很想到公司附近找家咖啡屋喝杯热咖啡。找到了几家，冲了进去，结果所得到的回答都是“还没开始营业”或“八点半才开始营业”等回答。

几乎准备放弃的时候他走进一家店里，一问：“开始营业了吗？”对方说：“开始了，请进，请进！”他被招呼了进去。

其实这家店离开始营业的时间还有二十分钟，但是店员能够设身处地地替顾客着想，把这位青年招呼进去，并且告诉他：“还在准备中，请先看一看报纸，等一下。”和室外的寒冬相比，这个体贴人心的咖啡屋，令人倍感温暖。

这样的服务可以称得上是一种“温暖人心”的服务。了解顾客的心情，变通一下，充分表现出温馨的一面，会给顾客留下深刻印象……

简简单单一件事，它告诉我们什么才是顾客满意，一个商家应该怎样设身处地为顾客着想才能让顾客满意。

【学习目标】

- 掌握顾客满意和顾客满意战略的含义。
- 了解影响顾客满意程度的因素。
- 明确如何确定和实施顾客满意战略。
- 掌握顾客满意程度与顾客消费心理的关系。

【关键词】

顾客 customer
顾客满意 customer satisfaction
顾客满意度 the satisfactory degree of customer
顾客满意战略 strategy to the customer satisfaction

一、顾客满意战略概述

顾客满意(CS)战略是人们对市场竞争认识的必然结果,是随着生产力的发展而逐步成熟的。

“以顾客为中心”,是ISO9000族标准2000版对1994版标准的重大改进。当前,市场的竞争主要表现在对顾客的全面争夺,而是否拥有顾客取决于企业与顾客的关系,取决于顾客对企业产品和服务的满意程度。顾客满意程度越高,企业竞争力越强,市场占有率就越高,效益就越好,这是不言而喻的。“顾客是上帝”“组织依存于顾客”已成为企业界的共识,“顾客满意战略”也成为企业的营销战略。

(一)顾客满意

1.什么是顾客

顾客是接受产品的组织或个人。依据ISO9000:2000标准中有关顾客定义的解释,顾客可以是组织内部的,即内部顾客,也可以是组织外部的,即外部顾客。对于组织内部来说,“下一道工序”就是“上一道工序”的顾客。因此,就一个组织对顾客的理解应是广义的,不能仅仅将顾客理解为组织产品的“买主”。同时,依据产品的“供应链”,顾客可以分为中间顾客与最终顾客、现实顾客与潜在顾客。对顾客的细化、分类和研究,有利于我们针对不同的顾客需求以不同方式进行刺激和引导,从而使顾客满意,以实现组织的目标。

2.什么是顾客满意

顾客满意是顾客对其要求已被满足的程度的感受,是人们在受到了产品或服务(包括其所携带的信息)的刺激以后,所产生的一种肯定的心理状态,是人们对产品的一种主观的综合的评价。这就是说,顾客是否满意取决于其接受的产品或服务及信息对其刺激的方式和程度,当这种刺激满足了顾客的要求(包括明示的或潜在的要求)时,就会对顾客形成正刺激,从而使顾客满意,而且这种刺激的程度越深,顾客就越满意;反之,就会对顾客形成负刺激,会使顾客不满意,而且对顾客刺激的程度越深,顾客就越不满意,就会引起顾客抱怨,甚至顾客投诉。如图12-1所示。

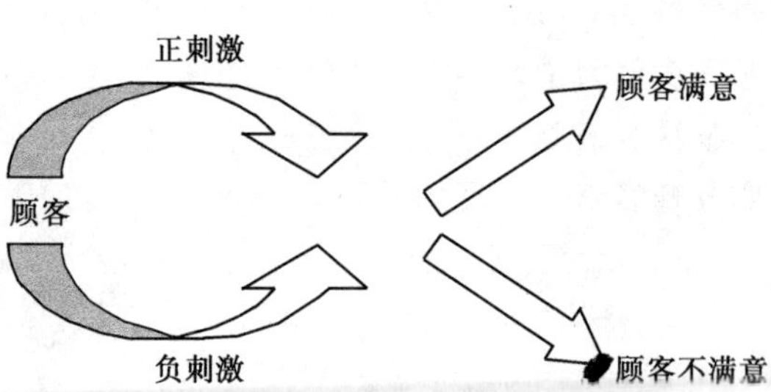

图12-1 产品或服务对顾客的刺激

就像我们购买衣服,衣服的使用价值不言而喻(冬衣的保暖、夏装的透气和凉爽等),如果仅此而已,我们的反应会很平淡,但是,如果服装款式大方新颖、颜色靓丽,使我们获得意外的惊喜，那么我们就会得到一种意想不到的收获，就会感到满意。

“顾客满意”作为一种理念，越来越为众多的不同类型的组织所接受。我们可以从以下几个方面来理解。

(1)顾客满意既是企业的出发点，又是企业的落脚点

据统计，消费者要从290种冰箱中选冰箱，从455种啤酒中选啤酒，从478种化妆品中选化妆品，从575种衬衫中选衬衫。价格、质量、款式都日渐趋同。买方市场买方说了算。顾客决定要什么，什么时候要，怎么样要，出多少价，顾客真正成为企业赖以生存的基本条件，顾客满意成为人类社会发展的基本动力。任何企业在提供产品或服务时，目的在于使其提供的产品或服务得到顾客的认可，并让其乐于接受。这就要求企业了解顾客需要什么样的产品和服务，对产品和服务有什么样的要求。再精美的产品，顾客不需要、不满意，也不会得到顾客的认可。因此，企业只有掌握了这个出发点，才能为顾客提供满意的产品或服务。同时，顾客满意的程度决定了企业赢利的程度，决定了企业发展的思路。按常规算法，一家企业若保住5%的稳定顾客，那该企业的利润至少会增加25%。因此，企业的落脚点也应在于顾客满意，只有掌握了“顾客满意”这个原动力，企业才能得到长足的发展。

(2)顾客满意是市场经济发展的必然

顾客满意质量观是市场经济发展的必然结果。随着社会生产力的发展，社会为人们带来了极为丰富的物质资源，从而让市场实现了从卖方市场向买方市场的转换，使得买方即顾客左右了市场发展的方向。在过去，企业往往以“我的产品是合格的，顾客自己使用不当”加以推诿。现在不行了，企业认为自己的产品合格，但不能满足顾客的需要，那企业的产品就只能在仓库里存着。谁考虑了顾客的需求，顾客就购买谁的产品。同时，知识经济的发展使企业有能力有条件不仅满足顾客的生理需要，也满足顾客的心理需要，使产品更加丰富多彩，使服务更加体贴入微。

(3)顾客满意是以人为本观念普及的必然结果

顾客满意质量观是以人为出发点和中心的，围绕着调动企业及顾客的积极性、能动性，使企业不断地满足顾客要求，从而实现顾客满意，不断地实现人类对幸福的追求，提高人类的生活质量。同时，以顾客满意为理念将质量标准和判定权从企业一方转到顾客一方，反映了人的地位在不断提高。把握好以人为本，坚持按顾客的要求提供产品或服务。要，就给足给够；不要，一点都不给。在企业与顾客的互动和互相渗透中共同创造人类的物质和精神文明生活。

(4)顾客满意是企业追求的永恒目标

满足顾客的需求和愿望、使顾客满意也是企业追求的永恒目标。进入21世纪，越来越多的企业关注“顾客满意”的战略意义。各国的专家、企业家、管理人员都在探索如何使自己的组织尽快占领21世纪质量的制高点，许多大型企业在制定21世纪的质量战略时将“顾客满意”作为质量战略的核心，将其作为支撑其他内容的“纲”。“顾客满意”将取代质量合格或服务达标而成为企业所追求的最高目标。在这个竞争非常激烈的时代，企业只有把握住这个目标，正确确立自己的发展战略，才能在竞争中立于不败之地。

[实例]

以消费者的需要来调整产品结构的海尔洗衣机

海尔以满足消费者为目的、以消费者需要为导向进行技术革新，不断研制、生产出技术上领先、功能上令消费者满意的新型洗衣机。

在市场调查中，海尔发现许多消费者想购买滚筒式洗衣机，又苦于住房空间小。他们运用世界上最先进的技术，在容量不减的情况下进行超薄设计，并按照人体工程学原理设计衣物的投入方式，研究开发出顶开盖式"小丽人"滚筒式洗衣机。

针对困扰人们的传统洗衣机洗涤时间长、费水费电的问题，海尔又开发出了中国第一台螺旋飓风速洗洗衣机。这种洗衣机以其特有的十段水位、十分钟速洗功能、内外筒之间无水中空洗涤、瀑布漂洗功能，赢得了众多消费者的青睐。

如今的海尔洗衣机，无论在生产规模上，还是科技含量上都达到了世界领先水平。

(二)顾客满意战略

1. 什么是顾客满意战略

顾客满意战略倡导的是以顾客为中心的经营战略，以顾客满意为宗旨的情感战略。在企业经营理念中以顾客为中心，在提供产品和服务的所有过程中处处考虑怎样令顾客更满意，而不是传统的观念——实现企业"利润最大化"。

顾客满意战略倡导"顾客总是对的"经营思想，将过去挂在口头上的口号"顾客是上帝"变为实际的行动。要将"对"让给顾客，因为在与顾客的争执中，企业永远不会是胜者。企业经营者永远在思考怎样做才能使顾客更满意。

[相关链接]

顾客满意战略(简称 CS 战略)是一个配合 ISO9001:2000 质量管理体系循环改进的有效的系统工程。顾客满意度指数的测定，是现代企业诊断的主要指标，也是质量体系 ISO9001:2000 的出口(前一个循环评价指标)和进口(后一个循环改进指标)，是企业业绩提升最重要的因素。

2. 顾客满意战略实施的目的

(1)发现影响顾客满意的关键决定因素；

(2)测定当前的顾客满意水平；

(3)发现提升产品/服务的机会——开发企业员工的潜能，从顾客的意见和建议中寻找解决顾客不满的办法；

(4)为企业管理者提供改进方案；

(5)对改进后的效果实施跟踪验证，诊断顾客的满意度，确定改进方案。

3. 影响顾客不满意和满意的因素

顾客满意是顾客受到了产品或服务及其信息的刺激后所产生的一种心理状态，那么，如何激发顾客的这种满意心理呢？有必要关注一下影响顾客不满意和满意的因素。

(1)不满意因素

在产品或服务中包含的明示的或预期提供给顾客的用途或服务，是顾客认为不言而喻的特性，其满足顾客需求的程度，是影响顾客满意的因素，一旦有不到位的方面，就会造成顾客的不满，通常将其称为不满意因素。比如：我们买的一个暖水瓶，它的保温特性(或者说用途)就是一个不满意因素。如果买的一个暖水瓶不保温，我们就会很恼火、不满意。即使它保温，符合我们的要求，也不会使非常我们满意，因为我们认为这是应该的。

(2)中性因素

有一种因素，当其没有使顾客的需求得到满足时，顾客就会感到很失望；如果其使顾客得到满足时，顾客不会有什么强烈的反应；但是，如果组织做得很到位，就会提高顾客的满意度。我们称这样的因素为中性因素。比如以约定的时间采购物品，如果不能如期到达，就会引起顾客抱怨；如果按时到达，顾客也许不会有什么反应；如果能提前到达，顾客就会很高兴。

(3)满意因素

顾客得到的意外收获，往往会使顾客非常满意，然而，组织不提供这些产品特性，也不会引起顾客不满，我们称这样的因素为满意因素。比如顾客购买产品所得到的超值服务、享受服务时所得到的意外的礼品馈赠等。这些意外的惊喜往往会使顾客感到非常满意。

了解了这些影响顾客不满意和满意的因素，我们就会很好地把握如何使顾客满意。只有规避形成顾客不满意的因素，努力做好中性因素，尽力策划和实施让顾客满意的因素，才能不断地满足顾客要求，提高顾客的满意度，从而实现顾客满意的质量目标，促进企业的发展。

4. 实施顾客满意战略

我们不用回避企业的目标是利润最大化。而企业利润目标的实现是以顾客的存在为基础的，离开了顾客，任何组织都难以存在。在21世纪的竞争中，谁能赢得顾客的倾心和回报，谁就能生存和发展；反之，只能是死路一条。顾客的倾心与回报如何，又取决于企业使他们获得的满意程度是怎样的。因此，从某种程度上讲，企业的经营战略就是质量战略，而这一切的出发点和归宿都归结为一点：顾客满意。那么企业如何实施顾客满意战略呢？

(1)创造以“顾客满意”为中心的新的经营理念

企业要在自己的经营方针和目标中体现出“吸引更多的顾客”和“不断提高顾客满意度”的思想，在对员工教育培训的基础上，在员工职业道德、行为规范、价值观念和素质塑造方面，都渗透“一切让顾客满意”的理念，从而在企业内部创造一种“内部服务”的经营理念。“虽然你不直接服务顾客，但是你的工作应当是为服务顾客的人服务。”在企业内部导入“下一道工序是上一道工序的顾客”的顾客满意理念，即在整个运作环节中，上个环节的部门把下个环节的部门当作客户，对它进行服务，一个环节服务一个环节，最终为外部顾客提供最佳服务。

[实例]

于细微处见真诚

有一个男青年婚事已定，父母准备找一家饭店为独生子举行婚礼。亲戚、同事等热心地推荐了不少地方，两位老人从各个角度权衡利弊，选择了三家饭店，打定主意先去这三家饭店走一走、看一看，然后再作决定。

他们首先来到了A饭店，由于工作人员没能很好地理解他们的用意，只是一味地强调会场如何如何好，所以他们打消了预订这家饭店的念头。

接着他们又来到B饭店，这里与A饭店大同小异，处处给人以例行公事之感，令他们非常扫兴。

最后他们来到了C饭店。在这里预订举办婚礼的人不少。他们等了一会儿，接待他们的是一位举止文雅、态度和蔼、彬彬有礼的小姐。那位小姐把服务项目向他们一一作了介绍。

这里特别值得称赞的是女服务员上茶的方式。在前面两家饭店，女服务员将已经快凉的、质量欠佳的茶水似乎不耐烦地放下便离开了。而在C饭店，服务员是将沏好茶的茶杯和茶杯托分开放在一个盘子里端上来的。她先将盘子放在旁边的茶几上，然后将茶杯放在茶杯托上，客气地说："请用这些粗茶。"说着将茶水放到了顾客的右边，并将茶碗上的图案朝向顾客，像保护珍宝那样，小心翼翼地送到顾客手边。茶水沏得不浓不淡，冷热恰到好处。仅仅上述这样一个小小的举动，就使人亲身体会到了饭店对员工培训的到位。

于细微之处见真诚，两位新人便决定将婚礼定在这家饭店举行。于是，他们毫不犹豫地办理了一切登记手续，满意而归。

(2)促进以"顾客满意"为宗旨的质量管理的创新

企业要经常有组织地进行顾客需求和市场信息的调查分析，全面、深入和准确地掌握顾客各方面的需求，包括潜在的需求，为企业产品的市场定位、开发设计、改进和创新及时提供依据。同时，将调查分析获得的顾客有关产品的功能、质量、价格和外观等方面的需求信息，全面、准确地转化为产品设计改进的技术参数、成本元素，并在严格按产品设计或改进要求组织生产的过程中，贯彻"下一道工序是上一道工序的顾客"方针，全面开展"内部顾客满意"的活动，以生产出符合顾客要求的产品，达到顾客满意。

(3)抓好以"顾客满意"为准则的企业营销和服务管理的创新

企业要采用科学的方法在企业外部市场环境中进行顾客满意度的测评，通过测评顾客对企业的产品质量、特性、美誉度、知名度、回购率、销售能力、抱怨率等几个方面的满意程度，为改进营销策略和提高服务质量提供依据。同时，从提高顾客满意程度和忠诚度的目标出发，建立顾客档案，实施全方位、多形式的规范的售后服务，实现售前咨询、售中支持、售后增值即"帮助用户买货"的增值服务过程，从而以三阶段全过程服务替代"诉后"服务。

(4)重视以"顾客满意"为导向的企业信息管理的创新

信息化技术的发展，为企业有效地搜集和处理信息提供了很好的条件，企业要在实现以企业为中心到以顾客为中心的思路转换的基础上，进行企业信息管理的创新。对企业内外信息的搜集、分析、传递、反馈、处理等节点和流程的设计，以及各节点信息流量和流转的速度加以控制，对信息反馈处理周期和时间的规定作系统研究，从而为正确开展"顾客满意"的一系列活动提供科学有效的依据。

(5)实施以"顾客满意"为主线的企业组织结构的重组

随着"顾客满意"思想和以"顾客满意"为中心的战略的实施，企业必须以信息双向传递速率、信息流转损耗率和管理效率三大指标综合最优化为原则，减少企业过多的管理机构层次和管理人员层次，使企业的结构扁平化、决策快速化。以实现"顾客满意"的管理目标为主线，合理调整各部门的管理职能，消除各部门职能接口处的重叠区和其他的管理灰色区，实现管理的科学化、高效化，从而进行企业组织结构的重组，实现企业流程再造。

二、顾客满意程度与顾客消费心理

(一)顾客满意程度的含义

顾客满意程度是顾客感觉状态的一种水平，它来源于顾客对企业的某种产品、服务所设想的绩效或产出与自己的期望所进行的对比。也就是说"满意"不仅仅是顾客对服务、服务态度、产品质量、价格等方面直观的满意，更深一层的含义是企业所提供的产品、服务与顾客期望、要求等吻合的程度。

[相关链接]

顾客满意程度(CS)来源于市场营销理论的基本概念。"满意程度"是客户满足情况的反馈。导入顾客满意(customer satisfaction)经营理念，不单单是经营理念上的转变，还要将CS战略纳入整个经营体系之中，要求所有员工密切合作，切实将顾客的需要作为日常经营活动中的"轴心"，积极提供顾客满意的服务，CS战略才能得到贯彻和落实。

(二)顾客消费心理

顾客满意程度是一种心理状态，是一种不易测量的、不稳定的心理状态，是一种自我体验。顾客在购物、消费过程中认识产品的心理可以按梯级理论划分成若干层次，相应地可以把顾客满意程度分成七梯级或五梯级。七梯级为很不满意、不满意、不太满意、一般、较满意、满意和很满意，五梯级为很不满意、不满意、一般、满意和很满意。我们可以根据心理学的梯级理论对七梯级给出如下参考指标。

(1)很不满意

指征：愤慨、恼怒、投诉、反宣传。

分述：很不满意状态是指顾客在消费了某种产品或服务之后感到愤慨、恼羞成怒且难以容忍，不仅企图找机会投诉，而且还会利用一切机会进行反宣传以发泄心中的不快。

(2)不满意

指征：气愤、烦恼。

分述：不满意状态是指顾客在购买或消费某种产品或服务后所产生的气愤、烦恼状态。在这种状态下，顾客尚可勉强忍受，希望通过一定方式得到弥补，在适当的时候，也会进行反宣传，提醒自己的亲朋不要去购买同样的产品或服务。

(3)不太满意

指征：抱怨、遗憾。

分述：不太满意状态是指顾客在购买或消费某种产品或服务后所产生的抱怨、遗憾状态。在这种状态下，顾客虽心存不满，但想到现实就是这个样子，就别要求过高了吧，于是就认了。

(4)一般

指征：无明显正、负情绪。

分述：一般状态是指顾客在消费某种产品或服务的过程中所形成的没有明显情绪的状

态。也就是对此既说不上好，也说不上差，还算过得去。

(5)较满意

指征：好感、肯定、赞许。

分述：较满意状态是指顾客在消费了某种产品或服务后所形成的好感、肯定和赞许状态。在这种状态下，顾客内心还算满意，但按更高要求还差之甚远，而与一些更差的情况相比，又令人宽慰。

(6)满意

指征：称心、赞扬、愉快。

分述：满意状态是指顾客在消费了某种产品或服务后产生的称心、赞扬和愉快状态。在这种状态下，顾客不仅对自己的选择予以肯定，还会乐于向亲朋推荐，自己的期望与现实基本相符，找不出大的遗憾所在。

(7)很满意

指征：激动、满足、感谢。

分述：很满意状态是指顾客在消费了某种产品或服务后形成的激动、满足、感谢状态。在这种状态下，顾客的期望不仅完全达到，没有任何遗憾，而且还可能大大超出了自己的期望。这时顾客不仅为自己的选择而自豪，还会利用一切机会向亲朋宣传、介绍、推荐，希望他人都来消费。

顾客满意级度的界定是相对的，因为满意虽有层次之分，但毕竟没有明显的界线。之所以进行顾客满意级度的划分，目的是供企业进行顾客满意程度的评价。

(三)提高顾客满意程度

(1)针对不同阶段。按照前面所讲的观念，一般顾客的消费心理的变化过程可分为下列七个阶段：注意、产生兴趣、联想、产生欲望、作比较、有确实的信心、决定。而在实际过程中，各个心理变化阶段并不一定完全表现出来，如有的顾客可能一看见某一品牌就决定购买，似乎不存在中间过程，实际上这些心理变化阶段可能由于持续时间过短而几乎被忽略，但仍然存在于心理变化过程之中。顾客消费心理变化过程的七个阶段，对最终的购买决定都有着不同程度的影响。如果我们对不同的心理变化阶段施加不同的影响，同样会对最终的购买结果产生影响。通过顾客消费心理的分析，在品牌商店销售现场，可以从各方面激发消费者购买欲望，尽量减少老顾客转换品牌的机会，吸引新顾客到本品牌商店购买，使商店系列产品的销售都得到不同程度的提升，有的甚至可大幅度提升。

(2)针对不同程度。顾客的满意程度不同，企业采取的策略也应不同。影响顾客满意程度的产品和服务成分有：①基本成分。即顾客期望所有的企业都提供的成分。②辅助服务成分。企业提供辅助服务的目的是方便顾客使用基本成分，增加基本成分的效用。③补救性服务成分。即企业为解决产品问题和纠正服务差错而提供的服务。④特殊服务成分。即企业根据顾客的特殊需要、偏好而提供的定制化服务。顾客的满意程度不同，企业应着重改进和提高不同的产品和服务成分。一般情况下，针对满意程度不同的顾客，企业应采取以下不同的策略：提高产品和服务基本成分的可靠性；对于一般的顾客，应提供适当的辅助服务和及时的补救性服务；对于满意的顾客，应深入理解顾客期望，提供优质的定制化服务。

【典型案例】

对顾客一视同仁

在日本东京的一条街上，有一家很出名的面食店。有一天，一位乞丐专程来买一块豆馅馒头。乞丐只为了买一块豆馅馒头而来这家名店，的确是一件稀罕的事。因此，店里的学徒包好之后觉得不对劲，而不敢贸然交给他。

这时候，老板突然说："等一下，由我来交给他。"然后，老板亲自将馒头交给乞丐，并在收钱之后，鞠躬说："谢谢您的惠顾。"

乞丐走了之后，学徒好奇地问老板："过去不论是什么顾客光临，都是由我们或掌柜把东西交给顾客，好像从来没有见过由老板亲自交给顾客。而今天的情形却不一样，这是为什么？"

老板回答："难怪你觉得奇怪，但你要记住，这就是做买卖的原则。店里的常客固然值得感谢，应该好好地接待，但刚才来的那位，也有特殊的意义。"

"有什么不同？"

"平常那些顾客都是有钱、有身份的人，他们光临我们的店没什么稀罕。但这位乞丐是为了想尝一尝我们做的豆馅馒头，而掏出了身上仅有的一点钱。这真是千载难逢的机会，因此，当然应该由我亲自交给他。这也是做买卖的人应有的态度。"

面食店老板一视同仁，善待一位乞丐的消息很快传遍这条街，为店家赢得了极好的口碑，慕名而来的客人络绎不绝。

问题：

1. 这家面食店老板为什么要善待一位乞丐？
2. 对顾客"一视同仁"是一种经营手段，还是一种经营目的？
3. 联系你自己的购物经历和目前商家经营的实际谈谈你对"一视同仁"的认识。

【本章小结】

顾客是接受产品的组织或个人，可以是组织内部的，即内部顾客，也可以是组织外部的，即外部顾客。顾客可以分为中间顾客与最终顾客、现实顾客与潜在顾客。

顾客满意是顾客对其要求已被满足的程度的感受，是人们在受到了产品或服务(包括其所携带信息)的刺激以后所产生的一种肯定的心理状态，是人们对产品的一种主观的综合的评价。

顾客是否满意取决于其接收的产品或服务及信息对其刺激的方式和程度，当这种刺激满足了顾客的要求(包括明示的或潜在的要求)时，就会对顾客形成正刺激，从而使顾客满意，而且这种刺激的程度越深，顾客就越满意；反之，就会对顾客形成负刺激，会使顾客不满意，而且对顾客刺激的程度越深，顾客就越不满意，就会引起顾客抱怨，甚至顾客投诉。

顾客满意战略倡导的是以顾客为中心的经营战略、以顾客满意为宗旨的情感战略。在企业经营理念中以顾客为中心，在提供产品和服务的所有过程中处处考虑怎样令顾客更满意，而不是传统的观念——实现企业"利润最大化"。

影响顾客不满意和满意的因素有不满意因素、中性因素、满意因素。

企业实施顾客满意战略必须做到：创造以“顾客满意”为中心的新的经营理念；促进以“顾客满意”为宗旨的质量管理的创新；抓好以“顾客满意”为准则的企业营销和服务管理的创新；重视以“顾客满意”为导向的企业信息管理的创新；实施以“顾客满意”为主线的企业组织结构的重组。

顾客满意程度是顾客感觉状态的一种水平，它来源于顾客对企业的某种产品、服务所设想的绩效或产出与自己的期望所进行的对比。

顾客满意程度是一种心理状态，是一种不易测量的、不稳定的心理状态，是一种自我体验。它可以分为很不满意、不满意、不太满意、一般、较满意、满意、很满意七个级度。提高顾客满意程度必须针对顾客消费心理变化的不同阶段、针对不同满意程度采取不同的方法。

【思考练习】

1. 举例说明顾客满意和顾客不满意。它们的区别有哪些？
2. 怎样提高顾客满意程度？
3. 真诚和热情能消除顾客的抱怨吗？
4. 联系一家企业实际谈谈以“顾客满意”为宗旨应该从哪些方面着手。
5. 用本章所学知识结合顾客心理评析“顾客总是正确的”经营思想。

第十三章　现代中国社会消费心理与行为

【导入语】

随着社会主义市场经济的快速发展和我国改革开放的不断深化，人们的总体消费水平有了较大幅度的提高，无论消费观念、消费心理、消费方式，消费内容还是消费品市场供求关系，都发生了一系列重大变化。人们对各品牌商品的消费将更加注重，对环保、节能、精神文化等产品的普遍追求，将成为未来消费的时尚。

消费者的购买行为出于生理和心理方面的需要。随着生活水平和需求层次的不断提高，心理方面的需要较之生理方面的需要表现得更为明显。消费者的生存需要所占比重逐步下降，而享受需要和发展需要所占比重却明显上升。所以当代商品中所蕴含的心理价值显得尤为重要。

消费者的需求观念已不再停留于仅仅获得更多的物质产品以及获得产品本身；相反，消费者购买商品越来越多地是出于对商品象征意义的考虑，也就是说，如今的消费者在消费商品时，更加重视通过消费获得个性的满足、身份和品位的体现以及文化情趣的展现。此外，在消费中突出个性已经成为一大热点。

本章将对现代中国社会消费心理与行为作详细论述。

【学习目标】

- 从衣、食、住、行、通信、文化娱乐等几方面了解我国消费者和消费层次的变化。
- 了解个性消费的含义及个性消费产生的经济和文化背景。
- 了解消费误区的各种表现和消费者教育。

【关键词】

消费心理 consumptive psychology
个性消费 individual consumption
消费观念 consumptive conception
消费结构 consumption structure
消费差异 consumption difference

一、消费层次上升，消费领域扩大

目前，我国居民对实物型消费的比重下降，增加了精神文化、餐饮、旅游的消费。这些新增消费无论从金额还是从发展空间来看，都比实物消费更有潜力，如旅游可以无限量地重复，增长空间很大，而家用电器更新换代速度也不断加快。这使得整个消费层次和结构发生变化，带动了整体消费水平的提高。

随着城乡居民消费水平的提高，健康发展型消费比重逐步上升，生存性消费比重下降，表现在：住房及购车需求越来越大，教育消费增长迅速，医疗保健需求旺盛，通信消费增势强劲，精神文化消费日益受到重视。今后居民消费还将向个性化、多层次化拓展。

（一）衣

服装带给人们的不仅是避寒遮体的作用，随着时代的变迁，服装更多地带给百姓的是美和舒适。改革开放以后，人们的消费观念在市场经济作用下发生了巨大改变。服装面料和成衣制作厂家不断推陈出新吸引消费者、领导服装市场新潮流。消费者也乐于选购符合自己爱好和个性的服装，美的需求得到了充分的满足。

穿衣讲究身份场合，着装讲究配套系列。尤其是都市年轻人崇尚名牌产品，服装除了给人们带来温暖和舒适的生理感受，也被赋予了更多的社会含义：身份、情趣、审美、年龄层次、职业工种、民族传统等。

（二）食

“民以食为天”，食是对人们消费心理影响最大的一种生活内容。它的变化主要反映在中国人饮食结构和饮食观念的进步上。大鱼大肉早已不是菜篮子里的主角，人们更喜爱新鲜瓜果、海鲜、富含纤维素的五谷杂粮。老百姓的餐桌越来越丰富。以大米为例，市场上就出现了籼米、粳米、糯米、泰国大米、香米、白米、蒸谷米、珍珠米、黑米等多个品种。

此外，人们饮食消费结构也发生了根本的变化，开始讲究起吃的文化品位，不仅要满足色、香、味的感官需求，更要强调心理需要和精神享受。消费者还把饮食和健康、保健、文化联系起来，使传统的食疗、食补发展到了新的阶段。

从总体看，我国居民食品支出总量增加，恩格尔系数将进一步下降。同时自给型食品消费比重逐渐下降，一些营养、方便、休闲、绿色的新型食品和有地方风味的土特产品有较大的需求而逐渐进入人们的餐桌。

（三）住

“安居乐业”，安居才能乐业。传统福利住房分配制度下住宅建设作为非生产性建设长期受到忽视，过低的租金也无法满足房屋维护的需要。1978 年城镇人均居住面积从新中国成立初期的 4.5 平方米下降到 3.6 平方米，居住问题成为严重的社会问题。

过去人们没有“住房消费”的意识。改革开放把房改引入了人们新的生活之中。城市发展的规划，把一个个住宅小区从蓝图变为现实，吸引着消费者为拥有属于自己的舒适、温暖的家而制订消费计划，住房信贷的普遍推行使消费者买房的愿望得以实现，越来越多的家庭喜迁新居。

土地有偿使用制度改革和住房的商品化使得行政组织式的住房建设得以转变为城市综合开发的模式，投资和建设主体的多元化，迅速提高和改善了住房的数量和质量。城市的居住形态因为住房供给模式的转变而发生变化。土地有偿使用制度改革与住房商品化在改变了住宅供给模式的同时还促进了房地产开发企业的成长。

20 世纪 90 年代后期的房地产市场更为理性和专业化，针对多样化的市场需求和社会阶层，房地产开发的效益不仅仅是建房和追求高密度的问题，"人"开始成为越来越重要的因素。无论是规划、建筑和户型设计，还是居住文化的营造，针对哪些群体、如何体现个性都成为房地产开发与营销的重点。房地产开发商使出浑身解数吸引消费者，各种楼盘百花争艳：有的依山傍水，以自然风光取胜；有的配套设施齐全，以生活便捷吸引顾客；有的是城郊小宅，因经济实惠受到青睐。

20 世纪 90 年代末取消了福利分房，带来了居住形态的多样化，经过约 20 年的土地和住房制度改革，住房消费的巨大市场前景已为人们所关注。

随着住房制度改革的深入和人们审美意识的增强，居室的装修也成为一种时尚。居室装修利润空间大、需求市场潜力大，各类装修公司如雨后春笋般应运而生。消费者为购房和装修所做的投资有普及化和高档化的趋势，与现代居住条件相匹配的家具、电器需求和家居饰品需求也很旺盛。

（四）行

古代人把"安步当车"当作人的美德，现代人把以车代步当作追求的目标。这一对比既反映了人们在"行"的消费观念上的变化，也说明了物质生活水平提高后消费心理的改变。

运输工具一向是生产力发展水平的重要标志，铁路、公路、桥梁、航空线、航海线的建设和开通被作为经济腾飞的关键而受到重视。如今我国交通设施得到了极大的发展。城市道路现代化为消费者加快生活和工作节奏提供了条件。购置私人汽车不再是梦想，汽车成为家庭现代化的一个追求目标，已经拥有或准备拥有汽车的消费者人数正在逐年增加。

（五）通信

广义的"行"还概括了信息的流通。近年来，我国信息化产业得到了长足的发展，特别是通信工具与通信服务水平的提高以及通信价格的走低为居民信息消费增长提供了条件。通信费用在消费者的日常开支中所占的比例有上升趋势。固定电话新增用户数继续下降，移动电话用户数保持高速增长。

（六）文化娱乐

"会工作，会生活"是现代人的目标。文化娱乐成为现代生活方式的新内容，与此相关的旅游业、休闲娱乐业、商业服务业也以不可抗拒的诱惑力吸引着消费者。文化娱乐消费的投入比例随着消费者生活水平的提高而有逐年增加的趋势。

节日、假期的旅游消费或多或少地被列入城镇居民的消费计划中，小到逛公园，参观展览馆，大到去旅游胜地小住，一家老小都开心。还有学生和离退休老人，同样喜欢旅游，沐浴大自然的温情，以增进情谊。选择以旅游的方式度蜜月也成为新婚夫妇的时尚。可以说，旅游在现代消费者心中已经成为工作之余的一大娱乐方式。

近年来，城市的文娱设施、宾馆、商厦已成为现代城市的重要景观。现代化的商业设施不仅成为消费者购物的天堂，更让消费者大饱眼福，逛得开心。它们为忙碌疲劳的市民提供了"潇洒走一回"的新的享受消费的机会。

文化消费的追求在城市家庭消费中已受到重视。越来越多的家庭将订报、购书作为家庭总支出的固定组成部分，且所占比例呈逐年上升的趋势。

当今社会，孩子的教育已被越来越多的父母放在了首位，因此家庭的教育支出快速增长。随着收入水平的提高，城市居民愿意投入更多的资金在继续学习和子女教育方面。

随着社会的发展，娱乐呈现出多样化趋势，主要表现在以下几个方面。

上网热。现在相当多的家庭已经购买了电脑，享受互联网和个人电脑带来的精彩数字生活。

保健热。人们的保健观念正由治病转向防病转变。中老年人对自身的保健、保养、延年益寿非常关注，并逐渐将健康的休闲娱乐方式作为养生之道。

智力投资热。无论是对孩子的抚养还是教育，每个家庭都不惜重金，注重对少儿道德情操的培育、不良行为的矫正和智力的开发。

娱乐消费热。在许多家庭里，从彩电到电脑，从游戏机到棋牌，从音响到家庭影院，可谓一应俱全。

形象设计热。一个新的消费时尚——形象设计，撩开了神秘的面纱，悄然走近你、我、他，普通老百姓也能痛痛快快地过把“明星瘾”了。许多美发厅、美容院、影楼等都增加了发型设计、形象设计、礼仪设计等新的服务项目，还出现了专门的形象设计中心，根据具体的对象美容、美发、着装配饰，“包装”出一个全新的形象。

文化生活热。如今，人们的文化生活向多元化发展，包括家庭音乐欣赏、美术鉴赏、花卉栽培、插花艺术和鸟鱼赏趣等。

（七）家庭设备用品

随着生活质量的提高，人们对空调及各类新型家用厨具、卫生洁具、健身器、移动通信设备与家用计算机等产品的需求有较大的增长。同时，随着政府减轻农民负担、增加农民收入、改善农村消费环境措施力度的不断增强，农村居民潜在购买力开始逐渐释放，家用电器等耐用消费品的需求呈现加速增长的态势。

二、个性追求，情感消费

（一）个性消费

社会生活的多样化趋势，使消费者之间的心理和行为表现出越来越大的差异，个性消费日益突出。例如，20世纪80年代流行穿红裙子，当时爱赶时髦的女士恨不得都穿这样的裙子，大家走在街上，彼此欣赏着。可是现在，如此这般的趋同流行，只能作为特殊时代的消费文化封存在记忆中。相反，今天的年轻人更喜欢求异而不喜欢趋同。他们到裁缝店量体裁衣不再是为了省钱，而是要那“独一份”；他们不会再为自己没有与别人一样的红裙子而烦恼，而会因为和别人穿了同样的红裙子而不快，因为时代不同了。

1. 对个性消费的一般认识

到了今天，人们终于认识到：大众化的产品对任何一个人来说都是不完美的。每个人必须压抑自己的需求来购买它。速溶咖啡只有最简单的咖啡形态，只能卖到约几块钱一杯，而星巴克在全球总共有1.9万种咖啡形态，价格至少是20元/杯。企业越能满足消费者个性化需求，利润会越可观。

目前，个性化消费正在我国蓬勃发展，那些满足各种差异化的需求，对市场进行更为细致划分的商品零售，越来越受到消费者的普遍欢迎。遍布大街小巷的各种别具特色的精品店和专卖店，都是随着人们的个性消费需求产生的。个性消费使人们所使用的产品能打上自己的烙印，让产品体现自己的个性、情趣和心情，或者虽然不能完全自主地设计产品，但至少产品的某一部分可以自主设计。

生产商、经销商们常常忧虑市场的饱和。个性化消费将不断地转移消费者的需求，即使蛋糕大小不变，企业创造出的个性化服务越多，就会不断地创造利润。于是，聪明的商家从一开始就倡导向消费个性化服务转变，以此不断增加自己的利润。

2.个性消费产生的经济和文化背景

美国和日本分别在20世纪60年代和70年代中后期出现了个性消费的浪潮，而我国自社会主义市场经济建立以来，短缺经济时代已经成为历史，居民消费结构逐步升级，个性消费也崭露头角。

个性消费与一定的文化背景相联系，随着社会的进步及民主制度的健全，人的主体意识越来越强。在社会成员的主体意识越来越受到市场重视的今天，许多消费者已经不再被动地接受厂家的诱惑，而是主动要求作为参与者，与厂家一起根据自己的需求以及对自身形象的预期来选择商品或开发出个性化商品，一个彰显个性的时代已经到来。

个性消费的出现还与人们消费档次的提高和买方市场的出现有关。现代社会人们的消费档次大大提高，人们不再局限于产品最基本原始的功能，而是要求产品包含“文化色彩”或“感情色彩”，喜欢通过个性消费体现自己独特的修养、情操。另外，我国国内市场的高度繁荣、买方市场的出现，使生产者不遗余力地针对消费者的需求差异，不断推出特色鲜明的新产品，消费者还可以在众多的同类产品中精挑细选，这些都是个性消费得以产生的经济和文化背景。

（二）情感消费

人们购买商品时，除注重商品的使用价值外，还重视商品的附加值，重视自己的情感满足和审美感受。情感是人们针对客观事物符合主体需要的程度而产生的态度和内心体验。情感是具有普遍意义的概念，它包含亲情和爱情，情感无处不在。如今，伴随人们消费理念的变化及消费层次的提升，中国居民的情感消费方兴未艾，对人的消费行为有重要影响。人们的消费活动实际上是充满情感体验的活动。物质生活、精神生活的丰富，社会道德的完善，以及高品位的艺术产品都会给人以愉悦感和幸福感。现代人在这些方面的要求比以前提高了，他们花钱不光是买商品、买服务，还希望买回“好寓意”，买个“好心情”，得到心理上的最大的满足。

只有当一个商品或者服务与消费者产生情感共鸣、燃起情感火花时，这种商品或者服务才有资格成为一个品牌。

到星巴克去，不仅仅为了喝上一杯咖啡，而是去享受它给人们带来的情感上的愉悦和友善的环境氛围。同样我们喝可口可乐，不是完全为了品味这来自美国的碳酸饮料，而是品位品牌赋予的激情、快乐和生命力。

以“金六福”为例，它从中国传统福文化中挖掘出“幸福、吉祥、美满”，将“金六福”与消费者联系起来，并着眼于超越物质满足、注重情感需要的追求和愿景，并通过富有煽动力的传播方式和传播渠道（比如结伴奥运、连接世界杯、赞助中国奥委会，以及传达独特的情感诉求，包括从最初的“好日子离不开她——金六福酒”“喝金六福酒，运气就是这么好”“中国人的福酒”“幸福团圆，金六福久”，到 2008 年的“奥运福、金六福”等），将这种幸福的情感传递给广大消费者，于是这触动人类情感深处的“幸福琴弦”驱动越来越多的消费者情不自禁地渴望“金六福”品牌。

一件成功的商品，传递给消费者的不仅仅是一件商品，还包括超乎商品本身的一种情感。这种情感来自品牌本身所折射出来的人性化特征、文化特征以及品牌精神。

精明的营销者一般比较善于研究消费者心理需求的情感变化。他们以商品品牌、包装“传情”，往往能事半功倍，得到意想不到的销售效果。例如，改变电脑机箱传统的长方形、单色的传统模样，设计外形各异、色彩多样的机箱，由此增加了消费者的选择余地，给他们带来了美的感受；把钟表制成或古朴或卡通的不同形状，使人们在看时间的同时获得艺术上的享受；给商品设计鲜艳、漂亮的包装，让人们赏心悦目、爱不释手；为商品起个好名字，如“福满多”“旺旺”等，这些名字寓意美好的产品，在市场上更容易诱发消费者购买的欲望。在市场营销的过程中，针对消费者的情感需求，在产品设计、广告策划、营销活动组织中诉诸情感，已成为厂家和商家的制胜法宝。

三、消费观念趋于多元化

（一）影响消费观念变化的因素

1.消费环境的变化与消费观念

消费观念是人们对待其可支配收入的态度以及对商品价值追求的取向。消费观念的形成和变革与一定的生产力发展水平相适应，与一定的社会传统文化和主流意识形态有着密不可分的关系。

我国历经 2000 多年的封建社会，封建社会生产力水平低下，其典型特征就是生产力不足，因此，我国自古以来就有“崇尚崇俭”的消费观。《左传》有言：“俭，德之共也。侈，恶之大也。”许多封建社会的思想家都视节俭为中华民族的传统美德，而把奢侈看作万恶之首。

新中国成立后，计划经济体制下的物资短缺、生活用品匮乏进一步强化了人们“崇尚崇俭”的消费观。“量入为出，计划消费”是当时中国人推崇的持家之道。政府长期实行低收入政策和不鼓励消费的政策，更强化了人们节衣缩食、“攒够钱再花”的消费习惯。直到改革开放 40 多年后的今天，传统的消费观念的影响依然存在。1936 年凯恩斯在《就业、利息和货币通论》中提出了著名的“节约悖论”(paradox of thrift)，即节约对于个人来说是好事，是一种值得称赞的美德，但对于整个国家来讲，则是一件坏事，会导致国家经济的萧条衰败。

我们现在所面临的经济发展环境相比过去已有很大的改观，过去是短缺经济，现在是产品过剩，如果我们的消费观念滞后，于社会发展无益，同时还会影响自己和家庭生活质量的提高，因此，可改变陈旧的消费观念，适度消费。

如今，传统消费观念的禁锢已经开始动摇，新的积极的消费观念正在形成，如果说在老年人、低收入阶层中，传统的消费观念仍占主流的话，那么在年轻人、高收入阶层中，新的消费观念已逐渐形成。即兴消费、趋时消费、借贷消费等行为在现实生活中已屡见不鲜。突出的表现就是贷款买房已经被大多数消费者所接受，大多数居民住房条件的改善就是通过向银行申请贷款而提前实现的。还有更多的人开始贷款买汽车。既敢于消费、又善于消费，按照现代消费观念当家理财的人越来越多了。

市场经济的深入发展带来了消费品市场环境的变化，同时也引起了消费者消费观念的变化。不同收入状况、家庭结构、职业、年龄的群体，持有不同的消费观念、选择不同的消费方式和消费行为是正常的事情。消费观念的改变是一个长期的过程，涉及多方面的因素。随着国家经济的发展，人们对未来收入预期信心增强，消费会越来越潇洒，消费对刺激经济增长的作用会越来越明显。

传统的消费观念有它存在的客观经济条件和环境，有它的合理性。勤俭节约的思想不能丢，但不断提高消费层次和消费质量、拓宽消费领域的创新消费意识更不能少。经济学家梁小民认为节约型经济的实质不是消费的节约，而是生产的节约。如今，物质产品越来越丰富，传统的节约精神仍然需要，但节约的重点不再是产品，消费不仅不应限制，反而应该受到鼓励。他认为比起窝头、咸菜和补丁衣服，餐饮业、服装业以及家电、住宅、汽车等产业不断扩大的生产和消费，更有利于经济的发展，也更符合人的本质需求。

根据客观经济环境与社会生产力发展的实际需要，当“奢”则“奢”，当“俭”则“俭”，鼓励人们在收入范围内适当增加消费开支，提倡多元化的消费观念，改变把“消费与生产对立起来”的观念；扭转惧怕借贷的思想；反对“把鼓励消费同勤俭节约对立”的想法；保证生存消费，鼓励发展消费，适当享受消费，反对不良消费习俗的有害影响。

凡是来源于自己和家庭的合法收入、能提高城乡居民生活质量的消费都是社会允许的，我们反对的是黄色消费、白色（毒品）消费和公款消费，需要加以控制的是违法违规的集团消费。

政府在制定一系列扩大内需的宏观经济政策的同时，也要鼓励和倡导新的消费观念，制定相应的消费政策，使积极的宏观经济政策和积极的消费观念相得益彰。此外，继续保持国民经济和城乡居民收入的稳定增长，改变一些人的不良消费预期，为人们消费观念的更新奠定坚实的物质基础，消除后顾之忧；简化、完善金融信用服务体系，积极推广信用、分期付款等现代消费方式，通过实践引导人们消费观念的转变和更新。

2.社会风尚的变化与消费观念

(1)效率消费观念

在社会主义市场经济的建设中，为适应新机制运作的需要，人们的时间和效率观念空前增强。与此相关联的消费观念和消费模式已成为中国社会的一种新时尚。

随着生活节奏的加快，越来越多的人有了效率的意识和要求。为满足消费者“求快”的需要而开设的餐饮业、服务业应运而生。洋快餐——肯德基、麦当劳刺激了中国消费者的胃口，也启发了中国人从吃上节省时间，从吃上发财致富。中式快餐店、快餐车、快餐摊点的开设，以及速冻食品、方便食品的开发，大大节省了人们吃饭的时间；“立等可取”的招牌及各种服务摊点成为城镇街头一景；邮政部门为信息社会开辟邮政特快专递，满足了消费者对信息传递时效性的需要。这些变化反映了消费者注重效率的消费观念和“用钱买时间、用时间创造金钱”的新时尚的形成。

(2)保健消费观念

随着现代科学技术的发展和人们对自身认识的不断深化,保健意识开始渗透于人们生活的各个方面。消费者不再只求吃饱饭,还讲求科学吃饭,要求对健康有利。各种保健食品出台神速,并且大多都属于中高档消费品,但消费者仍乐于根据需要选购。服装和日用品(如背心、坐垫、水壶等)的保健功能也日益增多,成为保健品生产厂家争相开发的方向。另外,消费者要求的健康保险、养老保险等多险种的开发,使消费者的保健消费意识也不断增强。居住环境的美化,装修材料的选择,家具的购置、摆放等,消费者都会考虑其中的保健因素。这些与保健观念相联系的消费趋势,也反映了人们珍爱生命、热爱生活的新风尚。

(3)社交消费观念

"自扫门前雪"曾经是洁身自好的赞语,如今已成为封闭、自私的贬义词;"多个朋友多条路"几乎变为商海弄潮儿乃至大众消费者的共识。因此,表现在消费行为上则是人们舍得花钱用于交际,从中获取信息、友谊、快乐和利益。

社交观念引导的消费还包括表现中西方文化的节日消费。如在我国受到重视的春节、端午节、中秋节,西方的母亲节、情人节、圣诞节等,礼物、鲜花、贺卡等很有人情味,具有浪漫的现代气息,已经成为人们交往的必要消费。

(4)审美消费观念

当代中国人在追求内在美的同时越来越重视形象美、服饰美、居室美。这和人们用审美的观念指导自己的生活消费分不开。美容美发、健身塑身、形象设计、个性服饰店已成为很多现代人生活的必需。

宾馆、商店的装修热也反映了其为迎合顾客的审美需求,用美的外观来提高自己的品位,从而吸引顾客消费的一种新时尚。此外,工作环境的绿化、美化、净化,居住环境的清洁、卫生、舒适、美观,都能体现人们的审美个性。

(5)享受消费观念

21 世纪的中国需要培育新的消费热点,引导人们建立享受消费的新理念。享受消费观念认为人生应该享受,但这个"享受"的度若把握不好,就会形成两种偏向:①浪费。有的人手里有了钱不是用来拓展自己的事业,也不是用来捐助社会公益事业,而是一掷千金沉湎于灯红酒绿之中,这是消磨人意志的腐蚀剂。②超前消费。本来自己经济能力不够强,却硬要与别人攀比,进行高消费,结果造成债台高筑的惨景。

(6)知识消费观念

在信息社会中,信息是对社会发展极为有用的商品,是当今世界四大资源之一。知识是信息的一种重要形式。当今社会是知识的社会、信息的社会,信息产业、知识消费将有大的发展。可以预计,在城市特别是大城市,知识消费将成为消费热点,但在广大农村一时还难以形成热点。

信息作为直接消费品将成为人类消费品的重要组成部分,信息业也将对消费市场产生重大影响。人类进入"信息社会",信息已成为社会生产各个领域不可缺少的资源,也成了人们生活中重要的精神消费品。人们已越来越认识到信息的重要。信息产品迅猛地走向市场并进入千家万户,给人民生活、生产所带来的益处越来越多。

改革开放后,社会的发展和教育使人们越来越重视知识在市场经济发展中的作用。知识观念的增强对人们的消费心理产生着巨大的影响。人们学驾驶、学烹调;或者以提高自己的学历为目的，即便不能就读于正规大学，也要在业余时间去辅导班学习，通过自学考试来获得文凭，为未来的发展打下坚实的基础；给孩子进行教育投资，除了接受普通教育的投入外，还进行学习琴、棋、书、画、摄影等的投入，这些投资都是为了全面培养下一代在未来社会中生存、发展所需要的高素质、高能力。

3.销售方式的变化与消费观念

代销、试销、厂家直销、各种形式的展销会、电话订购、网络营销等都是市场经济的发展带来的销售方式的变化。各种促销方式更是灵活多样，如有奖销售、免费咨询、分期付款；商家、厂家还利用节假日、季节变换、文体明星等大做文章，举办有深厚文化底蕴、有地方特色的名目繁多的各种"节"——苗族的花山节、大连国际服装节、鞍山玉佛文化旅游节、宁波余姚杨梅节、绍兴诸暨西施节等，以节促销。

各种销售方式和手段大大促进了消费者消费知识的丰富和消费热情的高涨。随着市场上商品的日益丰富和经销形式的多样化，消费者选购的机会不断增多，他们既可以货比三家，力争优惠，也可以使用各种银行信用卡以代替现金进行消费。厂家和商家不仅在商品的质量、外观上比拼，而且还将服务延伸到售前、售后的各个环节，使消费者购物更安全、更方便，如商品从限期保修到终身保修，各种形式的上门培训、上门维修，等等。服务的形式也多种多样：定时服务如送奶、家政服务、送餐上门、送医送药上门等；定向服务如家庭教师、家庭病床等。消费品销售方式的转变及其多样化促进了消费者新的消费观念的形成。

(二)我国消费观念的变化趋向

改革开放以来，我国消费观念的变化趋向主要有以下四种。

1.由温饱型到享受型

改革开放后实行社会主义市场经济，生产力得到极大发展，人们的消费不再满足于温饱，而倾向于享受。人们不再排长队买面买肉，票证已成为历史。往日的卖方市场已被买方市场所取代。商品的质量好坏、档次高低、价格高低、新潮与否、服务是否热情和到位直接影响着顾客的购买。

2.由储蓄型到信用型

信用消费也叫金融消费或借钱消费。它是指消费者凭个人资信在购买商品时，只需支付一定比例的款项或不支付任何款项，即可满足消费愿望，剩下的钱日后逐年、逐月分次偿还。例如，分期付款销售方式就属于信用消费。它一般适用于购买大件、高档耐用消费品，如住房、汽车等。由于信用消费既能使消费者在支付能力不足的情况下实现提前消费，又能刺激生产和国家经济的发展，因此信用消费的应用将会越来越广泛。信用消费的特征是先享用，后付款。这种消费模式可打消消费者害怕负债的心理，鼓励消费者树立对未来收入的信心，使其敢于消费并努力工作以便保持良好信誉。

改革开放以来，我国已完成了初步的资本积累，居民的生活水平已经基本达到小康，消费结构开始从以"衣""食"为主要内容进入以"住""行"为主要内容的消费阶段。但是在实行住房商品化的今天，要购买一套几十万元的房子，再买一辆至少十几万元的车，对工薪阶层和老百姓来说不是件容易的事，于是，信用消费应运而生。近年来我国的信用消费发展很快，我国消费者特别是年轻人的消费观念已经发生重大变化，信用消费将成为一种重要的消费方式。

3.可持续消费观日益受到重视

可持续消费观是可持续发展观的派生物。小康社会是人与环境和谐发展的社会,全面建设小康社会离不开人们观念的转变,其中消费观念的转变对促进全面小康社会的建设有着非常重要的作用。

改革开放以来,人们的物质生活水平有了明显提高,经济增长速度很快,市场已经由卖方市场变为买方市场。我国的资源总量居世界前列,但人均资源相当贫乏,伴随着工业化、城市化的加快和人口的增加,人均资源占有率逐年降低。新时代的我们更应有责任和义务去倡导可持续消费,实现人口、资源、环境的和谐发展。

4.消费者的维权意识进一步增强

消费者权益保护运动已经开展了几十年,依法护权的观念深入人心,几乎每个消费者都知道《中华人民共和国消费者权益保护法》,从它1994年实施开始,越来越多的消费者就懂得了运用法律武器来捍卫自己的尊严,当自身的权益受到侵害时,他们纷纷到消费者协会投诉,到行政部门申诉,到法院起诉,维权的意识强烈,索赔的决心坚定。消费者权益保护运动发展到今天,消费者自身的维权水平已经提升到了一定的高度,但是对于消费者的公共权益维护还有待于我们进一步研究。

人们在追求商品质量的同时开始注重消费的感受,这就要求商家服务热情、周到、诚实守信。国家加强了对不法商贩的严厉打击,使生产、经营、出售假冒伪劣商品的人心有余悸,也使消费者的维权意识与日俱增。

(三)消费误区与消费者教育

1.消费误区

消费误区是指消费者在消费过程中存在的不正确的、对环境和社会有潜在危害的甚至违法的行为。

消费误区的提法产生于全球资源日益枯竭、环境问题越来越严重、社会消费越来越不平衡的大背景。例如,全球气温普遍升高、臭氧层遭到破坏,这是大家有目共睹的环境问题,科学家普遍认为这是人类大量使用矿物能源、使用不适宜的化学添加剂、向大气中排放大量的二氧化碳所致。近几个世纪以来,地球上的许多物种已经灭绝,有更多的物种正濒临灭绝,这是人类过分消耗某些产品,或为了满足特殊的、不正常的需要所导致的恶果。

此外,某些消费者的大吃大喝、铺张浪费现象依然存在,对社会公德具有破坏性,败坏了社会风气。所有这些现象促使人们考虑消费者的责任问题,并因此上升到学术研究的高度来探讨消费者的责任。另外,东西方国家的贫富差距日益拉大,发达国家对发展中国家进行贸易性的资源掠夺,已经给发展中国家的持续发展造成了可怕的遗留问题,这些问题的产生除了技术与生产力方面的因素之外,消费方式的不同也是一个主要因素。归纳起来,消费误区主要表现在如下方面。

(1)消费格局中存在的不公平现象

消费格局中的不公平现象从宏观经济上看,表现为少数高消费国家耗费更多的资源;从消费行为上看,表现为少数高消费群体耗费更多的资源。这造成了消费分布上的不公平、不合理。

历史的教训告诉我们,过大的贫富差距是造成社会动荡的重要原因之一。因此,在个人财富与个人消费的问题上,不能把个人财富等级完全等同于个人消费能力,人类社会是作为一个整体向前发展的，个人超常的消费行为，不符合共同发展的基本原则。虽然个人收入是消费的基础，但是个人收入绝对不等于个人的全部消费。缩小贫富差距，并不是要将每个人的收入平均，那是落后的思想观念，但是讲究消费责任，实现消费方面的总体公平，是社会文明发展的方向。

(2)非持续性消费浪费大量资源

现有非持续性消费模式表现为对资源的无序开采，甚至是无限制滥用资源和对环境的污染与破坏，消费者需要什么就开发什么，消费者的需要具有重复性和无限性，于是产品的更新换代越来越快，产品的生命周期越来越短，对资源的开采与使用越来越过度，资源的浪费也越来越突出。过度的开发和过度的消费破坏了生态平衡，污染了环境，最终损害的还是消费者自身的利益。这类消费品包括非再生性纸质品、木制品、矿物能源、花样繁多的合成化学品等。

一些市场营销观念对这种"非持续性消费"起着推波助澜的作用。这样的消费模式绝不是科学合理的消费模式，一味适应这种消费模式的营销活动，同样不能很好地实现消费者总体利益、长远利益的增加。

(3)消费珍稀保护生物，破坏生物多样性

食用珍稀保护生物是违反国家法律和国际法规的行为，是对人类环境的一种摧毁和破坏，也是消费者缺乏消费责任的表现形式。存在这种消费行为的人普遍地对其严重性认识不足。这个问题在全球范围内存在，在我国少数地区有一定的普遍性，包括猎杀国家明令禁止的珍稀动物，过量砍伐、毁坏植被等。因为每个物种都是一个独一无二的基因库，具有无法估量的现实价值和潜在价值，保护环境、保护生物的多样性，就等于保护这些独一无二的基因库。在人类历史的最近1600年中，已有700多种有史料记载的物种灭绝。在国际公认的640个濒危野生动物物种中，中国就占了156个。在保护野生动物方面，中国面临的形势十分严峻。

一些科学家提倡，保护生态环境，保护人体健康，提倡文明生活，不吃野生动物；请口下留情，做一个文明的人，过一种文明的生活，别让滥捕乱吃野生动物成为一种社会公害和国耻。这些善良的建议难以迅速形成社会压力，国家法制的强化更具有迫切性，而消费者自身的责任感和环境保护意识，是保护环境的第一道闸门。

(4)个人消费的非理性和不合理

某些消费者的不良消费嗜好、带有封建迷信色彩的消费等属于非理性消费；盲目消费、盲从消费则属于不合理消费。非理性消费和不合理消费在我国消费生活中相当突出，消费者非理性和不合理的消费行为导致消费者利益的增加不能实现。另外，许多产品虽能使消费者产生感官满足，但是长期消费却对消费者产生了潜在的危害。

"食不厌精，烩不厌细"，美味佳肴带来了心脑血管疾病和肥胖症，目前心脑血管疾病已成为人类健康的一大杀手。肆意的生活带来了人类自身素质的下降。某些休闲商品、电子娱乐产品等对消费者的感官刺激强烈，导致感官享受功能下降。有些人消费具有精神依赖或生理依赖的毒品，摧毁其感官系统和神经功能，导致严重的生理问题和心理问题。

消费陋俗在我国许多地区具有普遍性，比如爆竹消费，虽然爆竹的使用有着深远的文化背景，但是爆竹消费的危害性太大，已经给消费者本人特别是儿童消费者造成了巨大伤害，对环境造成的污染也是不可忽视的。值得注意的是，我国部分城市已经有限制地禁止居民燃放烟花爆竹，有的地方采取集中燃放的方式以满足消费者的需求，这样既尊重了传统，又维护了环境的美观与卫生，也减少了烟花爆竹给消费者本人造成的危害。

(5)消费中的浪费现象严重

在西方快餐店用餐，人们按自己的需要点购食物，不会为了面子购买自己无力享受的多余食物。用餐之后自觉地将食物残渣放在托盘内，将托盘堆放到清洁台上，因此餐厅里非常干净整洁，后来的用餐者不会面对杯盘狼藉的场面，体现出文明的消费习惯。反观我国部分消费者，没有自觉维持用餐环境的习惯，在宴请朋友时，为了面子而超量点购食物的现象普遍存在，不能消费的则一扔了之，浪费现象十分严重。比如，北京市西城区环卫局垃圾分选站曾在回收类别中增加"馒头类"，每个月能回收20吨左右的馒头、米饭、包子等食物垃圾。据北京市垃圾渣土管理处统计，北京市每天产生的剩菜、剩饭、泔水就达1600吨，大部分是人们不良的浪费习惯造成的。

(6)个人消费缺乏社会责任

公共场所的吸烟行为是典型的损人不利己、缺乏环保责任的消费行为，消费者个人获得了短时的享受，却给自己身体造成了潜在危害，给周围的被动吸烟者造成了更为严重的生理伤害和心理上的不舒服。

无线通信技术的发展，给人们的沟通带来了许多好处，但是这类东西的使用也有一定限制，通信管制范围内不得私自使用无限通信设备，比如飞机在滑行、起飞、下降、着陆等阶段乘客不得使用手机等设备。有些乘客在飞机上违规使用手机设备，这可能给飞行和机上乘客带来灾难性的后果。

饲养宠物是某些城市居民的一种爱好，对于少数老年人来说可以减少晚年的孤独感。城市居民饲养宠物必须遵守相应的规定，但是违规饲养宠物的现象比较普遍，尤其是不负责的饲养行为，对其他人是一种伤害。有些人不收拾宠物的污秽物，影响环境卫生；有些人任凭宠物叫唤，影响左邻右舍的生活和学习；有的人以为宠物仅仅是个动物，不加管制任其伤人。

有些消费者购买商品后，随手遗弃包装材料，这些遗弃的东西当中，塑料薄膜在土壤中或水里不易分解，对陆地、河流及海洋生物的生存构成巨大威胁。

此外，不负责任的消费行为还包括在消费口香糖、水果、小吃、零食等商品时，随意丢弃残渣与剩余物等，给环境造成污染，一些著名的风景区与观光点因为这些污染受到严重影响。

通过法律手段可以制止一些消费者的违法行为，而消费者自觉爱护环境、承担环保责任的意识，更具有无形的约束力。

消费行为的前提是消费者必须支付费用，有些人认为个人的消费行为是绝对自主自由的行为，不受任何因素的限制，这是自由主义思想的滥用。不管消费者是否自觉付费，消费行为本身并没有绝对的、无限制的自由。付费的消费行为并不能保证商品本身的来源合法，那些污染环境、破坏他人生活环境、残忍地猎杀珍稀动物并出售其制品的行为，可能也包含了付费、收费的过程，但是这一过程的参与者均违反了相关的法律，要受到法律的制裁。有些消费行为不合乎社会道德的要求，比如封建迷信、色情消费等现象，还要受到社会公德的谴责。

2.消费者教育

针对以上消费误区，对消费者有目的、有计划地举办传播消费知识、宣传消费观念、培养消费技巧、交流消费经验、提高消费质量等活动是十分必要的。“消费者教育”来源于发达的西方国家，是一种社会性国民运动，目的在于引导消费者进行正确、健康的消费，在消费过程中保护消费者应当享有的权利。

消费者教育活动一般由两个层次承担，即政府、社会团体和行业组织机构承担的消费者教育活动，以及企业组织实施的消费者教育活动。其中政府、社会团体和行业组织实施的消费者教育活动的主要目的在于引导消费者建立正确的、健康的、有利于经济长期持续发展的消费方式，也包括引导消费者摈弃落后的、不健康的消费方式。这一层次的消费者教育活动，其基本内涵是分析消费者需求的合理性，从社会整体的、长远的利益出发满足人们的消费需求。

政府的教育功能还在于培养消费者良好的行为等。政府的消费者教育活动可能有利于某些企业构筑良好的营销环境，也可能对某些企业构成一定的威胁。比如我国政府规定，快餐行业必须淘汰使用一次性泡沫塑料盒，代之以一次性纸质快餐盒，这对于从事一次性泡沫塑料盒生产的小企业来说是一种限制，是对其生存机会的威胁；而对于从事一次性纸质包装盒生产的企业来说，却是巨大的生存和发展机会。

由企业组织实施消费者教育活动，是指企业通过对消费者宣传新的消费方式、交流消费经验、培养新的消费技能等活动，达到促进该企业产品销售的目的。

消费者教育已经成为部分企业营销活动的组成部分，在企业的营销实践中，消费者教育一直与广告、公共关系和销售促进活动混在一起。随着营销环境的演变与复杂化，消费者教育的重要性已经显现出来，许多企业把消费者教育作为营销策略的组合之一。

消费者教育活动得当，对于消费者和企业双方都有益处，如果基于错误的目的进行消费者教育，其效果会适得其反。国内有些企业因为只考虑营销的目的，而把消费者教育引入歧途。企业以错误的、违反科学常识的观点误导消费者的做法，工商管理部门应予严厉处罚。

【典型案例】

节约不是抑制消费

在机关工作的小张欲换购一处大房子，想住得更舒适，可妻子提出了反对意见，说现在是节约型社会，要节省。到底换房还是不换房，小张犯难了。其实还有许多人都有类似的疑惑，一方面，经济高速发展，资源制约的端倪初现，拉闸限电，缺水缺电，煤运紧张，节约要融入每个家庭，一度电，一滴水，一页纸都要省下来；可另一方面，为了保持经济的持续活力，不能只靠投资拉动，还要靠消费拉动，刺激内需，鼓励居民们多“用”。这一省一用，似乎很矛盾。如何看待这对矛盾？经济学家梁小民认为节约不是为抑制消费，而是要消除浪费资源的做法。

今天提出的“节约”内涵更广泛，发展程度更高，是要培养更加科学合理的消费观念和生活习惯，提倡量体裁衣、就米下锅的适度消费；要尽可能少地消耗资源，同时保证全社会有较高的福利水平。比如小张买房的例子，买与不买是是否消费的问题，不提倡因节省而不买。为了提高生活居住水平，满足居住需要，如果有能力，就应该消费，应该买房。可买房时就要节约了，不能头脑发热，盲目追求大房子。要量力而行。中小户型能满足需要就买中小户型，否则既浪费钱又浪费资源。

随着人民生活水平的提高，城镇居民用于吃、穿、用等基本生活需求的支出有逐渐减少的趋势，而用于医疗保健、交通、通信、娱乐、教育、文化等方面的支出则不断增长。中国宏观经济学会副会长兼秘书长王建认为，追求消费水平提高是社会发展的动力。如果节约型社会要从消费入手，要求居民减少各种产品的消费，那么这与人们追求美好生活的愿望是相抵触的，很难得到广大人民群众的响应，也不符合我们要建设现代化国家的目标。

消费不是铺张浪费，改革开放以来，我国城乡居民消费结构变化较快，由基本生活消费阶段向方便生活消费阶段发展，近几年又向享受生活消费阶段发展，可一些"大款"与公款消费却把享受消费引到了过度消费的模式中，流行铺张浪费甚至奢靡的消费观念和消费方式，这些与建设节约型社会格格不入。具体说来，随着生活水平的提高，吃点新鲜可口的食物无可厚非，可有人把吃发挥到了极致，花高价什么动物都敢吃，不符合生态原则，破坏人和自然的和谐共处，有的还盲目花大钱大补，老汤一煲动辄几百上千元，这种汤既没有经过科学验证，也不具有特殊功效，是典型的浪费；住方面，盲目求大，两个人也要住 150 平方米的大房子，大房消耗资源多，而且维护的费用也高；在装修房子上，更是盲目追求高档、豪华，各种各样的材料往家中堆，选材时缺乏科学知识，不注意选用材料的安全性，有些建材有辐射或化学品含量超标，造成室内有毒气体排放过量，危害身体健康，花大钱得不偿失。

商务部副部长房爱卿认为，现在我国总体上已经进入小康社会，科学合理的消费导向应当是保证生存消费，鼓励发展消费，适当享受消费。但消费的过程也是消耗资源的过程，消费的规模和方式必须考虑自然资源的承受能力。我国是一个自然资源相对短缺的国家，消费绝不能以牺牲未来资源或浪费自然资源为代价。而是应调整消费结构，加快建设资源节约型社会，提倡节约资源，合理利用资源，研究开发新技术，限制资源消耗大的产品的生产，并寻找其替代品，转变粗放型的经济增长方式。

节约型社会中不是盲目扩大消费，也不是抑制合理消费，而是为了把消费引导到有利于人的全面发展，有利于合理利用资源、保护环境，有利于扩大消费、拉动国民经济增长的轨道上来。

【本章小结】

如今，我国居民的消费观念、消费结构和消费层次处在重要的转型时期。居民的实物型消费比重在减少，精神文化、餐饮、旅游的消费在增加，这带动了消费总体水平的提高。如今的社会已进入了充分展示个性化的阶段，许多消费者开始越来越多地对极具个性的产品充满期待和关注，因此，关注消费者的个性消费，将会给营销者带来更多崭新的思维。当前，我国居民的消费观念呈多样化趋向，包括享受型消费观、信用型消费观、理性消费观、可持续消费观等。和谐社会提倡健康的、节约型消费观念。要对消费者有目的、有计划地传播消费知识、宣传消费观念、培养消费技能、提高消费质量。

【思考练习】

1. 什么是个性消费？
2. 简述影响消费观念变化的因素。
3. 描述我国消费观念的多样化趋向。
4. 消费误区的含义是什么？消费误区的表现有哪些？
5. 在节约型社会中，正确的消费观是什么？

第十四章　购物环境心理

【导入语】

消费者的购买行为通常都是在一定的购物场所或环境中实现的，购物环境的优劣对消费者的心理感受及购买过程具有多方面的影响。一个好的购物环境会给消费者留下美好的第一印象，引起消费者的购买欲望，进而起到促进消费者购买的作用。

【学习目标】

- 了解商店选址的心理。
- 了解橱窗设计的心理。
- 掌握柜台设置与商品陈列的心理。
- 掌握商店内部装饰的心理。

【关键词】

招牌　shop sign

橱窗　showcase

商品陈列　commodity display

一、商店外部环境设计心理

现在，许多消费者都会处于充满诱惑的环境中，当他们沿街行走时，他们的感观会受到来自各个方面的刺激，闪烁的霓虹灯、招牌和橱窗内精美的展示激发着他们的好奇心，使他们不由自主地步入商店。可见，商店外部环境的装饰、布置与消费者的购买行为有直接的关系。

(一)商店选址的心理分析

商店地址的选择对商店的经营效益有着长期而重大的影响，是商店投资决策需优先解决的问题。商店所处的地理位置对消费者的购买心理有多方面的影响，我们可以从以下几个方面进行分析。

(1)选择繁华的商业中心作为商店的设置地点，可利用中心的影响力和辐射力产生的聚合效应来发展自己。商店设在繁华的商业中心，一般都能使消费者产生信任感和向往心情，特别是对于耐用消费品和选购品的购买，消费者大多愿意到商店众多的商业街购买，以便更好地进行对比和选购，因此，在这类地区开大中型综合性商店或专业性突出的专卖店都能取得较好的经营效果。在我国，如北京的“王府井商业街”、上海的“淮海路商业街”以及广州的“北京路商业街”等都是此类商业中心，其影响力和辐射力都是跨地区的。商业中心一般交通便利，人口密集，客流量大，功能配套齐全，并以中高档商品为主，来此购物的消费者大多表现出较强的求名、求全、求美的心理特点，对价格的敏感度相对较低。

(2)选择居民小区的商业网点作为商店的设置地点。居民小区的商业网点分布广泛，地理位置与所在区域的消费者需求十分相关，商店以小型、大众型超市和食品店、水果店、便利店为主，经营的商品以日常生活必需品为主，以方便周围消费者的日常购买。因此，要求商店的设置，一要密度大，二要均匀分布。购买这类商品的消费者一般表现为较强的求便、求实心理。国外有一种分析认为，家庭主妇对周围步行不超过500米便可购物的副食商店、便利店最为满意，再远则有不方便的感觉。同时，这类商店由于覆盖面很小，消费者相对稳定，所以商店在经营中要特别注意该辐射区内居民的构成及购买力状况。

(3)选择城乡交界地带作为商店的设置地点。选择在城乡交界地带设置商店的优势在于地价低廉，可进行大面积的专业化营销，可降低经营费用。商店类型以货仓式商场、家具城、装饰材料城以及购物中心等为主。如货仓式商场将零售、批发和仓储各个环节合而为一，并采用小批量形式出售商品，进而大幅度降低商品的零售价格。尽管这类商场环境设计简单、地理位置偏僻、服务设施简陋，但因其商品价格低廉的突出优势，迎合了大多数消费者的心理需要。

(二)招牌的心理分析

招牌是商店标志名称的俗称，它起到识别商店、招徕消费者的作用，也是商业企业的一块永久的广告，消费者逛商店购买商品往往是在商店招牌的引导下进行的。所以说，一块设计独特、具有典型色彩的招牌，往往能激发消费者的注意和联想，刺激消费者的购买欲望。具体来讲，招牌有以下几方面的作用。

1.方便与引导消费者的作用

招牌一般会表明行业属性，标示主要服务项目或经营范围，对于消费者寻找目标提供了极大的方便，客观上充当了消费者购买活动的向导，有助于消费者迅速地实现购买目的。例如，亨得利钟表店、大学路鞋店、健民药店等。

2.引起消费者注意与兴趣的作用

设计新颖独特、别具一格或富有艺术性、形象生动的招牌，能迅速引起消费者的注意，激起消费者浓厚的兴趣和丰富的想象。例如，宁波一家小店，招牌上写着“老牌×××名店”，四个字中间有三幅小画。第一幅画是一个小缸，第二幅画是一只鸭子，第三幅画是一只黄狗，往来者无不好奇，进店后方知是一家汤圆店，小店的创始人是一位名叫“江阿狗”的人。麦当劳的金黄色“M”招牌，老远就能引起人们的注意，并激起了对它浓厚的兴趣，有人认为招牌的含义是一个欢迎的拱门，有人认为招牌的含义是一个竖着放的汉堡包。总之，采用语义双关、寓意良好、引人联想的词语命名的招牌，都会引起消费者的注意和兴趣。

3.反映经营特色与服务传统的作用

每个商店都有各自的经营特色和服务传统，特别是一些历史悠久的老牌商店更是如此。这些商店的招牌不但以其浓郁的个性风格引起消费者的注意，而且还能引起消费者对商店的经营历史、特色和服务传统的联想，从而赢得消费者的赞誉和信任。例如，北京的“同仁堂”药店、“全聚德”烤鸭店、“六必居”酱菜店以及“荣宝斋”书画店等。

4.加强记忆与易于传播的作用

招牌是一种广告形式，它不仅能招徕消费者，而且还能传递信息，扩大影响，所以，一些造型独特、文字精练、寓意深刻的招牌往往在消费者的记忆中留下了深刻的印象。例如，北京的“百草堂”药店、天津的“狗不理”包子铺和福州的“味中味”酒家等招牌易读、易记，高效地发挥了它的识别功能和传播功能。

(三)橱窗设计的心理分析

橱窗是以商品为主体，通过背景衬托，并配合各种艺术设计，进行商品介绍和宣传的综合性艺术形式，它是商店外观的重要组成部分。一个主题鲜明、风格独特、色调和谐的商店橱窗，如果能与商店的整体风格结合在一起，不仅能起到改善其整体形象的作用，而且能起到向消费者介绍商品、指导消费的作用。

1.橱窗的类型

(1)橱窗按建筑结构可分为独立橱窗、半透明橱窗、透明橱窗。独立橱窗是指只有一面透明，其他侧面均封闭的橱窗。这种橱窗的特点是与商店内部的售货现场完全隔离，能够突出产品的宣传效果，引起消费者的注意。半透明橱窗是指除正面外，侧面或背面也部分透明。这种形式若运用得当，可以形成与内部售货场所的紧密联系。透明橱窗是指与商店内部连为一体的橱窗。这种形式可以使消费者未进店前，即可了解商店所经营的主要商品种类，有利于吸引更多的过往行人。

(2)橱窗按商品陈列方式可分为特写橱窗、专题橱窗、综合橱窗。特写橱窗是指运用不同的艺术形式和处理方法，集中介绍某一种商品的橱窗，它常用于介绍新产品或特色商品。采用这种橱窗，可以充分发挥设计者的艺术才能，突出商品的特点，给消费者留下深刻的印象。专题橱窗是指以一个广告专题为中心，围绕某一特定的主题，组织不同类型的商品进行陈列的橱窗，如绿色食品陈列等。这种橱窗容易引起消费者的联想，激发其潜在的购买欲望。综合橱窗是指将许多不相关的商品综合陈列在一起的橱窗。这种橱窗陈列由于商品之间差异较大，设计时一定要谨慎，不要使之显得杂乱。

2.橱窗布置的心理功能

(1)引起注意的功能。心理试验表明，即使是有明确购买目标的消费者，漫步在繁华的商业街时，目光也常常是游移不定的。在走向目标商店或无目标漫步时，他们总是四处观望。店门、招牌、橱窗等都在其视觉范围之内，由于近距离观看，橱窗处于其最佳视觉范围，所以最先引起他们的注意。同时，橱窗内琳琅满目的商品，对视觉器官的直接刺激作用大于门面的其他部位。因此，橱窗具有引起注意的重要功能。

(2)激发兴趣的功能。橱窗展示商品的最大特点是在一定范围内，以商品实物，配以特定的环境布置，创造某种适应消费者心理的意境。再加上橱窗设计的艺术手法，不仅能给消费者一个经营项目的整体形象，还能给消费者以新鲜感和亲切感，极大地激发消费者的购买兴趣。

(3)暗示的功能。心理学认为，暗示是指在无对抗态度条件下，用含蓄、间接的方式对人们的心理和行为产生影响。这种心理影响表现为使人们按一定的方式行动或接受一定的信念。橱窗展示是使消费者接受某种销售暗示的有效途径。橱窗展示作为一种无声的暗示，对消费者的诱导在于意境的遐想，也就是通过橱窗布置的小环境，使消费者看后能产生某种心理联想。

3. 橱窗设计的心理策略

(1)突出主营商品，传递市场信息。消费者观赏、了解和评价橱窗陈列的商品，最主要的还是想获得商品信息或为自己选购商品收集有关资料。但是商店经营的商品种类繁多，不可能将所有的商品都陈列出来，所以橱窗陈列时首先要选择有代表性的商品、流行商品、新产品、适时应节的商品、引导消费的商品，以取得吸引消费者的效果。其次，要根据陈列商品的性质、用途和特点，考虑商品的展示形式和摆布位置，以最佳的形式与角度展示商品。同时，要注意橱窗照明灯光的设置和色彩、对比度的运用，以产生一种特有的气氛，吸引消费者的注意和购买。

(2)塑造良好的整体形象，满足消费者对美的需要。商品是橱窗展示的主体，但简单、孤立的商品罗列、堆砌，往往会给人以僵硬、刻板的感觉，是难以吸引消费者的。因此，橱窗设计必须认真研究大众审美趋势，从适应消费者求美心理出发，进行橱窗布置的艺术构思，运用多种艺术处理手法，如运用对称与不对称、重复与均衡、主次对比、虚实对比、大小对比、远近对比等艺术手法，用构图把各种商品有机、生动地结合起来，较好地展现商品的外观形象和品质特征；用清新、悦目、统一、和谐的色彩来增强商品的美感，有效地增强橱窗的艺术魅力，让消费者在美的享受中，加深对商品的印象并形成购买动机。

(3)利用景物渲染，启发消费者的联想。橱窗是商品世界，是精华场景的缩影，寓意含蓄的艺术构思可创造出诱人的意境，使消费者产生美好的联想。橱窗创意有两大模式：主题橱窗和情调橱窗。家庭起居式的橱窗布置，庭院式的桌椅、遮阳伞，甚至除草的工具都成为橱窗设计者进行主题橱窗设计时利用的材料。情调橱窗更耐人寻味，如果说主题橱窗在展示艺术魅力时，强调具体的话，那么情调式橱窗则更倾向于抽象风格。例如，时装店在一个橱窗内安排 3/5 的空白，仅仅象征性地挂出一套时装，同时衬以环保风格的意象性场景，布置沙子、砾石、红豆、布袋，摆设越少，越有韵味，真所谓"淡极始知花更艳"。

从某种意义上说，橱窗的天地是无限的，它容纳了时间和空间，容纳了精品与艺术，容纳了境界与追求。而橱窗展示的目的只有一个，就是使消费者产生购买欲望，实现企业销售的目的。

二、商店内部环境设计心理

商店是消费者购物的场所，商店内部环境的好坏是直接影响消费者判断商品质量、功能、企业信誉、购买风险的一个重要因素，也是企业内部管理水平和营销活动适应程度的直接反映。商店内部环境的设计主要包括三个方面：营业场所的规划设计、店堂环境与营销气氛以及商品的陈列与展示。

(一)营业场所的规划设计

一般来讲，商店营业场所(即商场)的布局是以各自的规模、类型、建筑结构及经营特色为基础而进行独立规划设计的，完全一致的布局是不存在的。所以，商场应根据现有条件和自身经营特色，最大限度地使之符合大多数消费者购物的一般心理，实现最终销售和企业经济效益。营业场所的规划设计一般应包括以下内容：商场面积的合理分配、商场布局方式的选择、商场通道布局方式的选择等。

1. 商场面积的合理分配

商场面积一般包括三个部分，即展示和推销商品的营业区域、储存商品的仓库区域以及有关管理、服务设施的辅助区域。在这三者当中，消费者接触最多、最直接的是营业区域，其面积、方位、陈列等方面直接影响着消费者对商场的认识过程和情感过程，所以，在商场面积分配时应以营业区域为中心，合理安排三者的位置。首先，在保证营业区域面积占商场面积较大比例的前提条件下，把方位最佳、光线最好的位置安排为营业区域。其次，要尽可能地把货仓区域安排在邻近营业区域的位置，以保证能迅速、连续地满足消费者的需要，减少营业员由于搬运货物而耗费不必要的劳动。最后，将办公室、营业员休息室、更衣室等管理辅助区域安排在远离营业区域的位置，以保证工作人员能有一个安静、良好的工作环境；同时，将厕所、吸烟室、消费者休息室、接待室等服务设施的辅助区域，安排在紧邻营业区域的位置，以满足消费者追求方便的心理。

2. 商场布局方式的选择

商场布局是指营业场所内各种货架的基本摆放形式，商场布局一般分为两类：格子式布局和自由流动式布局。

(1)格子式布局，是一种十分规范的布局方式。它利用直角通道将商场划分成若干形状，各通道之间互相连接，形成迂回路线。这种设计的优点是：①通道与出入口的合理结合，能产生消费者由入口经过布满商品柜台的曲径通向商场出口的一种动力效果；②有利于增大销售空间，设计简便，费用较低，管理方便；③使整个商场内布局结构严谨、规范，给人以整齐、有序的印象，而这种印象很容易使消费者对商场产生信任心理。这种布局的不利之处在于设计呆板，布局规范化，使得发挥装饰效应的能力受到限制，难以使消费者产生由装饰形成的购买欲望，也缺乏对消费者购买动机的激发。目前，超级市场、连锁商店和某些杂货店大多采用格子式布局。

(2)自由流动式布局，是一种没有固定规则的布局方式。它是根据商场建筑(如柱、角、梯等)和设备特点而形成的各种不同组合，或独立，或聚合，既有方形也可以有圆形和其他形状，通道也形成弯弯曲曲的不规则形。这种设计的优点是：①通道一般比较宽敞或在商场中央留有较大的空间，所以能利用装饰布局创造较好的环境气氛，容易激发消费者的购买动机；②由于布局的灵活性较强，企业可根据消费者心态和新商品的上市，适当调整布局结构，以利促销；③由于空间较大，可以给消费者提供浏览和休闲的场所，也可以满足消费者购物加休闲的心理。这种布局的不利之处在于空间浪费大，费用投入较高，从而影响整体价格水平；从经营角度看，搞好商场的安全管理和清洁卫生的难度较大，消费者容易产生混乱的感觉。目前，大型百货商场、专业商店等多采用自由流动式布局。

3. 商场通道布局方式的选择

商场通道的设计科学与否直接决定着商场内消费者流动是否合理。通常对商场通道的要求是：①注意保持通道有足够的宽度，各个售货场所之间的通道宽度至少为 80 厘米，从而方便消费者浏览、挑选商品和往来通过，主通道要尽量宽敞，在客流正常时不会出现拥塞或行走不便的现象。②根据商场结构，尽量使通道不要过长，以免消费者有走不到头的感觉。

③避免通道地面的色彩刺眼，花样太多，从而吸引消费者过多的注意力。④在通道布局时，还应注意，如果是进出合一的门口，要保持宽敞、通畅，以减少拥挤和堵塞，避免进出商场的消费者相互干扰；如果是进出分道的门口，则应注意商场内通道的走向一定要明确，不要因通道的误导，使消费者形成回流现象。另外，通道两侧的货架不应过高，以方便消费者随意向其通道观望。如果货架较高，则应选用全玻璃货架，以免阻挡消费者视线。

4.其他方面布局的要求与选择

(1)收银台的设置。现代商场中，大多实行钱、货分离的购物形式，因此，收银台的设置也是布局的重要环节。按照国际经验，不论是自动收银机，还是人工收银台，按中等规模的超级市场计算，收款的速度一般为每小时通过500～600人，可据此安排收银台的数量。通常在百货商场中，收银台应布局在商场中央区，且有明显标志，同时，收银台前一定要相对宽敞。

(2)楼梯、电梯的设置。由于楼梯、电梯是商场中难以变换的固定设备，所以，楼梯、电梯一般不构成布局的内容，但其设置的合理与否会影响消费者的购物情绪。一般商场中，至少有两处楼梯，所以在使用中，应上下道分开，这样有利于顾客流的形成和循环。在现代商场中，自动扶梯对促成顾客流的合理循环起了积极的作用。

(3)消费者休息、问讯处等的设置。在崇尚自由、舒适的今天，商场布局中休息的地方是不可少的，特别是在大中型商场中，应专辟出休息场所。商场的问讯处、消费者接待室应设在入口处附近或靠近楼梯通道处，以方便消费者。

(二)店堂环境与营销气氛

消费者对商店完整印象的形成可以说是由商店外观、内部环境及服务过程三因素共同作用的结果。如果说，商店外观能够吸引消费者走进商店，那么，保持消费者良好印象的第二步就是商店内部的店堂环境。零售商店的店堂环境必须能烘托出使消费者流连忘返的购物气氛。构成这种气氛的主要因素有：灯光、色彩、音响、气味以及其他相关因素。这些因素的共同作用形成了商店的气氛，而这种气氛又决定了消费者对商店的感觉和印象。

1.灯光使用与店堂环境

灯光能够直接影响店堂内的气氛，走入照明效果好或光线暗淡的商店，消费者会有两种截然不同的心理感受，前者明快、轻松，后者压抑、沉闷。灯光设计合适，不仅可以渲染气氛，增强陈列效果，还可以吸引消费者的注意力，激发消费者的购买兴趣，提高雇员的工作效率。

商店灯光照明可分为基本照明和附加照明。基本照明是普通照明，主要是指按建筑物内部结构自然采光情况设计的室内灯光照明，一般起到保持整个商店基本亮度的作用。基本照明一般分布均匀，亮度基本相同，多安装在屋顶天花板或墙壁上，以白炽灯、荧光灯为主，基本照明的不同灯光强度也能影响人们的购物气氛。

商店除了基本照明外，一般还设置有附加照明。附加照明分为两种：一是特殊照明，为了突出部分商品的特性而设置的照明，其主要目的是显现商品的个性，以便更好地吸引消费者的注意，引发消费者的购买兴趣。例如，珠宝首饰，特别是钻石以及其他宝石，最好在高强度的聚光灯下陈列。二是装饰照明，在店堂内为了营造一种特殊的气氛或情调而设置的照明，其主要目的在于更好地调节消费者的情绪，烘托企业形象，给消费者留下美好的印象。如采用彩灯、吊灯、霓虹灯，可把商店营业气氛渲染得十分活泼。当然，装饰灯不要滥用，否则会产生相反的效果，给人以眼花缭乱的感觉。

2.色彩选择与店堂环境

首先，根据心理学的研究，不同的色彩会对人的情绪产生不同的影响。因为不同的色彩对人的视觉刺激强度不同，因而会引起人不同的心理活动，导致情绪的变化。例如，红色、橙色、黄色是“暖色”，这是在希望有温暖、热情、亲近等感觉时使用的色彩；蓝色、绿色、紫色被认为是“冷色”，通常用来创造雅致、洁净的气氛，在光线比较暗的走廊、休息室，以及希望使人感到比较舒畅、明亮的其他场所，应用这些色彩效果最好；棕色和金黄色被认为是泥土类色调，可以与很多色彩配合，这些色彩也可以营造温暖、热情的气氛。总之，如果想在商店内创造一个缤纷的世界，营造良好的购物氛围，最大限度地诱导消费者购买，那么，商店在用色上首先应考虑消费者的需求，而通常的做法是采用象征色和流行色。象征色与商品之间存在着某些关系，如红色表示喜庆，金、银色表示名贵等；流行色在某种程度上反映了消费者的心理。其次，要考虑到有利于销售和竞争的因素，如要考虑使用引人注目的色彩，考虑能配合灯光效果，考虑能提高企业形象，等等。最后，还应考虑营业场所的面积、墙壁的结构、商品本身的色彩和季节变化等因素。

3.音响、气味与店堂环境

音响可为消费者创造轻松、愉快的购物环境，缓解消费者和店员的疲劳感，使消费者在乐曲欣赏中挑选商品，产生强烈的购物欲望。音响的运用还应注意时间和音量。一般来说，音响应间断使用，并且应在营业较轻松的时间内运用音响，调节气氛。音响的音量不宜过大，应以隐约听到为宜。若在营业紧张期，音响音量太大，就会加大噪声污染，使消费者烦躁，也使店员工作效率低下。

商店的气味对消费者也有着相当大的影响，根据商店的环境和商品的特性，或放置散发各种香气的花草盆景，或人工制造特别的香味，无疑是对消费者嗅觉的良好刺激，使他们在购买活动中精神愉悦、心情舒畅，刺激购买欲望。如同音乐使人精神放松一样，香味通常对人体产生积极的影响，适当地散发香味，可以创造良好的购物氛围。芳香有助于净化室内空气，是购物环境中不可缺少的“添加剂”。

保持商店空气清新、流通，是保证商店气味宜人的重要前提。保持清新宜人的空气，一般应采用中央空调系统，其既可使整个商店温湿度均衡，又可降低成本，也可采用自然通风与机械通风相结合的方式，如春秋两季自然通风，而冬夏两季使用机械通风。总之，通风和空气调节的目的在于使商店内空气清新，温湿度适宜，给消费者以舒适宜人的感觉。

4.内部装潢与店堂环境

商店的内部装潢主要是指对店堂内部的天花板、地板和墙壁的装潢，它们必须相互协调，追求整体的良好感觉和效果，缺一不可。

天花板不仅用于把商店内的房梁、管道和电线遮盖起来，创造美感，还可以创造良好的购物环境。商店的天花板设计风格力求简洁明快，通常采用木天棚、石膏板天棚、金属板天棚、玻璃纤维板天棚等。木天棚加工方便，材质轻盈，适合于中小型商店的天棚装饰；石膏板天棚有平板与凹凸板之分，它可组合成各种图案，与灯光配合有较强的艺术表现力；金属板天棚是一种华丽的装饰材料，造型多样，品种繁多，但价格较贵；玻璃纤维板天棚具有耐火、防腐蚀、质轻的特点，而且吸音效果较好，适合于噪声较大的大型商店。

地板是消费者在商店中接触最多的地方，要注意其带给消费者的良好印象与商品陈列效果很好的配合，同时要求耐久、耐脏和易清洗，并保证消费者的安全。地面处理可采用不同的建筑材料，如瓷砖、石材、木板、地毯等。瓷砖地板是非常耐用的材料，色彩丰富，贴装方便，是理想的地面材料；石材地板的石材种类很多，如大理石、花岗岩、石板等，大理石是高档的装饰材料，光泽度好，色彩花纹极为丰富，花岗岩石质坚硬，光洁度好，石板风格粗犷，色调沉稳，也是很好的地面材料；木地板以木质材料为主，弹性适当，纹质优美；地毯大多为化纤地毯，它的装饰性强，保温和吸音性良好，可用于较高档的商店中。

墙壁设计装潢总体要求坚固美观，其使用的材料一般是灰泥，再加上适当的墙壁装饰材料。商店的墙面材料包括木质壁材、涂料、油漆、墙纸等。木质壁材可分为合成板、纤维板、木板，其中合成板富于自然色彩，表面质感较好，是高级墙面装修材料；涂料种类繁多，色彩丰富，可自由选择；油漆是一种使用方便的墙面涂层，有较好的防水性能；墙纸是贴在墙壁上的装饰材料，色彩、图案、质地的选择极多，可随时根据需要更换。

总而言之，商店的空间装饰是顶面、地面和墙面的组合，它能给人以完整的美的空间享受，创造出清新、怡人的购物环境。

(三)商品的陈列与展示

商品的陈列与展示是商店内部设计的核心内容，也是吸引已进入商店的消费者作出购买决策的重要因素。虽然商品陈列与展示方式因行业、经营品种、营业场所的不同而有所区别，但商品陈列与展示本身就是最直观的实物广告。丰富、美观、琳琅满目、摆放得体的陈列商品，本身就是强化商品促销的有力手段。

1. 商品陈列与展示的要求

(1)商品陈列与展示要引起消费者的注意与兴趣。这就要求商品的陈列一要醒目，二要形象突出，三要有美感。

①醒目。对重点商品、特殊商品的陈列要有新意或引人注目，重点商品是指商店某一时期重点销售的商品、应节商品、时令商品等；特殊商品是指优惠供应商品、特价商品等。心理学研究表明，特殊性是引人注目的前提。商店对重点商品或特殊商品应特殊摆放或用店堂广告说明、箭头指示等引起进入商店的消费者的注意。

②形象突出。第一，商品陈列高度要适宜，易于消费者观望感受。消费者走进商店后，一般都无意识地环视陈列商品，对货架上的商品获得一个初步印象。因此，商品的摆放应按照不同的视角、视线和距离，确定其合适的位置，尽量提高商品的能见度，使消费者易于感受商品形象。第二，商品陈列要尽可能做到裸露摆放，如服装类商品悬挂展开或利用固定模特成穿着状的陈列方式等，便于消费者通过观看、触摸和比较，增强对商品的感性认识，引起消费者的购买兴趣。

③有美感。商品在店内通过不同形式的陈列，可以充分展示其形态美、花色美、质感美和时尚美，从而引起消费者的注意和兴趣。

(2)商品陈列与展示要给消费者以丰富、整洁的感觉。商品陈列不仅要讲究造型美、新颖，色彩搭配协调，给消费者以赏心悦目之感，还要陈列整齐，错落有致，给消费者以品种齐全、数量充足之感。当然，数量充足并不是说陈列的商品越多越好，商品陈列过于拥挤，会使消费者不容易找到自己需要的商品，也会使消费者感到杂乱无章；而商品陈列过少又会使消费者感到商店无货可售，挑选余地不大，从而影响其购买情绪。同时，要随时保持货架整洁，并且陈列的商品要干净、完整，有破损、污物以及外观上不合要求的要及时撤下，这也是促使消费者建立购物信心的基础。

(3)商品陈列与展示的时间不宜过长,陈列应掌握多变少动的原则。多变是指一种商品不论其销售情况如何,都要经常更换,以给人生意兴隆的感觉。而少动是指一种或一类商品的陈列位置要相对稳定,使消费者逐步习惯某类商品的固定陈列位置,给消费者以稳定、方便的感觉。

2.商品陈列与展示的基本方法

(1)主题陈列法。它是结合某一特定事件、时期或节日,集中陈列展示应时适销的连带性商品或根据商品的用途在特定环境或时期陈列的方法。例如,中秋节食品店中的月饼专柜能给商店创造一种独特的气氛,吸引消费者的注意,进而销售商品。

(2)整体陈列法。它是将整套商品完整地向消费者展示的陈列方法。例如,将全身服饰作为一个整体,用人体模型从头至脚完整地进行陈列。整体陈列形式能使消费者作整体设想,方便消费者购买。

(3)分类陈列法。它是根据商品的类型、质量、性能、特点、产地和使用对象等进行分类,并向消费者展示的陈列方法。分类陈列法是一种广泛使用的方法。它便于消费者集中挑选、比较,也有利于反映商店的特色。

(4)同类商品垂直陈列法。它是将同一类型的商品,在货架上一层层上下垂直陈列的方法。这种方法方便消费者在不同式样、不同质地、不同型号的商品之间挑选。

(5)关联陈列法。它是将不同种类相互补充的商品陈列在一起的方法。运用商品之间的互补性,可以使消费者在购买某种商品后,也顺便购买旁边的商品。这种方法提高了消费者购买商品的概率,有利于满足消费者的求便心理。

(6)悬挂陈列法。它是指将商品展开悬挂或安放在一定或特制的支撑物上,使消费者能直接看到商品全貌或触摸到商品的方法。悬挂陈列时应注意:固定悬挂起装饰作用的陈列商品,应注重商品悬挂的艺术性;对于销售悬挂的商品来说,应注意悬挂空间的合理使用。悬挂陈列的商品还应按类别、型号、色泽等合理排列悬挂,以方便消费者挑选。这种方法可增强消费者对商品的感性认识,激发其购买欲望。

总之,科学的、独具匠心的商品陈列方法,可以使商品富有生命力、发出光彩,收到极佳的销售效果。在实际的营销活动中,商品陈列的方法有很多种,营销者还应视具体环境、条件的不同而认真选择。

【典型案例】

红叶超市的购物环境

红叶超级市场营业面积达260平方米,位于居民聚集区内的主要街道上,附近有许多商场和同类超级市场。其营业额和利润虽然还过得去,但与同等面积的超市相比,还是不够理想。通过询问部分顾客,得知顾客认为超市内拥挤、杂乱,商品质量差、档次低。听到这种反映,红叶超市的经理感到诧异,因为红叶超市的顾客没有同类超市多,经常看到别的超市人头攒动而本超市较为冷清,本超市怎么会拥挤呢?本超市的商品都是货真价实的,与别的超市相同,怎么会说质量差、档次低呢?经过对红叶超市购物环境的分析,找出了其中原因。原来,红叶超市为了充分利用空间,柜台安放过多,走道太狭窄,购物高峰时期就会造成拥挤,顾客不愿入内,即使入内也不易找到所需的商品,往往是草草转一圈就很快离去;灯光暗,货架陈旧,墙壁和屋顶多年没有装修,优质商品放在这种环境中也会显得质量差、档次低。为了提高竞争力,红叶超市的经理痛下决心,拿出一笔资金对超市购物环境进行彻底改造。对超市的地板、墙壁、照明和屋顶都进行了装修;减少了柜台的数量,加宽了走道,仿照别的超市摆放柜台和商品,以便顾客找到商品。整修一新重新开业后,效果立竿见影,头一个星期的销售额和利润比过去增加了70%。可是随后的销售额和利润又不断下降,半个月后又降到了以往的水平,一个月后甚至低于以往的水平。为什么会出现这种情况呢?经观察发现,有些老顾客不来购物了,增加了一批新顾客,但新增的顾客并没有流失的老顾客多。对部分顾客的调查表明,顾客认为购物环境是比原先好了,商品档次也提高了,但是商品摆放依然不太合理,同时商品价格提高了,别的超市更便宜,一批老顾客就到别处购买了。听到这种反映,红叶超市的经理再次感到诧异,因为总的来说,红叶超市装修后商品的价格并未提高,只是调整了商品结构,减少了部分微利商品,增加了正常利润和厚利商品,其价格与其他超市相同。

究竟怎样才能适应顾客呢?

【本章小结】

消费者的购物行为通常是在一定的购物环境中实现的,购物环境的优劣对消费者购买过程中的心理感受具有多方面的影响。本章所指的购物环境是指商店内外环境设施等硬件系统。根据影响方式不同,商店环境可分为外部环境和内部环境。

商店的外部环境包括商店的地理位置、招牌、橱窗、霓虹灯等方面。一个商店的总体外部形象使消费者产生一种和谐与美的心理感受,是促成消费者产生和形成购买或进店浏览欲望的前提。因此,应当根据消费者的心理特点,对商店的外部环境进行精心设计。

商店的内部环境包括营业场所的规划设计、店堂环境与营销气氛以及商品的陈列与展示。商店内部环境的好坏是直接影响消费者判断商品质量、功能、企业信誉、购买风险的一个重要因素,也是企业内部管理水平和营销活动适应程度的直接反映。因此,商店应根据现有条件和自身经营特色,最大限度地使之符合大多数消费者购物的心理,实现最终销售和企业经济效益。

【思考练习】

1. 从不同类型商店满足顾客心里需要的特点出发,请你谈一谈对所熟悉商店选址的看法。

2. 向你周围的20个熟人调查,在购买皮鞋、电脑和日用品时,他们对销售环境有什么特别的要求或企盼。

3. 你在购物过程中是否有过对商品陈列不舒服的感觉?你认为应如何改进?

第十五章 网络营销与消费者心理

【导入语】

随着我国电子商务日新月异地发展和壮大，人们在消费活动中不再只局限于面对面、以实际的货物和纸质单据进行交易，而是通过互联网搜索商品信息，与商家议价，通过物流配送以及网上资金结算系统来完成所需商品的交易。面对电子商务的兴起，消费者的心理也发生了相应的变化。

【学习目标】

- 了解我国互联网的发展状况。
- 熟悉网上消费与消费者心理及购买行为。
- 理解网络营销制胜的要素。
- 明确提高企业核心竞争力的要点。
- 理解电子商务所具有的强大生命力。
- 理解影响网络消费者购买的主要因素以及网络消费者购买过程。

【关键词】

网络营销 internet marketing

消费者心理 psychology of consumers

一、电子商务及其在我国的发展现状

(一)电子商务的概念及主要特征

世界贸易组织的《电子商务专题报告》把电子商务定义为通过电信网络进行的生产、营销、销售和流通等活动，它不仅指基于互联网的交易，还指所有利用电子信息技术来解决问题、降低成本、增加价值和创造商机的商务活动，包括通过网络实现从原材料查询、采购、产品展示、订购到出品、储运及电子支付等一系列贸易活动。

作为网络时代高新科技发展的必然结果，电子商务的产生已形成对传统贸易方式强有力的冲击，具有强大的生命力。它有以下五个主要特征。

1. 高效率、低成本

电子商务较任何传统的贸易形式有着巨大的优势。其中，最为显著的优势是，不论是"企业对企业"(business to business，B2B)类型、"企业对消费者"(business to consumer，B2C)类型还是"消费者对消费者"(consumer to consumer，C2C)类型，都能增加贸易机会、降低贸易成本、简化贸易流程、提高贸易效率。电子商务通过网络，跨地区、跨行业地把生产厂商、供应商、物流中心、零售商、消费者、银行等直接连接起来，使参与商务活动的各个领域和人通过网络直接接触，缩短了产、供、销与消费者之间的距离，大大降低了中间成本；电子商务无须店铺与商铺租金，实现了产品直销，减轻了产品库存的压力，从而降低了经营成本。

2. 受时空限制小

电子商务是信息技术高度发展以及互联网普及的产物。互联网作为一种多向互动、受时空限制小的现代化传播渠道，与传统电视、电话、传真、广播、报刊等不同，具有传播范围更广、速度更快、互动性强、反馈迅速的特点；同时，它无国界、无区域分隔，只要拥有电脑和网络，即可随时到电子商店浏览和购物。它的活动方式更加灵活，全天 24 小时无休，全年持续进行，为人类的各种交易活动提供了方便快捷、经济高效的服务。

3. 平等、资源共享

电子商务使任何企业都不受自身规模的绝对限制。任何企业或个人都能平等地获取来自世界各地的信息，并能够平等地展示自己，资源共享；产品一上网络，就有可能成为国际品牌，甚至无须花费昂贵的营销推广费用，能够以较少的成本将自己的产品、服务推广到全世界，传递到各个市场，传送到需要者的手中。

4. 选择自由度更大

电子商务能使消费者拥有比传统贸易形式更大的选择自由度。消费者可根据自己的喜好和需求对商品进行充分自由的比较、选择，这就促使企业之间、地区之间商品的差价缩小，有利于节省交易时间和交易成本，从而使网上商店的竞争更多地侧重于服务内容、服务质量、响应速度等。

5. 实现一对一沟通

不管是 B2B 类型、B2C 类型还是 C2C 类型，电子商务都能实现一对一沟通。企业可以顺着电子商务的相关联想来扩大自己的思维范围，并不断根据搜索的内容发现消费者的需求，并针对消费者的个别要求设计、提供特别的商品，使一对一的个性化服务得以进一步深化，让消费者达到最大限度的满意。

(二)我国电子商务的发展状况

1. 起步较晚

我国电子商务起步较晚。1997 年，中国商品订货系统(CGOS)、中国商品交易中心(CCEC)、虚拟"广交会"等大型电子商务项目的陆续推出，揭开了中国电子商务发展的序幕。1997 年，江苏无锡小天鹅集团利用互联网向国际上八家大型洗衣机生产企业发布合作生产洗碗机的信息，并以 B2B 形式在网上洽谈，最后与阿里斯顿结为合作伙伴，签订了 2980 万元的合同。同年，海尔集团在互联网上与爱尔兰达成贸易，签订了 3000 台冷藏冷冻冰箱的出口单据。截至 1999 年 5 月，在短短两年内，海尔集团有 20%的出口业务通过互联网实现，并与全球著名的电子商务解决方案供应商德国的 SAP 公司合作，建立了海尔 B2B 平台。1998 年，首信易支付(www. beijing. com. cn)开业，1999 年，8848 网上超市(www.

8848.com)开业。之后,雅宝(www.yabuy.com)、乐友(www.leyou.com)、当当网(www.dangdang.com)、阿里巴巴(www.alibaba.com)、淘宝网(www.taobao.com)、京东商城(www.jd.com)、拉手网(www.lashou.com)等电子商务网站犹如雨后春笋般纷纷面世。

2.发展迅速

我国电子商务的发展经历了20多年的风雨路程,上述的一些网站有的自生自灭,而有的强者更强。如淘宝网是亚洲最大的网上交易平台,它的业务包揽C2C、B2C。我国电子商务正日益发展壮大,以下数据可以佐证。

2018年我国电子商务交易规模继续扩大并保持高速增长态势。全年实现电子商务交易额31.63万亿元,同比增长8.5%;网上零售额9.01万亿元,同比增长23.9%;跨境电商进出口商品总额1347亿元,同比增长50%;农村电子商务交易额1.37万亿元,同比增长30.4%;全国快递服务企业业务量累计达到507.1亿件,同比增长26.6%;电子商务从业人员达4700万人,同比增长10.6%。①

电子商务已发展成为我国影响最广、增长最快、市场潜力最大的产业之一,并且正在以超出人们想象的深度和广度迅速发展。

直面这样一个快速成长的销售方式,分析研究网上购物的消费者心理就愈发显得迫切和必要。

二、电子商务与消费者心理、行为

电子商务是高新技术与信息产业高度发展而孕育的产物,互联网在我国的迅速发展,预示着电子商务必将成为无法抵挡的贸易趋势。高新技术的更新还必然带动与其紧密相关的行为方式和观念的变革,具体到商业领域来讲,就是本部分要讨论的内容。

(一)网络消费者的性别、年龄特征

网络消费日渐主流化,不同性别、不同年龄阶段、不同职位和收入的各个群体、个人,从学生、白领、普通百姓,到社会精英,都加入网络消费的行列。2010年我国网络购物市场中,男性网购用户实现的订单量占52.6%,女性占47.4%,男性订单比例略高于女性;而超过50%以上的网络购物用户是19~30岁的学生和年轻白领;女性用户在全年网购40次以上的区间中分布最多,占比30.7%;男性用户在全年网购3~10次的区间中分布最多,占比31.9%。在31~40次、40次以上的高频次区间分布中,女性用户的占比均高于男性用户。男性网络购物参与度略高于女性,男性用户较多购买数码等商品,比女性常购买的服装、化妆品等商品的单价高,但女性用户在网购频次方面占据绝对优势,女性相比男性更热衷于网购。

(二)网络消费的特征

1.网络消费百花齐放

网上售卖的商品从图书、通信、数码产品、影视音乐产品、化妆品到服装、家居,甚至汽

① 商务部电子商务和信息化司.中国电子商务报告(2018)[EB/OL].(2009-05-30)[2019-11-01].http://dzsws.mofcom.gov.cn/article/ztxx/ndbg/201905/20190502868244.shtml.

车、住房等，应有尽有，商品的品类已覆盖消费者日常生活的各个方面。在中国网络购物消费力十大城市中，网上购物行为也呈现明显的性别倾向。从男性与女性买家角度来看，3C类商品（计算机、个人数码与家电产品）、游戏类和通信充值卡类产品呈现明显的男性消费特征，而化妆品、服装类和鞋类商品则呈现明显的女性消费特征。

2.团购模式崛起

网络团购（online group shopping）是2009年美国高朋（Groupon）公司发展出的一种电子商务模式。它是指一定数量的、认识或不认识的消费者用户联合起来，通过互联网渠道组团，以较低折扣购买同一种商品的商业活动，即C2B电子商务模式，其前提是消费者聚合成团，加强与商家的谈判能力，以求得最优价格；而商家根据薄利多销的原理，给出低于零售价格的团购折扣和单独购买得不到的优质服务来吸引更多消费者。作为一种新兴的电子商务模式，团购提升了用户与商家的议价能力，并最大限度地获得商品让利，从而引起消费者及商家的极大兴趣。

调查还显示，团购网站访问用户以年轻网民为主，女性用户比重较男性高；年龄分布主要集中在30岁以下；与购物网站相比，团购网站用户更集中于办公室白领和学生，个人月收入呈"两极化"现象。

（三）消费者选择网上消费的影响因素

1.个人心理因素

消费者选择网上消费的心理因素是多方面的。例如，消费者购物经验不足，或不习惯到人头攒动的商店购物，或认为营业员态度不佳，或对商店购物环境不满意，或不想让人知道自己所购买的东西，或认为传统商店无法满足个人欲望，等等。而网上消费恰恰能够弥补这些不足之处。消费者可以在浏览网站的过程中获得更多的商品信息，从中了解商品知识和相关技能，并且能有更多的选择；同时，网上消费有一定的隐秘性和独特性。

2.个人非心理因素

非心理因素则包括：消费者觉得店铺离家太远，因忙碌而没有时间去商店；商品体积太大，不易搬运；商品具有季节性和地域性；等等。网上消费没有时间限制，没有地域分隔，不与店员直接接触，却可以挑选自己中意的商品，并可以由供应商送货上门，实现门对门的服务。

3.人际因素

到互联网上的虚拟商店（virtual store）浏览和购物，还可以替代部分人际互动关系，减轻孤独感。借着上网购物的过程，寻找未来可能拥有的商品并达成所想。同时，还可以满足消费者个人角色扮演的动机，如扮演社会所认可或接受的某一角色，如先生、小姐、家庭主妇、歌星、电影明星等。

在互联网上人人平等，通过聊天软件买卖双方自由谈判、实时交互，商家能在最短的时间里了解用户的购物意图，达成交易。

4.营销范围因素

网络营销的范围大大突破了原有商品的销售范围和消费者群体的范围。商家不再只是通过产品订货会、发布会来传播商品信息，还可以通过网站来发布信息；群体集会变成了个体自由支配时间到网站浏览和访问；消费者了解商品的途径也由完全被动式变为主动上网搜寻信息。

(四)网络购物的消费行为特征

1. 追求个性化

网络消费的最大特点在于以消费者为主导。消费者获得了比以往在任何商店购物时都更大的选择自由,并且可以根据自己的个性特点和需求,不受地域限制,进入感兴趣的企业网址或虚拟商店(virtual store)以获取更多的有关信息及其组合,使购物更能满足其追求个性化的需求。

2. 表现自我

网络购物是出自个人消费意向的积极的行动,追求个性化的消费者可以通过网络的互动参与商品的设计过程,向商家提出自己对产品的定制愿望,让购物个性化理念得到更充分的张扬。

3. 省时、省力、省成本

消费者可以利用电脑或手机随时随地浏览众多的网上虚拟商店,商家的简介以及产品目录、规格、体积、外观、价格等一系列资料都反映在网页上,供消费者比较和选择。而消费者可随时上网浏览,不用顾虑商店关门。对于惜时如金的现代人来说,即时、便利、随手可得显得尤为重要。

在网上选择自己喜欢的商品,可以到不同商家了解商品的性价比后再决定是否购买以及购买哪一种商品,不需要花费很多时间在路上,既省时、省力又省成本。

英国航空公司(British Airways)(以下简称英航)是最先创新使用电子机票的航空公司之一。将传统纸质机票改为电子机票,英航从每张机票中减少了 25 英镑的成本。再一项创新是机场的"自助登机"服务,搭乘英航班机的乘客可以在航班起飞前 48 小时内在英航网站上自助办理登机手续、选择座位,乘客不需要把太多的时间花费在排队办理登机手续上。这项创新不仅节省了乘客办理登机手续的时间,更提高了英航的工作效率和服务水准,节省了企业和客户的资源。如今这项"自助登机"的服务已被大多数航空公司采用,深受乘客和航空公司服务人员的称赞。

4. 货比三家

网上商店相比传统商店,能使消费者更为直接和直观地了解商品,更能精心挑选商品和货比三家。网上商店一般对出售商品都配有照片和文字介绍,标明详细的商品售价、性能、形状、颜色以及商品的品质和功能。而消费者在进行网络购物决策过程中,51.7%的用户认为价格便宜是其选择网购的首要原因(见图 15-1)。

针对消费者的"货比三家"心理,电商网(www. ebwang. com)率先在全国开通了"特价热卖"栏目,还建立了"电子商务大社区",汇总了知名网站如新浪、天下商机网(www. txooo. com)、全搜网(www. quanso. net)、网猎(www. 9lhunt. com)、所有(www. suoyou. com)、酷必得(www. coolbid. com)等 30 多个购物网站的相关信息。消费者只要进入电商网的"特价热卖"专栏,就可以轻松获得各个热销产品的信息以及价格,通过链接快速进入消费者认为适合的网站,完成选购活动。这种迎合消费者"既减少上网时间与费用,又找到价廉物美、称心满意的商品"的心理,深受网络消费者的青睐。

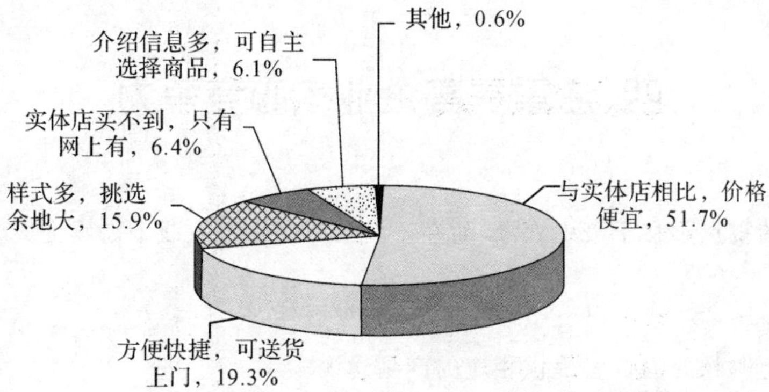

图 15-1　用户选择网购的首要原因

资料来源：艾瑞咨询集团 2010—2011 年中国网络购物用户行为研究

三、网络营销制胜的要素

（一）重视个性化的顾客服务

个性化服务(customized service)，又称定制服务，就是按照顾客特别是一般消费者的要求提供特定服务。网络营销应从以下三方面为用户提供个性化服务：①服务时空的个性化，指在人们希望的时间和希望的地点提供服务；②服务方式的个性化，指能根据个人爱好或特色来提供服务；③服务内容的个性化，指服务内容不再是千篇一律，而是消费者各取所需、各得其所。

（二）重视开展互动式营销

网络营销区别于传统营销的最显著特点是网络营销的互动性。卖方可以随时随地与买方进行互动式的交易，而买方也可以一种新的方式与卖方互动、交流。这种交流是双向而非单向的。

不同的网络营销手段对企业提高知名度、树立形象以及培养客户忠诚度有着不同的效果。网络时代的消费者将参与到商品的生产中来，因此，企业的市场应是每一个不同的顾客个体。这样就需要企业与客户之间进行很好的交流与沟通，了解客户在想什么、需要什么、怎样的产品是他们最需要的。随着互联网技术的高速发展，企业网络营销的各种手段也应运而生，主要有电子商务营销、搜索引擎广告、网上目录黄页、网上虚拟社区、E-mail 营销、论坛营销、博客营销、短信息营销等。在诸如此类的网络营销模式中，企业需要牢牢把握两个要点：一是利用互动媒介进行营销，进行企业产品与企业形象的宣传；二是充分使消费者化被动为主动，让他们参与进来。

四、注重提高企业核心竞争力

网络销售的重点不在于吸引人潮，而在于发掘那些想要在线上购物的人，以提高核心企业核心竞争力。

(一)招呼好每一位在线顾客

1. 向在网上购物的消费者提供相应的产品建议

著名的亚马逊网上书店是这样对待它的顾客的：当顾客对某一本书有兴趣时，亚马逊便会自动向顾客建议其他相关题材书籍的目录，如果顾客对所推荐的书有需要，亚马逊便会以电子邮件的形式通知顾客这一本书的平装版何时到货，甚至不断与顾客保持信息沟通，向顾客推荐所选定的特定类型新书的信息。百思买公司为了向以女性为主的网上购物者促销高档家电商品，专门设计开发了一个在线互动式厨房和盥洗设计中心，消费者可以利用室内设计工具和媒体应用工具对即将购买的商品进行室内效果的自由搭配演示。消费者可以选择300多个不同结构的厨房和盥洗室以放置不同的家电产品，定制自己喜欢的房间及家电布局，形象地通过多维角度查看不同色彩的家电放置在各种房间里的效果，以辅助进行购买决策。消费者可以保存设计好的室内效果图，并将它发给亲朋好友以帮助决策，也可以将设计好的效果图电邮给商店的专门部门以获得私人帮助，从而达到线上线下的多渠道贯通销售。

2. 及时回答常见问题

顾客在购买企业的产品前，通常会浏览企业网站或相关的信息，提出很多关于该产品的问题。这些问题是顾客或潜在顾客在跟企业做买卖之前想弄清楚的地方，把它们放到页面上，这样做既排除了顾客跟企业做买卖的一个障碍，也建立了企业与顾客之间的沟通平台，有利于向顾客提供尽可能完美的售前、售中及售后服务。

3. 创建"24×7"模式的服务

客户或许曾遇到这种情况，为做一笔外贸生意，需要跟大洋彼岸的商家通信联系，但由于时差关系，实时通信不太容易。然而，网页却可以每周7天、每天24小时不间断地为客户和合作伙伴提供服务，周而复始，永不停息。这种"24×7"模式的服务能分拣信息，以满足不同客户的不同需要；还能搜集重要信息，以保持企业的竞争优势，使国际商务不受限制。

4. 及时更新信息资源

传统的印刷类信息资源如报纸、小册子、广告彩页等，往往这一轮信息还没有发布，新的信息内容又涌现，这时客户手里就增加了一堆价格不菲却用处不大的纸张。而电子出版物、网络信息则可以根据客户的需要进行即时更新，且公布这些信息既不用纸张又无需油墨。客户甚至可以将信息内容粘贴到一个数据库上进行储存、分类和分析，而这个数据库又可以对输出的信息进行筛选、把关。这样，既可以任由客户对信息进行保留、更新和删除，又比印刷品具有更大的灵活性。

5. 收集客户的反馈信息

收集客户的反馈信息是一项经常性的且重要的工作，如发布小册子、产品目录和说明书等。网络营销为网上零售商提供的最大机会之一就是使商家能收集到有关客户浏览商品和购买商品习惯的大量信息。收集这些客户的反馈信息,无疑是商家建立客户档案、做好客户服务、使顾客满意的最基础的工作。

(二)培养顾客的安全感与信赖感

培养安全感与信赖感的有效方式是建立网上社团,通过网站链接网上社团,以提高访问率,促进建立以消费者为着眼点的网络销售渠道。如果企业能吸引顾客不断访问自己的网站,那就有机会扩展与顾客的沟通和互动,向他们销售货物、提供服务。

(三)建立营销伙伴

企业的网站建设离不开网上营销,它与网站设计、技术特征、服务器速度一样至关重要。也就是说,企业仅仅把商店搬上网络,把商品展现在网页上,然后坐等顾客上门是远远不够的。企业必须不断采取主动措施来赢得潜在顾客,确保他们知道自己的网站并鼓励、吸引他们来访问网站。

五、电子商务具有强大的生命力

企业要建立自己的站点,要为产品推销设立自己的“网上门面”,个人要登录自己的网页。互联网技术的完善和巨大的市场需求给经营者带来了巨大的诱惑力,他们一方面希望采用电子商务技术降低内部成本,另一方面还希望通过电子商务扩大市场需求、提高服务质量。

电子商务经过不长时间的发展与运用,已被企业和寻常百姓广泛运用,尽管它在发展道路上会遇到挫折,法律法规还需完善,但终究会带着无穷的生机与活力,在人类的新大陆——Internet“虚拟绿洲”上,显示强大的生命力。

(一)网络营销新策略的实施

1.建立品牌知名度

在互联网上,企业要尽可能使消费者了解其产品或服务。了解的人数越多,知名度越高,销售成功的希望也就越大。可以通过热门网站的广告作用,提高企业品牌的曝光率,吸引相关社会群体的注意;还可以通过热门网站宣传企业的网站,引导上网者前来浏览企业的产品和服务,并让他们确信企业的网站值得关注。

2.激发浏览者的即时反应

除了建立品牌知名度外,企业在网站上更希望唤起浏览者的即时反应。即时反应包括消费者下订单,消费者提出更进一步的产品需求,消费者与产品之间关系的强化。这就要求企业努力保证网络下单的便利性与安全性,一方面引导消费者直接上网购物,另一方面也可以把网站作为一个传播媒体,宣传企业的促销活动,起到吸引消费者的作用。

3.用网站建立良好的企业形象

要想成功网络营销,企业必须提供免费的信息或服务,从而吸引消费并与其建立更进一步的关系。其中的关键在于向目标市场和顾客提供真正有价值的东西,让他们在学习与了解中对企业及其产品产生更好的印象。

4.文字说明不如实物展示

在屏幕上,文字说明不如实物展示,只有图文并茂才能达到最佳效果。网络有平面媒体的深度与资料保存的价值，实物展示可达到多维立体展示的效果。企业不仅可以把产品的信息传达到消费者那里，还可以动态地展示产品的使用方法、特点和功效。

5.利用网络做好市场调查

网络营销活动具有时效性。通过网络向众多消费者做市场调查，能够起到吸引受访者的作用，不仅能够征求顾客的意见，了解消费需求，还可以分析市场环境、人为因素，增进与消费者之间的沟通和联系。

(二)把握网上消费驱动力

企业把握网上消费驱动力是极其重要的，企业须做到几下几点。

1.坚持虚拟商店的便利性

便利性是消费者网上消费的主要因素之一。协调好企业与消费者之间的关系，坚持让消费者完成满意的购物活动，向消费者提供快捷、便利的服务，是每个企业追求的目标。

2.保持消费渠道的顺畅

关于书籍、音乐、电影等的网站是购物中较受顾客欢迎的网站。调查显示，在网上“冲浪”时有19%的人会顺道浏览百货公司的网站，有39%的人会同时浏览书籍、音乐及电影网站。因此，企业应该尽可能地在相关网站上增加通往购物网站的链接，保持消费者购物的渠道顺畅。

3.重视女性消费群体

英国市场分析研究者通过对人们在线购物情况的调查，发现在网络购物时，女性的消费增长率是男性的6倍。

有调查数据显示，热衷于网络购物的女性年龄为18～40岁，并且年龄有向两头扩展的趋势。女性消费者购物时感性与理性并存，她们既追求时尚和潮流商品，又追求性价比高、安全性好、物美价廉的商品，她们是“挑剔”的消费者。服务好她们，为她们设计和开发更多商品，可以使更多的女性消费者成为企业忠实的客户。

4.维持良好的网站管理

维持良好的网站管理，遵守承诺，讲求信誉，提高售后服务质量，是企业的又一关键所在。网站有了良好的管理机制，统一指挥，统一调配，充足货源，售前、售后服务有机衔接，一定会给消费者带来消费的充分信心。

5.保障交易的安全性

相关的法律、政策、技术规范完善以及网络安全，加速商品防伪保真、网络系统工程的建设以及提高电子商务网站的信誉度，是网上交易的关键。企业必须通过电子支付制度、规约使交易双方发生纠纷时做到有章可循、有法可依、有据可查；建立完备的法律依据、权威的认证机构，维护电子商务的交易秩序，保障交易安全，使更多的消费者放心购物和消费。

六、影响网络消费者购买的主要因素

(一)产品的特性

首先，由于网络市场不同于传统市场，网络消费者有着区别于传统市场消费者的消费需求特征，因此并不是所有的产品都适合在网上销售和开展网上营销活动的。根据网络消费者的特征，网上销售的产品一般要考虑产品的新颖性，即产品是新产品或者时尚类产品，比较能吸引人的注意。追求商品的时尚和新颖是许多消费者，特别是青年消费者重要的购买动机。

其次，考虑产品的购买参与程度，一些产品要求消费者参与程度比较高，消费者一般需要现场体验，而且需要很多人提供参考意见，这些产品不太适合网上销售。对于消费者需要体验的产品，可以采用网络营销推广功能，辅助传统营销活动，或者将网络营销与传统营销进行整合。可以通过网络宣传和展示产品，消费者在充分地了解产品的性能后，可以到相关商场再进行选购。

（二）产品的价格

从消费者的角度来说，价格不是决定消费者购买商品时的唯一因素，但却是消费者购买商品时肯定要考虑的因素，而且是个非常重要的因素。对于商品来讲，价格与需求量之间经常表现为反比关系，同样的商品价格越低，销售量越大。网上购物之所以具有生命力，重要的原因之一是网上销售的一些商品价格较低。

此外，消费者对于互联网有一个免费的价格心理预期，那就是即使网上商品是要花钱的，那价格也应该比传统渠道的商品价格低。这一方面是因为互联网的起步和发展都依托了免费策略，因此互联网的免费策略深入人心，而且免费策略也得到了成功的商业运作。另一方面，互联网可以减少传统营销的中间费用和额外的信息费用，可以大大地削减产品的成本和销售费用，这也是互联网商业应用的巨大增长潜力所在。

（三）购物的便捷性

网上购物的便捷性是消费者选择网上购物的首要考虑因素之一。一般而言，消费者选择网上购物时考虑的便捷性，一方面是时间上的便捷性，可以不受时间的限制并节省时间，另一方面是可以足不出户，在很大范围内选择商品。

（四）购物的安全可靠性

网上购物必须考虑的另一个国家是安全可靠性。由于在网上消费，消费者一般需要先付款后送货，这时过去购物的一手交钱一手交货的现场购买方式发生了变化，网上购物中的时空发生了分离，消费者有失去控制的不安全感。因此，为降低网上购物的这种不安全感，必须在网上购物各个环节加强安全措施和控制措施，保护消费者购物过程的信息传输安全、财产安全和个人隐私保护，以及树立消费者对网站的信心。

七、网络消费者购买过程

网上购物是指用户为完成购物或与之有关的任务而在网上虚拟的购物环境中浏览、搜索相关商品信息，从而为购买决策提供所需要的必要信息，并实现购买决策的过程。电子商务的热潮使网上购物作为一种崭新的个人消费模式，日益受到人们的关注。消费者的购买决策过程，是消费者需要、购买动机、购买活动和买后使用感受的综合与统一。网络消费者的购买过程可分为以下 5 个阶段：确认需要、收集信息、比较选择、购买决策、购后评价。

(一)确认需要

网络购买过程的起点是诱发需要,当消费者认为已有的商品不能满足需要时,才会产生购买新产品的欲望。在传统的购物过程中,消费者的需要是在内外因素的刺激下产生的,而对于网络营销来说,诱发需要的因素局限于视觉和听觉。因而,网络营销对消费者的吸引是有一定难度的。作为企业或中介商,一定要注意了解与自己产品有关的实际需要和潜在需要,掌握这些需要在不同时间内的不同程度以及刺激、诱发的因素,以便设计相应的促销手段去吸引更多的消费者浏览网页,诱发他们的需要。

(二)收集信息

当需要被唤起后,每一个消费者都希望自己的需要能得到满足,所以,收集信息、了解行情成为消费者购买过程的第二个环节。

收集信息的渠道主要有两个:内部渠道和外部渠道。消费者首先在自己的记忆中搜寻可能与所需商品相关的知识、经验,如果消费者没有足够的信息用于决策,则要到外部环境中去寻找与此相关的信息。当然,不是所有消费者的购买决策活动都要求同样程度的信息和信息搜寻。根据消费者需要信息的范围和获取所需信息的努力程度不同,收集信息的模式可分为以下 3 种。

1. 广泛的问题解决模式

广泛的问题解决模式是指消费者尚未建立评判特定商品或特定品牌的标准,也不存在对特定商品或品牌的购买倾向,而是很广泛地收集某种商品的信息。处于这个信息处理层次的消费者可能是因为好奇、为了消遣或其他原因而关注自己感兴趣的商品。在这个过程中收集的信息会为以后的购买决策提供经验。

2. 有限问题的解决模式

采取有限问题解决模式的消费者,已建立了对特定商品的评判标准,但尚未建立对特定品牌的倾向。这时,消费者会有针对性地收集信息。这个层次的信息收集,才能真正而直接地影响消费者的购买决策。

3. 常规问题的解决模式

在这种模式中,消费者对将来购买的商品或品牌已有足够的经验和特定的购买倾向,消费者进行购买决策需要的信息较少。

(三)比较选择

消费者需要的满足是有条件的,这个条件就是实际支付能力。消费者为了使消费需要与自己的购买能力相匹配,就应对各种渠道汇集而来的信息进行比较、分析、研究,根据产品的功能、可靠性、性能、模式、价格和售后服务,选择出自认为“足够好”或“满意”的产品。

由于网络购物不能直接接触实物,所以,网络营销商要对自己的产品进行充分的文字描述和图片描述,以吸引更多的消费者。但也不能对产品进行虚假的宣传,否则可能会永久地失去消费者。

(四)购买决策

网络消费者在完成对商品的比较选择之后,便进入购买决策阶段。网络消费者在购买决策时主要有以下 3 个方面的特点:①理智动机所占比重较大,而感情动机所占比重较小;②受外界影响小;③网上购物的决策行为与传统购买决策相比速度要快。

网络消费者在决定购买某种商品时,一般要具备以下 3 个条件:第一,对厂商有信任感。

第二，对支付有安全感。第三，对产品有好感。所以，网络营销的厂商要重点抓好以上工作，促使消费者购买行为的实现。

（五）购后评价

消费者购买商品后，往往通过使用对自己的购买选择进行检查和反省，以判断这种购买决策的正确性。购后评价往往能够决定消费者以后的购买动向。

为了提高竞争能力，最大限度地占领市场，企业必须虚心听取顾客的反馈意见和建议。方便、快捷、便宜的电子邮件，为网络营销者收集消费者购后评价信息提供了得天独厚的优势。厂商在网络上收集到这些评价之后，通过计算机的分析、归纳，可以迅速找出工作中的缺陷和不足，及时了解消费者的意见和建议，制定相应对策，改进自己产品的性能和售后服务。

【典型案例】

互联网金融再创新　淘宝购物将能透支[1]

继支付宝推出“碎片化”理财产品余额宝后，阿里金融在金融领域的又一创新——信用支付与用户见面。支付宝于本周推出信用支付服务，用户可通过支付宝直接透支消费，透支额度最高为5000元。

1.仅限淘宝系网站透支消费

近日，阿里小微金融公关人士证实，阿里金融将于本周正式推出信用支付服务，即用户使用支付宝付款时无须再捆绑信用卡或者储蓄卡，能够直接透支消费，额度最低为1元，最高为5000元，贷款资金全部由合作银行提供。

值得注意的是，用户得到信用支付额度后，只能在淘宝、天猫等阿里系购物网站消费，并非全网。同时，该服务最初将首先选择几个省、市试点，随后才向全国推广。

信用支付如何确定用户的透支额度？上述人士介绍，该额度确定很复杂，包括用户在淘宝的消费额等个维度，甚至会包括退货次数，“如果你退货次数过多，也会影响透支额度”。据他介绍，合作银行仅有一两家，目前暂未透露具体银行名称。

还有媒体报道称，根据阿里金融3月披露的消息，信用支付手续费由商户或客户自行承担，费用在0.8%～1%之间；信用支付拥有38天的免息期，逾期后实行基准利率50%的罚金。

如果出现逾期，阿里金融首先会以短信通知，然后语音催收，最后是人工催收甚至上门催收，催收一年之后仍不还款，阿里金融将自行核销，逾期一年以上的客户将被注销支付宝账户。

不过对于上述手续费、利息以及逾期处罚的事宜，上述公关人士向记者表示，“还有不确定的地方”。

2.对银行信用卡没有冲击

阿里为何推出信用支付业务？阿里金融事业群总裁胡晓明今年3月接受媒体采访时曾表示，去年一年支付宝通过中国银行业的手机银行完全支付的成功率是38%，这意味着还

① 资料来源：互联网金融再创新　淘宝购物将能透支[EB/OL].（2013-08-12）[2019-11-01]. http://bschool.hexun.com/2013-08-12/157000392.

有62%的交易创建后支付不成功。小额信用支付就是为了解决这样的问题。

近日,阿里小微金融公关人士表示,阿里也是为了用户网购消费更加方便而推出信用支付服务。他说,与银行的透支额度相比,信用支付提供的透支额度更小,甚至可理解为手机预付功能。"大家刷银行信用卡网购觉得麻烦时,可直接用这个产品。"该人士说。

他还说,阿里金融此番推出信用支付服务的思路与前不久推出的余额宝一脉相承,都是用互联网思维做金融。余额宝是"碎片化"理财,但并不影响用户在银行基本储蓄、购买大笔基金等行为。该人士说,阿里信用支付对于银行信用卡是个补充,而且仅限于在淘宝系网站购物,并不会对传统信用卡造成冲击,而且对合作银行也有好处,即"他们可因此获取我们的用户"。

支付宝与天弘基金在6月推出互联网理财产品余额宝后,拉开了互联网公司做金融的潘多拉魔盒,除其自身的信用支付即将面世,还带动了巨人、生意宝等多家互联网公司在金融创新方面的探索。此外,腾讯、新浪,百度等互联网公司近日都在第三方支付方面动作频频,新浪、百度刚拿到第三方支付牌照,腾讯则在上线的微信5.0版本中加入了支付功能。

【本章小结】

电子商务是指所有利用电子信息技术来解决问题、降低成本、增加价值和创造商机的商务活动。电子商务发展迅速,网络消费日渐主流化,不同性别、不同年龄阶段,不论职位高低和收入多寡的各类群体个人,从学生、白领、平民百姓到社会精英,都加入了网络消费的行列。网上售卖的商品从图书、通信、IT产品、数码、影视音乐、化妆品到服装、家居,甚至汽车、住房等大宗商品,应有尽有,品类已涵盖消费者日常生活的各个方面。网络团购是指一定数量的认识或不认识的消费者用户联合起来,通过互联网渠道组团,以较低的折扣购买同一种商品的商业活动。消费者选择同上消费的影响因素主要有心理因素、非心理因素以及人际因素等。从权威部门最近的统计数据分析电子商务的发展现状和网络购物实际来看,消费者年龄、性别以及消费特征都有不同的特点。网络营销关键的制胜法宝是,企业要重视个性化的顾客服务,提高自身核心竞争力,建立品牌知名度,用网站建立良好的企业形象,维持良好的网站管理、保障客户交易的安全性。

【思考练习】

1.电子商务有哪些主要特征?

2.从消费者的角度谈谈电子商务的主要优势及其不完善之处。

3.你或你的朋友有没有网上消费的经历?你最大的体验与感受是什么?

4.假如你是商家或企业经营决策者,你会考虑通过电子商务形式拓展业务和吸引更多消费者吗?请具体谈谈你的想法。

5.网络消费者购买过程是怎样的?

第十六章 消费者体验心理与行为

【导入语】

当今发达国家正以服务经济为基础逐步开展体验经济，它是继农业经济、工业经济、服务经济之后的第四个人类的经济发展阶段，因此需要学习消费者体验心理与行为。

【学习目标】

- 了解体验与体验经济。
- 把握体验经济时代消费者需求的特征。
- 学习消费者体验的心理与行为基础。
- 了解消费者体验行为的类别。
- 了解并掌握体验营销的特征与策略。

【关键词】

体验营销 experiential marketing

一、体验与体验经济

（一）体验

体验，也叫体会，是用自己的实践来验证事实，感悟生命，留下印象。体验到的东西使我们感到真实，并在大脑记忆中留下深刻印象，使我们可以随时回想起曾经亲身感受过的生命历程，也因此对未来有所预感。

体验的概念来自心理学，但体验的概念远超心理学的范围。许多学者从不同的角度阐述了对体验的理解。

最早把体验作为经济价值来看待的是托夫勒。他认为，体验是商品和服务心理化的产物，并指出体验产品中的一个重要品种将以模拟环境为基础，让顾客体验冒险、奇遇、性感刺激和其他乐趣。

美国著名的体验经济学大师约瑟夫·派恩指出，所谓体验就是指人们用一种个人化的方式来度过一段时间，经历获得过程中呈现出的一系列可记忆事件。体验是超越了一般经验、认识的那种独特的、高强度的、活生生的、难以言说的、瞬间的深层感动。体验通常是由对事件的直接观察或参与造成的，不论事件是真实的还是虚拟的，体验都会涉及人们的感官、情感、情绪等感性因素，也会涉及知识、智力、思考等理性因素，同时也包括身体的一些活动。我们可以这样来理解体验的含义：体验就是指企业以服务为舞台，以产品为道具，以消费者为中心，创造使消费者参与、值得回忆的活动。其中产品是有形的，服务是无形的，而创造出的体验是令人难以忘怀的。

《情感营销》的作者斯科特·罗比内特对于体验的解释更倾向于行为学理论：体验存在于企业与顾客接触的所有时刻，是企业与顾客交流的感官刺激、信息和情感的要点的集合。

体验是在某种特定的营销环境中，来自个人的心境和时间的互动，并从中获得过程中呈现出来的一系列可记忆的体验原点。体验一般并非自动产生，而是被动引发出来的，体验是主体对客体的刺激产生的内在反映。主体并不是凭空臆造体验，而是需要在外界环境的刺激之下体验，体验具有很大的个体性、主观性，因而具有不确定性。一方面，对于不同客体，不同主体的体验具有差异性。另一方面，同一主体对同一客体在不同时间、地点也会产生不同的体验。

(二)体验经济

目前从美国到欧洲的整个发达社会，正以发达的服务经济为基础，并紧跟信息时代潮流，在逐步甚至大规模开展体验经济。体验经济被称为继农业经济、工业经济和服务经济之后的第四个人类的经济发展阶段，或称为服务经济的延伸。工业、农业、互联网业、旅游业、商业、服务业、餐饮业、娱乐业(影视、主题公园)等各行业都存在着体验或体验经济，尤其是娱乐业已成为现在世界上发展最快的体验经济领域。

从农业经济、工业经济、服务经济到体验经济的演进过程，就像母亲为小孩过生日，准备生日蛋糕的进化过程。在农业经济时代，母亲是拿自家农场的面粉、鸡蛋等材料，亲手做蛋糕，从头忙到尾，成本不到1美元。到了工业经济时代，母亲到商店里花几美元买混合好的盒装粉回家，自己烘烤。进入服务经济时代，母亲是向西点店或超市订购做好的蛋糕，花费十几美元。到了今天，母亲不但不烘烤蛋糕，甚至不用费事自己办生日晚会，而是花一百美元，将生日活动外包给一些公司，请他们为小孩筹办一个难忘的生日晚会。这就是体验经济的诞生。

有一个有趣的例子，说的是在一家以色列企业家开的名为“真假咖啡店”的咖啡店，店里面没有任何真正的咖啡，但是穿戴整齐的侍者仍旧有模有样地装作为客人倒咖啡、送糕点。虽然服务生送来的杯子、盘子里面空无一物，但是每位顾客要付三美元，周末则付六美元。其经理卡斯比表示，消费者到咖啡店来是认识朋友、体验社交生活的，而不是为了喝咖啡的。这位老板显然是从这种体验中赚取利润。

二、体验经济时代消费者需求的特征

我们可以这样来理解体验经济，即你创造了一种独特的氛围，用一种令人感到赏心悦目的方式提供服务，你的顾客为了获得这种舒适的过程而愿意为之付费。顾客是如何看待这个过程的，取决于你“上演”的体验提供过程。显然，顾客对这个体验过程的看法受到了社会经济发展的影响。现阶段，社会经济的飞速发展给消费者的消费观念和消费方式带来了多方面的深刻变化，并使消费需求的结构、内容、形式发生了显著的变化。在体验经济时代，消费者的消费需求表现出以下特征。

(1)从消费的结构看，情感需求的比重增加。消费者在注重产品质量的同时，更加注重情感的愉悦和满足。

(2) 从消费的内容看，大众化的标准产品日渐失势，消费者对个性化产品和服务的需求越来越大。人们越来越追求那些能够促成自己个性化形象形成、彰显自己与众不同个性的产品或服务。

(3)从价值目标看，消费者从注重产品本身转移到注重接受产品时的感受。现代人消费似乎不仅仅关注得到怎样的产品，而是更加关注在哪里、如何得到这一产品。

(4)从接受产品的方式看，消费者已经不再满足于被动地接受企业的引导和控制，而是主动地参与产品的设计与制造。从近年来的消费实践看，消费者参与企业营销活动的程度进一步增加，主要表现在：消费者从被动接受厂商的引导、拉动，发展到对产品外观要求个性化，再发展到不再满足于产品外观的个性化，而是对产品功能提出个性化的要求。

(5)消费者的公益意识不断增强，希望通过消费“绿色产品”，体现自己的环保意识，成为“绿色消费者”。随着人们物质生活的满足，消费者对生存环境和生活质量越来越关心，人们比以往任何时候都珍惜自己的生存环境，反对资源的掠夺性开发和使用，追求永续消费。人们愿意为保护环境出钱出力，同时改变旧的消费习惯以利于环保。

三、消费者体验的心理与行为基础

(一)感觉体验

感觉体验是指人们受到各种感官刺激而形成的体验，包括视觉、听觉、触觉、味觉和嗅觉这些感官上的各种体验。

利用顾客的感觉体验来开展营销活动，我们可以简称之为感觉营销。感觉营销的目的就是要迎合顾客的五种感官需求，从而给顾客美的享受，使其获得兴奋的感觉。产生感觉体验的基本要素包括视觉上的颜色和形状，听觉上声音的大小、高低和快慢，触觉上的材料和质地，等等。建立在这些基本要素刺激基础之上的感觉体验可以作为区别物以显示独特性；可以作为动力以促使顾客尝试并购买产品；可以作为价值提供者，给顾客提供特殊的体验价值。

合理运用各种营销手段给顾客以深刻的感觉体验，可以实现确立企业和品牌的独特形象、促使顾客购买、体现产品或服务的价值等战略目标。

(二)感受体验

感受体验也可称为情感体验。感受体验主要产生于消费过程中。根据感受的程度不同，可以将感受体验划分为略微积极或消极的情绪体验和强烈的感情体验两大类。

情绪体验作用于不易察觉的情感世界。某些刺激能够引发人们的某种情绪，但是顾客一般不会注意到它们，甚至会找错导致这种情绪产生的原因。

感情体验是一种很强烈的体验，一般有明确的刺激物。它能够吸引人的注意，甚至打断人的其他活动。感情体验都是由某种事物或人引起的。感情体验又可以分为两类，即基本情感体验和综合情感体验。基本情感体验是我们日常情感生活的基本成分，它包括欢乐、气愤、厌恶和悲伤等。综合情感体验是基本情感体验的混合或集合。通过各种营销手段建立起来的顾客情感体验多属于此类。比如，一位清纯、可爱、脸上写满幸福的女孩子，依偎在男友的肩上，品尝着他送给她的“水晶之恋”果冻，就连旁观者也会感受到那种“美好爱情”的体验。

（三）思维体验

思维体验是指人们通过运用自己的智力，创造性地获得知识和解决某个问题的体验。思维体验使得顾客在惊奇、诱惑等的引发下产生统一或各异的想法。思维体验通常有两种方式，即收敛思维体验和发散思维体验。

收敛思维体验是指顾客将思路逐渐集中，直至找到一种解决问题的办法的体验过程。它的具体表现形式为解决问题所采用的分析推理的思维。然而，即使采用了启发式的研究方法去得到结论，对问题系统的孜孜不倦的分析过程也要归为收敛思维体验。

发散思维体验则是拓宽思路、集思广益的体验过程。与收敛思维体验相比，联想性的发散思维体验更加随心所欲，也往往让人收获更多。发散思维体验出现在脑力激荡的过程之中，要求参与者进行自由的想象而避免作任何评价。发散思维体验也会出现在梦境之中。

（四）行动体验

行动体验是人们在获得某种经历之后形成的体验，这种经历或与他们的身体有关，或与他们长期的行为方式、生活方式有关，或与他们与人接触后获得的经历有关。行动体验已经超越了情感以及被认知的事物的范畴。这里我们简要介绍 3 类。

(1)生理行为体验。这种体验可能来源于肉体的运动、肢体语言与行为或者环境影响。

(2)生活方式体验。市场营销学中认为“生活方式”是指通过个人的活动、兴趣及观点所表达出来的，他或她在这个世界上生存的形式。一个人接受某种生活方式的方式主要有 3 类：一是直接行动，二是角色模仿，三是受社会规范的影响。

(3)相互作用体验。除了身体上的体验和长期固有的生活方式体验，还有一些体验来源于人与人之间的相互作用和相互影响。相互作用不会出现在真空的社会状态下，它依赖于个人态度和意图以及群体的信仰和规范。

通过行动体验来改变消费者的生活方式，让消费者在新的消费方式里获得意外体验。“请朋友吃饭，不如请朋友出汗”，这是家球馆的广告语。它的目的再简单不过，就是要把人们从饭桌上拉到球馆里，试图改变人们招待朋友的习惯。

（五）关系体验

关系体验是指人们在追求自我完善和被他人认同的过程中而获得的体验。关系体验包含着感觉体验、感受体验、思维体验和行动体验的成分。关系体验可能通过感官、感受、思维和行动上的体验来表现，但是关系体验超越了这些“增加个人体验”的私有经验，它把个人和他理想中的自我、他人、文化联系起来了。关系体验受到社会身份、交叉文化价值取向、价值观和个人追求的被认同感等因素的影响。

四、消费者体验行为的分类

派思和吉尔摩按照消费者参与程度及其与环境上的关联性将体验分为 4 种类型:娱乐体验、教育体验、逃避现实体验和审美体验,它们互相兼容,形成独特的个人经历。

(一)娱乐体验

娱乐不仅是最古老的体验之一,而且在当今也是一种更高级的、较普通的体验。大多数人在被他们视为娱乐的体验中都不过是被动地通过感觉获得体验,比如,看电影、观看文艺晚会等。

(二)教育体验

教育体验是指顾客在事件发生的过程中获得知识。和娱乐体验一样,在教育体验中,客体吸收了对于他们来说并不是很熟悉的事件。但与娱乐体验不同的是,在娱乐体验中人们是被动地受到吸引,而在教育体验中,人们为了获得某种知识、技能而主动地参与到一项活动中,教育包括了客体更多的积极参与。

(三)逃避现实体验

逃避现实体验是指顾客不仅完全沉浸在某种体验里,而且还积极主动地参与到这种体验的营造过程中。逃避现实体验要比娱乐体验和教育体验更加令人沉迷。它与娱乐体验完全不同,人们不仅完全沉浸在事件之中,同时他们还是非常积极的事件参与者。典型的逃避现实体验是需要一定环境的,如虚拟的聊天室、网络游戏等。

(四)审美体验

在审美体验中,每个人沉浸于某一事件或环境之中,而由于他们是被动地参与,他们对环境或事物极少产生影响或根本没有影响,因此他们所审视的周围的环境基本没有变化。典型的审美体验包括参观博物馆、坐在充满怀旧情调的咖啡屋里等。

可以这么认为,人们参与娱乐体验是想感觉,参与有教育意义的体验是想学习,参与逃避现实的体验是想去做,参与审美体验就是想到达现场。体验经济的理论认为,当一个企业所创造的商业模式为客户提供的体验形式越多,客户就会得到越丰富的体验,从体验中得到越大的满足,从而愿意为之付出更多的代价。

五、体验营销的含义、特征与类型

(一)体验营销的含义

体验营销无处不在。各类市场上,越来越多的组织开始启用体验营销技术来开发新产品,与客户交流,改善销售渠道,选择生意伙伴。所谓体验营销,就是在整个营销过程中,充分利用感性信息的能力,通过影响消费者更多的感官感受来介入其行为过程,从而影响消费者的决策过程与结果。体验营销以向消费者提供有价值的体验为主旨,力图通过满足消费者的体验需要而达到吸引和保留顾客、获取利润的目的。体验营销不把体验当作一种无定型的、可有可无的东西，而是将其作为一种真实的经济提供物，作为一种有别于产品和服务的价值载体。

(二)体验营销的特征

和传统营销相比，体验营销具有以下4个方面的特征。

1.关注顾客的体验

体验的产生是一个人遭遇、经历一些事件的结果。企业应注重与顾客之间的沟通，发掘他们内心的渴望，站在顾客体验的角度去审视自己的产品和服务。

2.把消费作为一种整体体验

体验营销人员不再孤立地去思考一个产品的营销，而是通过各种手段和途径创造一种综合效应，以增加消费者的体验。不仅如此，他们还跟随社会文化的发展，思考消费所表达的内在价值观念、消费文化和生活意义。

3.把顾客视为理智的感情动物

体验营销人员明白顾客同时受到感性和理性的支配，他们开展营销活动时不仅考虑顾客的理性需要，也考虑顾客的情感需要。

4.使用多种方法

体验营销使用的方法和手段与传统营销有所不同，更为丰富和多变。体验营销人员也不拘泥于某种营销手段和现实条件，而是敢于在大胆想象和创新之后再去考虑其可靠性、有效性和可行性。

(三)体验营销的类型

目前市面上流行的体验营销主要有以下几种。

1.感官体验营销

只有同时调动人的五种感官，才能保证人对事物的接受程度达到最大化。感官营销就是针对消费者的"五感"，打造相对应的品牌特质，让消费者通过品牌的每一个接触点都能感受到品牌的个性，对品牌有一个更加全面、深刻的认知。随着人们接受信息的日渐丰富，人们已不再容易被单纯靠视觉和听觉的二维传播手段所打动。而感官体验营销通过在产品的营销过程中融入能够带给消费者充分感官刺激的成分，让消费者在消费的过程中主动感知产品的属性、特点，得到视觉、听觉、味觉、嗅觉、触觉的全方位满足。

2.生活体验营销

每个人都有自己认同和向往的生活方式，无论哪种生活方式，都是人们生活历程中的一种宝贵体验。生活体验营销是指以满足消费者享受不同的生活方式、扮演不同生活角色为目标的体验营销模式，在一定程度上也可理解为角色体验模式。开展生活体验营销要求营销人员对生活方式趋势有敏锐的洞察力，最好成为新生活方式的创造者和推动者。因此，可通过举办活动、利用偶像、改变社会典范等方式为顾客提供一种不同凡响的生活方式体验。

3.娱乐体验营销

人们生来就愿意寻求欢乐与避免痛苦，几乎没有人会排斥促使其开心大笑的瞬间。娱乐体验营销是以顾客的娱乐体验为诉求，通过愉悦顾客而有效地达成营销目标。娱乐体验营销相对于传统营销方式的最大特点是摒弃了传统营销活动中严肃、呆板、凝重的一面，使营销变得亲切、轻松和生动起来，因而比传统营销方式更能激发顾客的购买欲望。娱乐体验营销要求企业巧妙地寓销售于娱乐之中，通过为顾客创造独一无二的娱乐体验，吸引顾客的注意，达到刺激顾客购买和消费的目的。

4.情感体验营销

情感体验营销是企业在营销实施过程中，将情感要素渗透到体验营销各个环节，以满足顾客的情感和心理需求，进而达到企业盈利的体验营销模式。情感体验营销讲究以情动人，摒弃了传统营销方式中以企业利益为出发点的缺陷，而是真正从消费者的感受出发，耐心聆听、细心体察，呵护消费者的情感。

六、实施体验营销的策略

(一)将体验融入产品之中

将好的体验附加到产品之中，能对产品起到“画龙点睛”的作用，增加产品的灵性，提高产品的感知质量。因此，实体产品制造商不仅要关心产品的技术、功能、质量，更要重视顾客在使用产品时的感受和感觉。一方面要尽力避免在产品外观或细节上留有小的缺憾，另一方面要有意为产品增添美感、感官享受等成分，从而使产品“体验化”。

(二)将体验添加到服务中去

服务和消费具有不可分割性，服务是企业用以展示和传递体验的天然平台。在服务中，企业除了完成基本的服务提供外，完全可以有意识地向顾客传递他们所看重的体验。如以往商用车市场的服务被简单定义为维修和故障的排除，而如今，随着福田欧曼大力倡导亲情体验式服务，服务正被更为多元化的内容和体验所诠释。福田欧曼大力倡导的亲情体验式服务，包括上门调查、现场服务、送水送饭这样的亲人般的关怀；通过回访、保养提醒来体现如爱人般的细心；统一服务规范、终身技术指导带来的如保姆般的周到；定期走访、延长保养期限等专家级多样服务。

(三)开托新的体验业务

体验业务既可以是体验性产品，也可以是体验性服务，但它不同于依附于产品或服务的体验。虽然体验业务的产生离不开产品或服务，但此时体验才是企业真正要出售的东西，产品或服务只不过是辅助性设施。如山梨县是日本著名的游览胜地，同时也是日本有名的葡萄酒酿造中心。美酒、美景令人流连忘返，然而最令人难以忘怀的还是让游客充当一回果农，获得一份“收获的体验”。参加者每人交纳 2000 日元，就可以领取草帽、手套和剪刀等工具，每人在园内收获三大箱葡萄后可换取一瓶价值 2000 日元的葡萄酒。尽管这样的农活并不十分轻松，但游客们乐此不疲，兴趣盎然。

(四)将体验蕴含在营销宣传之中

传统的营销宣传专注于对产品效能、质量或价格的宣传，在同类产品竞争日益激烈的情况下，这种直白的宣传难以给消费者留下深刻印象，只能使消费者感到乏味。而体验营销者和现代消费者则会强调营销宣传过程中的体验诉求。例如，广告中的对消费者体验诉求的回应不仅能吸引目标受众的眼球，也能为产品的销售打下感性的基础，即在产品被使用之前就增加了其体验价值。如农夫果园首先在定位上抛开了以往以年轻女性为目标消费者的做法，在广告诉求上同样巧妙地避开美女路线，而是展现了一对穿休闲花衣的父子俩以轻松快乐的摇摆方式来表达农夫果园给他们带来的体验乐趣，这种轻松的体验演绎甚至令女售货员都刮目相看，虽旁观也乐在其中。而这种快乐体验只是源于购买产品时产品包装和售点广告上的醒目提示："三种果汁在里面，喝前摇一摇！"明明是告知消费者喝前摇瓶子，两父子却旁若无人地要摇身子，诙谐幽默，让人看后轻松畅快，难以忘怀。

（五）将体验凝聚在品牌之中

在企业开展体验营销的过程中，品牌是不可或缺的。品牌表面上是产品或服务的标志，代表着一定的功能和质量，在深层次上则是对人们心理和精神层面诉求的回应。所以，在体验营销者看来，品牌凝聚的是消费者对一种产品或服务的总体体验。品牌的价值在很大程度上是体验的价值。如在功能饮料市场中，很多企业就注重运用这样的策略。作为一种新兴的饮料品种，功能饮料更多的是与时尚、个性等因素联系在一起。在市场发展的初期，功能饮料的主要目标对象是年轻人，也确实被年轻人所追逐。作为与年轻人沟通的一条有效途径，明星代言人的广告策略被功能饮料企业广泛使用，但是随着功能饮料市场竞争的加剧，"尖叫""她他"等另辟蹊径，在"情绪、性别、文化"等精神文化层面上进行渲染和宣传。对于饮料行业，卖功能只是一个方面，在情感、体验、文化等层面塑造个性丰富的品牌，也许更受年轻消费者的欢迎。这也意味着在功能饮料的品牌塑造中应凝聚体验的价值，这样功能饮料的品牌营销也就进入一个更高层次的体验营销时代。

七、体验营销的模式

（一）娱乐营销

娱乐营销就是企业巧妙地将各种营销活动置于娱乐之中，通过精心为顾客设计的娱乐体验来吸引顾客，以实现促使顾客消费的目的。实施娱乐营销的一个典型代表就是中国移动的动感地带品牌。从请周杰伦、SHE代言，到"我的地盘听我的"这一口号，从推广期间遍及全国各地高校的娱乐活动到不定期推出的各种寻找 M-zone 人等互动活动，再到后来周杰伦为动感地带创作的主题歌"我的地盘"，无疑是对动感地带娱乐营销策略实施的不断升级。

（二）美学营销

美学营销是以满足人们的审美体验为重点，经由知觉刺激，提供给消费者愉悦、兴奋与美的享受。营销人员可通过选择利用美的元素，如色彩、音乐、形状、图案等，以及美的风格，如时尚、典雅、华丽、简洁等，再配以美的主题，来迎合消费者的审美需求，引发消费者的购买欲望。如房地产销售中推出"体验空间"售楼处，在样板房里安置水池、假山，并装饰了树和花草，给前来购房的消费者一种美的享受。

作为一种新的房地产营销方式，"体验营销"改变了过去的只强调"产品"或"客户服务"的营销理念，它崇尚"体验"，让客户直接参与并成为体验的主体，造就一种"无法遗忘的感受"，能够赢得客户的忠诚，从而促进产品的销售。

(三)情感营销

情感营销以消费者内在的情感为诉求,致力于满足顾客的情感需要。营销人员应该认真探究消费者的情感反应模式,努力为他们创造正面的情感体验,避免和去除其负面的感受,从而引导消费者对企业及其产品和服务产生良好印象,直至形成偏爱的态度。

(四)生活方式营销

生活方式营销就是以消费者所追求的生活方式为基础,通过将企业的产品或品牌演化成某一生活方式的象征甚至是身份、地位识别的标志,而达到吸引消费者、建立起稳定的消费群体的目的。在现代社会,生活方式的不断变化已经成为影响服装消费的主要因素,在服装业中开展生活方式营销也是常见的手法。"与狼共舞"休闲服饰的成功便是一个例子。"与狼共舞"创建之初,就希望通过品牌来展现或者倡导一种新的生活方式,而不仅仅是卖衣服,希望通过"与狼共舞"品牌向消费者展示一种追求生活品质、自由开放、充满激情、勇于尝试、努力在自己的人生中舞出缤纷色彩、积极向上的生活方式。

(五)氛围营销

好的氛围会像磁石一样牢牢吸引着消费者,使得消费者频频光顾。氛围营销就是有意营造使人流连忘返的氛围,服务场所尤其适合于采用此种策略。如美国华盛顿特区的一家咖啡连锁店以旧式意大利浓缩咖啡与美国快节奏生活为主题。咖啡店内装潢以意大利风格为主,但地板瓷砖与柜台都经过精心设计,让消费者进门就会自动排队,不需要特别标志,也没有像其他店那样拉成迷宫一样的绳子,破坏主题。这样的设计同时也传达出宁静环境、快速服务的信息。而且连锁店也要求员工记住顾客,常来的顾客不必开口点菜,店员就可以知道他们常用的餐点。

【典型案例】

宜家销售模式中的体验营销

对于宜家而言,在消费者体验流程中存在五个关键环节,分别是参与环节、感受环节、设计环节、个性化环节、运输环节。

第一,每一个宜家门店都是一个消费者亲身体验的现场和展示的空间,在这里从入门开始宜家就为消费者配发了尺子、铅笔、纸张等物,该意图很明显,即让消费者参与到个人家居设计和规划的过程中。这是消费者的参与环节。

第二,在每一个宜家店门中,消费者都可以亲身到床、沙发等物品上体验,宜家希望消费者通过亲身感受决定是否购买。这是消费者的感受环节。

第三,消费者在具体决定自己所要购买的家居产品时,既可以向卖方提出明确的需求,同时也可以自己将现有产品的不同部件进行创意性的组合,形成自己喜欢的产品,这让消费者有自己亲自设计的感觉,摆脱了以往消费者不得不被动接受已经定型的产品的窘况。这是消费者亲自"设计的环节"。

第四,宜家门店中的产品都是"限量"发售的,这当中有两种实现该目的的路径,一是家居产品无限组合的可能性为消费者提供了广阔的尝试性创造的空间,使得消费者所购产品间相同的概率大大降低。二是厂家在宜家门店内销售的产品不仅仅是限量而且是独供的产品。这两点保证了消费者在宜家内采购的产品极少能有与他人"撞车"的情况发生,真真切切地使消费者感受到心理的满足。这是消费采购过程中的"个性化环节"。

第五，宜家所有的产品都是标准构件，宜家是不承担运输费用的，所有的运输费用和运输过程都由消费者独自承担，这和国内大多数家居市场的即使送货到门消费者仍不买账的情况大相径庭，反而消费者都兴高采烈，甚是满意，个中滋味真是颇令人深思。有了标准化组合式的平板构建，使得消费者整体打包，运输也相当的方便。这是宜家的“运输环节”与众不同之处。

案例分析：宜家在体验营销模式上的五个环节是其流程的描述，其本质就是宜家在销售环节充分把握住消费者的心理需求，真真切切地体现了营销为消费者提供额外的“让渡价值”的理念。

【本章小结】

本章主要介绍了体验消费的新兴消费理念和消费形态下消费者的心理与行为。体验营销无处不在。各类市场上，越来越多的组织开始启用体验营销技术来开发新产品，与客户交流，改善销售渠道，选择生意伙伴。体验营销就是在整个营销过程中，充分利用感性信息的能力，通过影响消费者更多的感官感受来介入其行为过程，从而影响消费者的决策过程与结果。在体验经济时代，消费者的消费需求表现出以下特征：从消费的结构看，情感需求的比重增加；从消费的内容看，大众化的标准产品日渐失势，消费者对个性化产品和服务的需求越来越大；从价值目标看，消费者从注重产品本身转移到注重接受产品时的感受；从接受产品的方式看，消费者已经不再满足于被动地接受企业的引导和控制，而是主动地参与产品的设计与制造；消费者的公益意识不断增强，希望通过消费“绿色产品”，体现自己的环保意识，成为“绿色消费者”。消费者体验的心理与行为基础主要有感觉体验、感受体验、思维体验、行动体验、关系体验。体验营销的类型主要有感官体验营销、生活体验营销、娱乐体验营销、情感体验营销。

【思考练习】

1. 什么是体验营销？
2. 体验营销的特征有哪些？
3. 消费者体验分为几种类型？
4. 如何实施体验营销策略？

参考书目

1. L.G.希夫曼,L.L.卡纽克.消费者行为学(第七版)[M].余文钊,肖余春,等译.上海:华东师范大学出版社.2002.
2. 斯蒂芬·P.罗宾斯.组织行为学(第七版)[M].孙健敏,李原,等译.北京:中国人民大学出版社,1997.
3. J.布莱思.消费者行为学精要[M].丁亚斌,郑丽,霍燕,译.北京:中信出版社,2003.
4. 史征,周朝霞.网络营销[M].杭州:浙江大学出版社,2003.
5. 约书亚·梅罗维茨.消失的地域:电子媒介对社会行为的影响[M].肖志军,译.北京:清华大学出版社,2002.
6. 肖兴政.营销心理学[M].重庆:重庆大学出版社,2003.
7. 艾露斯·库佩.网络营销学[M].时启亮,吴凤羽,章学拯,译.上海:上海人民出版社,2002.
8. 冯英健.网络营销基础与实践[M].北京:清华大学出版社,2002.
9. 江林.消费者心理与行为[M].2版.北京:中国人民大学出版社,2002.
10. 刘逸新.百分百顾客满意[M].北京:中国纺织出版社,2003.
11. 雷·康西丁,特德·科恩.让顾客消费难吗?![M].丁硕,孙燕,李爽,译.北京:新世界出版社,2001.
12. 罗子明.消费者心理学[M].2版.北京:清华大学出版社,2002
13. 陈文华.消费心理与营销对策[M].北京:中国国际广播出版社,2002.
14. J.彼德,杰里·C.奥尔森.消费者行为与营销战略[M].韩得昌,译.大连:东北财经大学出版社,2000.
15. 龚振.消费者行为学[M].大连:东北财经大学出版社,2002.
16. 德尔·J.霍金斯,罗格·J.贝斯特,肯尼思·A.科尼.消费者行为学(原书第8版)[M].符国群,等译.北京:机械工业出版社,2003.
17. 马谋超,陆跃祥.广告与消费心理学[M].北京:人民教育出版社,2000.
18. 李品媛.消费者行为学[M].大连:东北财经大学出版社,2000.
19. 罗纳德·B.马克斯.人员推销(第六版)[M].郭毅,江林,徐蔚琴,等译.北京:中国人民大学出版社,2002.
20. 王官诚.消费心理学[M].北京:电子工业出版社,2004.
21. 陈思.营销心理学[M].广州:暨南大学出版社,2005.
22. 李晓霞,刘剑.消费心理学[M].北京:清华大学出版社,2006.
23. 张理.消费者行为学[M].北京:清华大学出版社,2008.
24. 徐萍.消费心理学教程[M].4版.上海:上海财经大学出版社,2012.
25. 刘剑.现代消费者心理与行为学[M].清华大学出版社,2016.